国家级实验教学示范中心·师范生教学能力实训系列教材

信息技术微格教学

沈　莉　主编

科学出版社
北　京

内 容 简 介

本书以新课改需求、软硬件环境、实施要素等作为铺垫，对语言、讲授、导入、提问、演示、板书（电子文稿）、变化、结束、课堂组织管理、说课和评课共11项技能的基本概念、功能作用、常规分类、典型案例、训练须知、可选题目、实验总结、评价反馈和扩展阅读共九个方面进行了详细介绍，并配备综合训练章节，着力培养师范生的教学基本能力和综合创新能力。

本书可作为高等师范院校计算机（师范类）、信息技术教育、教育技术学专业和各级教育学院信息技术微格教学的培训教材或参考书，也可作为中学信息技术教师的继续教育用书和教学参考书。

图书在版编目(CIP)数据

信息技术微格教学/沈莉主编.—北京:科学出版社，2012.3
(2023.7 重印)
国家级实验教学示范中心·师范生教学能力实训系列教材
ISBN 978-7-03-033620-0

Ⅰ.①信… Ⅱ.①沈… Ⅲ.①计算机课-微格教学-高等师范教育-教材②计算机课-微格教学-中学 Ⅳ.①G633.672

中国版本图书馆 CIP 数据核字（2012）第 028855 号

责任编辑：张 展 莫永国 / 责任校对：彭 映
责任印制：罗 科 / 封面设计：墨创文化

科学出版社 出版
北京东黄城根北街16号
邮政编码：100717
http://www.sciencep.com
四川煤田地质制图印务有限责任公司
科学出版社发行 各地新华书店经销
*
2012年3月第 一 版 开本：787×1092 1/16
2023年7月第九次印刷 印张：14 1/2
字数：350 000

定价：48.00 元

（如有印装质量问题，我社负责调换）

国家级实验教学示范中心·师范生教学能力实训系列教材

编 委 会

本书编委会

沈　莉　周雄俊　张养力　黄堂红　廖雪花

前　　言

微格教学是一种利用现代化教学技术手段培训师范生和在职教师教学技能的系统方法。这种方法在20世纪80年代中期引入中国，前期的研究关注外来微格理论与实践的探索，其核心问题是通用教学技能的掌握。随着微格教学逐渐成为培训教学技能的有效方法，其研究和实践领域扩展到中小学和高等师范院校。教学设备的完善和学科需求的增强使微格教学的研究逐步转入突显学科特性的教学技能培养上。在信息技术微格教学中，适用教材的缺乏已经成为制约学生训练的主要问题。为了加强教材建设，提高办学水平，四川师范大学教务处开展了以师范生教学能力培养系列实验（实训）教材建设为重点的校级规划教材建设的立项工作。本书是“中学信息技术课堂教学能力训练”项目的重要研究成果。

本书从中小学信息技术课堂教学的实际情况入手，以新课改需求、软硬件环境、实施要素等作为铺垫，结合信息技术学科教学的特点，对其最需要的语言、讲授、导入、提问、演示、板书（电子文稿）、变化、结束、课堂组织管理、说课和评课共十一项技能的基本概念、功能作用、常规分类、典型案例、训练须知、可选题目、实验总结、评价反馈和扩展阅读共九个方面进行了详细介绍，并配备综合训练章节，着力培养师范生的教学基本能力和综合创新能力。全书力求以服务信息技术微格教学为出发点，对各个技能进行了全方位介绍，突出科学性、实效性和可操作性，帮助信息技术教育专业学生掌握课堂教学的各项技能，提高教学中的实际应用能力。本书可作为高等师范院校计算机（师范类）、信息技术教育、教育技术学专业和各级教育学院信息技术微格教学的培训教材或参考书，也可作为中学信息技术教师的继续教育用书和教学参考书。

本书由沈莉担任主编并统稿，具体编写人员分工如下：周雄俊、杨梅、陈萌负责第一、二、三章的编写，张养力、陈萍负责第四、五、六、七章的编写，沈莉负责第八、九、十章的编写，廖雪花负责第十一章的编写，黄堂红、王颖、孙珠婷负责第十二、十三章的编写。

本书在编写过程中，得到了四川师范大学教务处处长杜伟、四川师范大学师范生教学能力训练中心常务副主任陈智勇、四川师范大学计算机科学学院副院长郭涛、科学出版社编辑的大力支持，在此一并表示真挚的谢意！

本书在编写过程中，参照和引用了现已发行相关教材的部分内容及网络资料，版权归原著者所有，特向原著者表示感谢！由于作者能力水平有限，出现的不足在所难免，恳请读者批评指正！

2011年6月30日

目　　录

第一章　信息技术微格教学概况

第一节　信息技术教学现状

中小学信息技术课程是一门实践性、操作性较强的应用性课程，目前已经在全国各地的高中阶段及义务教育阶段开设。由于各阶段学生的学习能力、学习心智发展水平和不同年龄段的知识经验和情感需求不同，因此各阶段教学目标、课程内容、授课形式及考核形式安排也各有差异。下面以四川省的学校各阶段开设的信息技术课程教学现状为例分析。

一、小学阶段的信息技术教学现状

小学阶段的信息技术课程一般从三年级开始开设（部分相对发达地区也有从一年级开始开设的）。由于该阶段学生处于信息技术知识学习的初级状态，对趣味性知识极为敏感，同时由于其年龄小、学习和思维能力较弱的特点，该阶段授课的主要内容为基础的信息技术知识及相应的技能，如画图、初识键盘、指法训练、文字录入、文字的基本处理、简单的多媒体内容的组织及展示等，一般在有条件的地区也会介绍一些基础的网络知识及其应用。教学内容会根据年龄段的增长呈现出由易到难的变化特点，以激发小学生的学习兴趣和培养其技术能力。

从授课形式分析，信息技术是一门新兴学科。学生在课堂中怎么学？教师该如何教？这是教师需要探索和研究的重点。目前，小学阶段的授课主要基于省内学校的教学软硬件条件、教学思想与观念、学生的学习心理特征等要素，课堂主要采用以教师授导、讲练结合为主的教学模式，也有不少的教师在教学中采用了任务驱动的教学方法来完成常规教学。

该阶段信息技术的教学是为学生学习信息技术打基础，因此教学目标主要为以下几个方面：让学生了解信息技术的应用环境及信息的一些表现形式；建立起学生对计算机的感性认识，使学生了解信息技术在日常生活中的应用，培养学生学习、使用计算机的兴趣和意识；学生学会并且能够使用与年龄发展相符的多媒体资源进行学习；能够在他人帮助下远距离通信获取信息、与他人沟通，开展直接和独立的学习，发展个人的爱好和兴趣；知道应负责任地使用信息技术，培养良好的计算机使用习惯和责任意识。

小学阶段信息技术课程的考核一直是计算机基础教育改革中的难题。该学科具有实践性和技能性的重要特征，而且低年级学生以形象思维为主，因此大部分教师针对该阶段学生采用学后立即测试为主的考核模式。学生学完一个知识点，就进行测试，主要以作品完成情况进行打分。如学完指法，就布置几个句子，让学生完成文字输入；学了PPT中的一个功能，就布置完成相应的功能作品，从而掌握学生的学习情况。

由于学生的学习智力认知水平和历史遗留的客观因素等，该阶段的信息技术教学存在着一些较为突出的问题。

(1)对信息技术的定位认识不清。由于信息技术在小学阶段的开课历史较中学阶段短，师生对于信息技术的理解不够深刻和准确，特别是大部分学生认为学习信息技术就是学习计算机技术，就是在课堂上使用计算机，片面地将信息技术课程定位为计算机课程。

(2)应试教育长期的负面影响。长期以来，应试教育根深蒂固，在小学阶段也不例外。虽然国家出台了很多相关政策及措施来改革小学阶段的教育教学情况，但每年小升初的过程仍然没有很大改善，学生择校情况仍然非常严重。这使很多家长及师生将小学阶段的学习目标定位在升学考试。由于信息技术并没有列入升学考试科目范围，所以学校、教师、学生对于该学科的重视不够，不管是城市学校还是农村学校都存在这样的问题，于是就逐渐形成学生可以不好好学，教师也可以不好好教，只要会简单地使用计算机即可的现象。

(3)教师主体存在一定的问题。从教学内容组织方面看，课堂施教过程中反映出有一定比例的教师对于所教的内容把握不到位，对课程的教学目标和重难点制定有所偏差，这很大程度上与信息技术课程不受重视有关系。在教学秩序上，小学阶段学生的自控能力有限，学生爱上信息技术课主要表现为爱玩游戏，教师在处理学习和游戏上的方法并不完善。有的教师一味严肃，强制学生不能玩游戏，并规定了惩罚制度，这对学生主动接受学习内容有一定的限制，甚至造成学生对相关学习有抵触情绪。由于小学生活泼积极，信息技术课程教师必须要有耐心、亲和力和激情的教学情绪。但在现状下，大多数信息技术教师该方面做得不够，应时刻注意自己的教态和教学情绪。作为小学信息技术教师，在课堂上陈述过多也是现存的问题之一。小学信息技术课的学习内容主要以形象的软件知识教学为主，该学科的特点是让学生学习软件的操作，培养信息素养。教师应该是正确的引导者，应该减少枯燥乏味的语言陈述，小学生作为智力认知水平低的学习者，要理解较为复杂的语言不仅困难而且容易失去学习兴趣，这是该阶段信息技术教师必须重视且需解决的问题。

二、初中阶段的信息技术教学现状

初中阶段的信息技术教学主要培养学生处理信息的基本能力，学生能够利用信息工具和信息资源，通过评价信息、应用信息解决实际问题，树立正确的知识产权意识，能够遵照法律和道德负责任地使用信息技术。四川省初中信息技术课程教学内容主要包括信息技术简介（应用、发展趋势等）、操作系统简介（汉字输入、操作系统的概念、原理和发展等）、文字处理的基本方法（文字的编辑处理、版面的设计等）、网络基础知识、计算机软件和硬件的认识等。这些教学内容和教学大纲的目标紧密关联，使学生具备应有的信息素养，掌握一定的信息处理能力。

由于该阶段学生的智力认知水平逐步成熟，教师在进行信息技术教学时所采用的授课形式较小学阶段有所不同。中学信息技术课堂中，师生互动增强了，教师授课的形式呈现多样化，以教师为主体的成分比例缩小，课堂教学表现为精讲多练，充分满足学生动手操作体验的需求，学生小组学习、协作学习活动增多。

从考核形式来看，信息技术课程以操作为主，课后完成的实效性不强，因此操作性作业都要求课堂内完成，不会增加学生的课后负担。并且根据学生的认知水平要求，设置了检查过程和结果两种形式的考核部分，培养了学生用信息技术解决实际问题的能力，也促进了学生学习的积极性。

首先，该阶段信息技术课一般只在非毕业班开设，课时少，一个年级一般只有一到两名信息技术教师来进行教学，教师因教学任务繁重很大程度上只能应付教学任务。

其次，信息技术教师，除了本职教学工作外还承担了其他工作，如电脑维护、课件制作、网络管理、办公室电脑软件维护等。有的信息技术教师的教学工作只占了其工作的一小部分。他们没有固定时间进行教研，也没有足够的时间进行反思，甚至由于整个工作环境的影响，导致了他们自身没有形成钻研教学的观念。

再次，由于小学部分的信息技术教学内容与初中部分的教学内容衔接不够紧密，教师在进行备课和知识环节连接上的处理不完善。小学、初中的课程教学内容都有信息技术基础、操作系统简介、文字处理、网络基础、用计算机制作多媒体作品等相同或相似的模块。这样就造成了教学资源与人力资源的浪费，学习基础好的学生“吃不饱”，学习基础差的学生“吃不了”。

最后，教学方式的单一性。初中阶段的学生处在智力发展分化阶段，对信息技术技能的掌握程度不同，传统的教学方式已经不能让所有的学生达到共同进步的目标。但是由于教学模式的改革还刚起步，传统的教学理念仍然影响着一大批有经验的教师，这就要求教师应该从其主体本身的观念进行更新改革，才能设计出符合目前教学需求的教学模式，如分层教学、分组任务驱动、自主学习等，培养学生自主处理信息的能力。

三、高中阶段的信息技术教学现状

在新课程标准推行的背景下，高中阶段的信息技术教学处在一个迅速发展的时期。高中信息技术课程是以提升学生信息素养为总目标，以提高学生的信息意识、促进学生全面而个性的发展为基本出发点。该课程的教学着重培养学生对信息的获取、加工、管理、表达与交流的能力，对信息及信息活动的过程、方法、结果进行评价的能力，发表观点、交流思想、开展合作并解决学习和生活中实际问题的能力，同时形成与信息社会相适应的价值观和责任感。

高中信息技术的教学增加了教学内容的难度，分为必修和选修两部分。必修部分关注大众信息技术，强调在应用信息技术解决实际问题的基础上，让学生亲身体验理论构建的过程。选修部分强调在必修的模块基础上，进行专业信息素养培养。

由于高中阶段的信息技术需要参加会考，因此大部分学校在该阶段都会加大考核力度，如通过课堂作业、单元检测、期末考试等方式进行所学检测，同时加大了试卷考核的力度。

虽然新课标为高中信息技术课程制定了更明确的教学目标，信息技术教学也有了很大改变，但是就目前的现状来看仍有待进一步提高。

(1)教师对新课改下的信息技术课堂教学研究不够深刻。虽然新课标已经颁布，但在教学中教师仍然存在一些不足，如注意了教学方法的改革却忽视了学生自主学习意识的培养；关注了教学目标的实现却淡化了学生主体意识的形成；课堂活跃了但疏忽了有效的引导。究其原因，还是教师对新课标的理解不够深入，课程目标、教学方法、师生互动等并没有很好地关联起来，导致教师关注的内容过多，反而使课堂教学顾此失彼，达不到很好的教学效果。

(2)高中阶段与义务教育阶段信息技术课教学断层严重。义务教育阶段缺乏培养目标的明确界定，缺乏标准的课程建设，导致了高中阶段学生水平参差不齐，加大了高中课程目标的完成难度。

(3)部分信息技术教师不能胜任新课标的教学要求。教师素质是新课改成败的关键。由于信息技术教师承担了学校信息化建设的重要使命，因此对信息技术教师有更高的信息素养要求。虽然目前加大了信息技术教师的培养力度，但是很多信息技术教师仍然是从其他学科转化而来，因此他们的信息素养有待进一步提高。信息技术作为一门新课程，还没有完善的课程体系，教学内容又不断地变化，给教师增加了教学难度，他们还不能完全适应新课改的教学要求。

(4)教师地位不受重视。在目前的选拔体制下，大部分地区没有将信息技术列入高考，那么信息技术作为非高考科目，仍然继续为其他科目让路，教师的教学任务是为了让学生顺利通过会考。

四川省成都市青羊区的信息技术教学工作有一定的特色。在新课标背景下，该区利用捆绑教学的方式，将城乡学校结合起来，实现共同教学共同发展。通过大量的信息技术教研活动使授课内容统一、教学模式多样化，并开展信息技术赛课、教师结对、教师继续教育等师资培养活动，提升了信息技术教学的质量。青羊区在均衡城乡学校硬件设备投入的同时，重视教学中的主导力量——师资队伍的培养，通过师资轮换等形式均衡了各校各阶段信息技术教学水平，较好地完成了新课标所要求的教学任务。

第二节　信息技术课程改革对微格教学的需求

课程改革在中小学的推行，为中小学信息技术的教学带来了重大的影响和新的思考。

从小学阶段来看，整体的教学理念与方法都在发生着变化，信息技术课程教学也不例外。在当前的教学改革背景下，作为教学活动的主导角色，教师也在努力改变着传统的教学理念和教学模式，希望为信息技术教学注入新鲜的血液。教师意识到应该帮助学生科学地认识信息技术课，提高学生的学习认知，培养良好的信息道德素养，从而实现信息素养的培养与提高。同时，创新精神在初级阶段的信息技术教学中已经被提出，因此教师认为，在课堂教学活动组织中需要激发学生学习兴趣和培养创新精神。

从初中阶段信息技术教学来看，这个阶段比较特殊，它既是小学阶段的知识提高，又要为高中阶段打下坚实的基础，该阶段的信息技术教学活动作为承上启下的环节至关重要。同时，此阶段同样没有独立的信息技术课程标准指导，现沿用的教学指导纲要还是2000年发布的，在内容的选择及指导思想上还是脱离不了计算机课程教学的影子，这让此阶段的课程内容很难担负起作为高中信息技术课程教学的前奏的任务。在该阶段随着学生独立意识的逐渐形成，要改变传统的教学模式和观念，让学生接受从而实现新的教学目标需要一定的过程。由此，初中信息技术教师提出了多项教学反思，如兴趣引导、主题任务探究、协作学习、自主学习等教学模式的反思。但是教学活动实践的结果显示，随着信息技术逐渐被重视，教师自身的教学技能必须提高以满足信息技术教学改革的需求，同时教师的信息素养也必须进行提升。

新课改走进高中阶段信息技术课程教学，教师积极讨论、认真学习新课程标准，尝试创新教学方法，在培养学生良好的信息意识和信息能力方面，取得了一定的成绩。但是否真的从“根”进行革新，还存在一些问题需要反思。虽然教师意识到新课标下需要改革教学模式，但只是一味地改革教学方式，忽略了与学生自主学习意识的培养结合起来，呈现出教学方法不成熟运用的现状。已经习惯传统教学模式的信息技术教师占据太大比例，他们不是信息技术专业出身，或者受传统计算机教学影响太深，以至于不能完全胜任新课标下信息技术的教学要求。究其根源，还是要从教师这个主体角色进行革新，要提升信息技术教师的信息素养和教学技能以满足新课标对信息技术的要求。

综上所述，信息技术在新课标下的地位越来越明确，作为新课标下各阶段信息技术的主导力量，教师自身素养和技能必须得到提升，使信息技术课堂教学充满生机和活力。

(1)专业知识量的不断充实。信息技术日新月异，作为该学科的教师应该及时加强信息技术知识的吸纳，这样才能在课堂教学中结合教材，将最新的信息技术传递给学生，提高学生的学习兴趣。

(2)更新观念，转变课堂教学方式。新课标要求“以人为本”，培养学生“自主、合作、探究”的良好习惯，这就要求应该将教师为主的授课方式转变为教师为辅、学生为主的教学方式，灵活运用任务驱动、协作学习等模式，有效组织课堂教学。

(3)加强信息技术教师对技术的理解和应用的自觉性。技术是一种能力，是实现目标的手段，新课标要求加强对技术的理解和运用，强调运用技术的有效性，如课程整合。

(4)加强教师信息素养的培养。新课标下的信息技术教学要求信息技术教师必须转变以往计算机教学的理念，从传统的“双基”（基础知识、基本技能）教学转变为注重学习的过程和方法，培养学生的信息素养。

(5)教师专业发展的有效途径选择。教师专业发展提升的方式有很多，如有计划地组织培训、交流研讨等。但是如何有效地快速提高信息技术教师的专业技能是目前需要重视的。这里提出了最有效的教师教学技能培养的教学训练模式——微格教学。微格教学作为目前师范院校培养师范生的一种有效培训模式受到广大师范生和在职教师的青睐。通过调查发现，不管是师范生还是在职教师，由于微格教学细化教学技能的教学特点，整个教学过程从理论、观摩到实践，使教师的专业技能从课堂的导入到课堂的结束等各个环节都得到最快速有效的学习和理解，提升和完善了教师专业能力。

综上，新课标将信息技术教师的专业发展提到了前所未有的高度，信息技术教师的专业培养课题需要迫切研究，才能满足新课标下信息技术教学的要求和目标。

第三节　信息技术微格教学环境

微格教室最先使用于师范类学校的毕业生实习和试讲。即在试讲的教室内架上摄像机进行摄像，在课后根据录像资料与试讲人一起分析、研究试讲内容。随着技术的更新发展和用途的拓展，摄像机的精度越来越高，自动化程度越来越强。现在的微格教室是以电动云台控制的彩色摄像机为基础，装配多倍可变镜头和高灵敏度拾音器组成的操作方便、实用性很强的摄录系统，并有了专门的支持软件。

一、硬　　件

微格教学硬件环境主要包括中控室和多媒体微格教室两部分。我们开展微格教学时主要对多媒体微格教室的硬件进行操作和使用，微格教学硬件环境结构如图 1-1 所示。

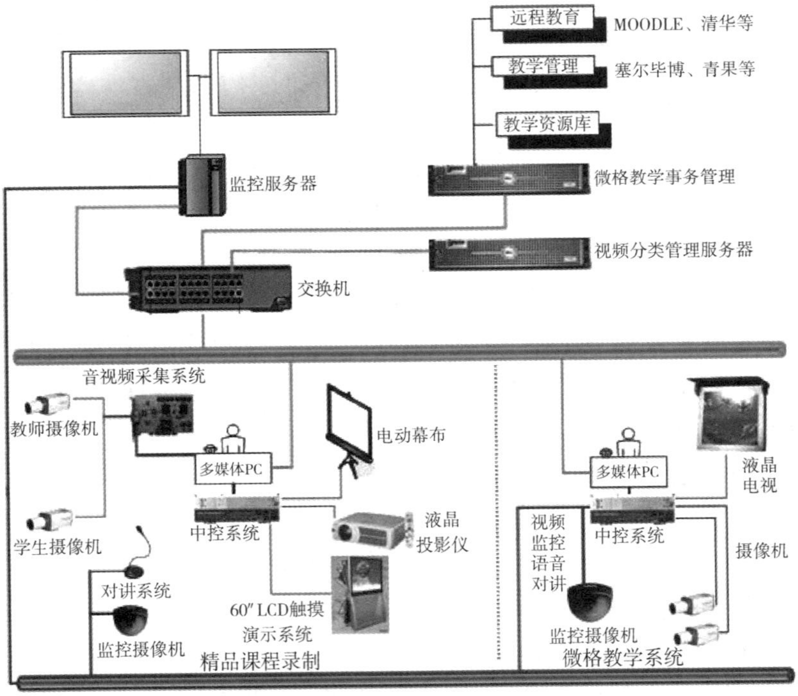

图 1-1　微格教学硬件环境结构图

1. 中控室

中控室的主要设备包括计算机、主控机、摄像头、录像机、VCD、监视器、监控台等，如图 1-2 所示。

图 1-2 中控室实景图

中控室可以对多个多媒体微格室进行观察、监控，如图 1-3 所示。其主要功能有：①控制任何一个微格教室中摄像机镜头的推拉、变焦和云台运动，监视和监听任何一个微格教室的图像和声音；②随时受控暂停在某一个微格教室与之进行对话，对微格教室播放教学录像与电视节目；③把某个微格教室的教学情况转播给其他的微格教室，进行示范、研讨和学习；④录制某个微格教室的整个教学实况供课后讲评。

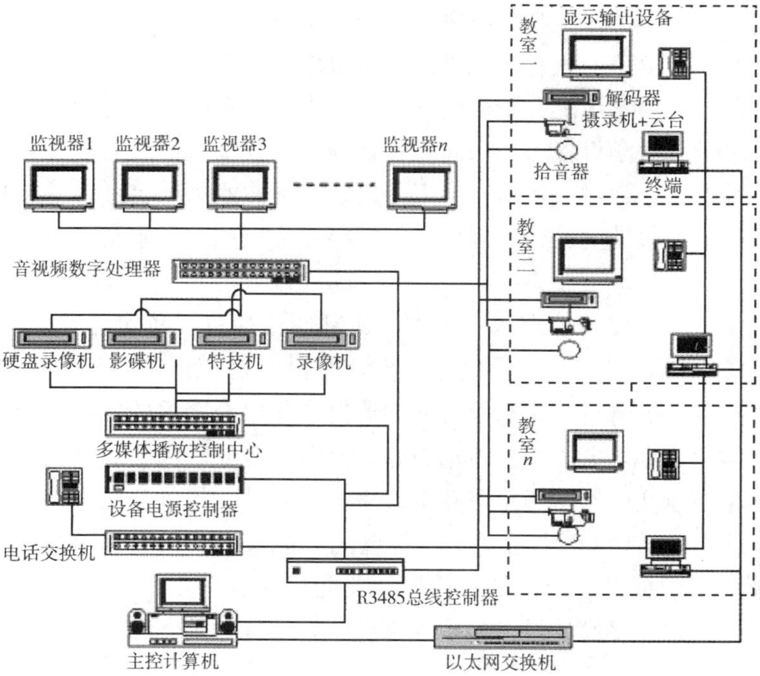

图 1-3 中控室示意图

2. 多媒体微格教室

多媒体微格教室的主要设备包括教师控制台、教师摄像机、学生摄像机、彩色电视机、多媒体投影机、电子白板及其他教学设备，如图 1-4 所示。

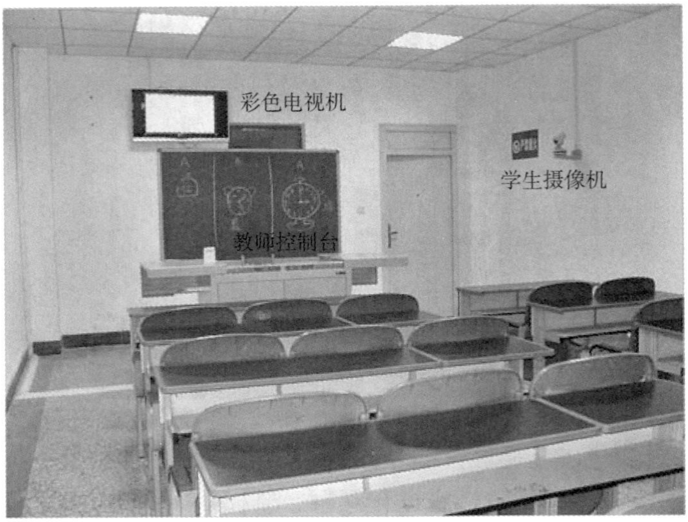

图 1-4 多媒体微格教室实景图

根据实际情况，多媒体微格教室的设备可以有不同的组合形式，目前四川师范大学的多媒体微格教室的设备包括主教师控制台和辅助教师控制台。主教师控制台用于控制彩色电视机和多媒体台式计算机显示器同时显示多媒体计算机的图像，进行多媒体辅助微格教学训练。同时也可以控制教师摄像机和学生摄像机的焦距大小、仰角高低、环视范围以及清晰聚焦。这里的教师摄像机指拍摄微格试讲师范生的摄像机，而学生摄像机指拍摄教室座位上扮演学生配合微格训练用的摄像机。它们可以记录和播放微格课堂实录，还可以控制其他教学设备，如话筒、音响等。在教室后面还有套计算机系统，通常称为辅助教师控制台，通过局域网连接也可以控制本教室中云台、摄像机焦距、课堂实录和播放等操作。一般辅助教师控制台是由指导老师控制，在微格进行过程中辅助进行相关设备的调节。

多媒体微格教室主要功能有以下方面。①呼叫中控室，经允许后可与中控室对讲。②控制本多媒体微格教室的摄像系统，录制本多媒体微格教室的声音和图像，记录教学实况，以便对讲课情况进行分析和评估。③遥控选择中控室内的任何一台录像机、VCD 机等其他影像输出设备，并能遥控所选设备的播放、停止、暂停、快进、快退。而现在一个教室的微格课堂实录通常会记录在本教室的台式计算机硬盘和中控室的服务器硬盘上，省略了录像机和 VCD 等设备。④具备现代各种媒体演示操作功能。利用现代媒体培训演讲技能、电子板书技能、多媒体教学技能、网络资源利用技能、信息技术技能、多媒体组合教学技能。多媒体设备包括计算机、展示台、无线话筒、投影机等。

3. 多媒体微格教室的硬件操作步骤

(1)打开主教师控制台，通过控制台来控制其他各个设备的启动和工作状态，如启动多媒体电脑、打开彩色电视机等。

(2)待多媒体计算机启动后，将微格教学中需要用到的课件复制到计算机中。

(3)开始教学时利用相应的软件进行录像。

(4)观看自己的教学实况，也可将教学实况录像复制到 U 盘中带走。

(5)关闭所有设备，锁上教师控制台。

二、分控制软件

通过对分控制软件操作，控制多媒体微格教室端学生摄像机、教师摄像机工作，录制教学实况。对于学生用户，主要掌握分控制软件的使用，所以此处略去对主控室软件的介绍。

1. 试讲录制操作

(1)打开微格教学系统应用程序，进入微格教学系统管理软件，如图 1-5 所示。

(2)选择一个预览区域，框住的部分为当前选中的区域，对左边面板处的“通道 01 教师”双击鼠标左键，开始预览教师摄像机拍摄的画面。

(3)再选择另一个区域，对左边面板处的“通道 02 学生”双击鼠标左键，开始预览学生摄像机拍摄的画面，如图 1-6 所示。

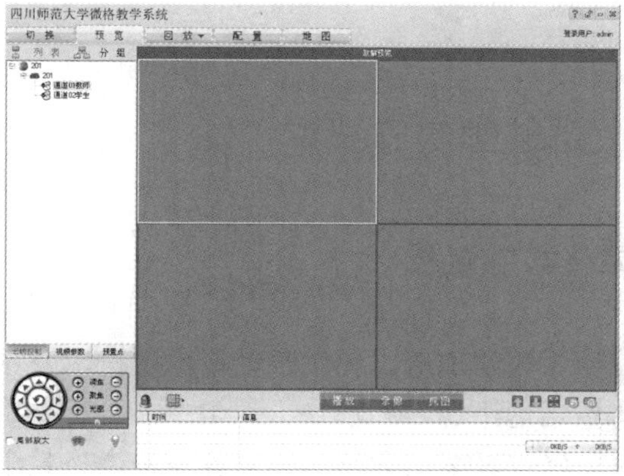

图 1-5　微格教学系统管理界面图

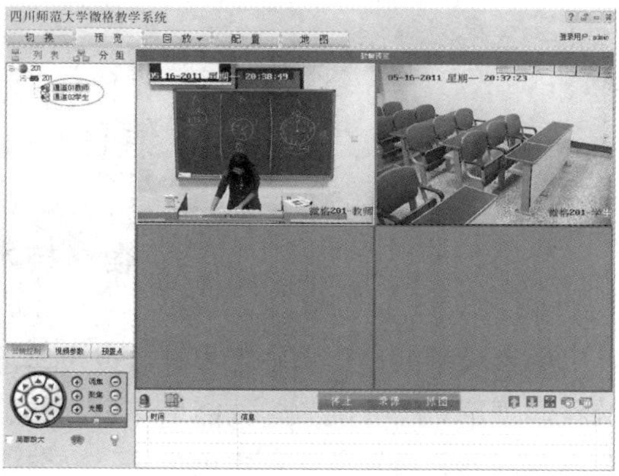

图 1-6　教师摄像机和学生摄像机拍摄预览图

(4)分别选中教师摄像机和学生摄像机预览的区域，通过云台控制面板对教师摄像机和学生摄像机的拍摄角度、调焦、聚焦、光圈进行调节，调整到试讲者及屏幕大小、位置合适为止，如图 1-7 所示。

(5)单击“录像”按钮，开始录制。

(6)录像完毕，单击“停止”按钮停止录制。录制的文件被存放在 E：\RecordFile\下的根据当日的日期命名的文件下。

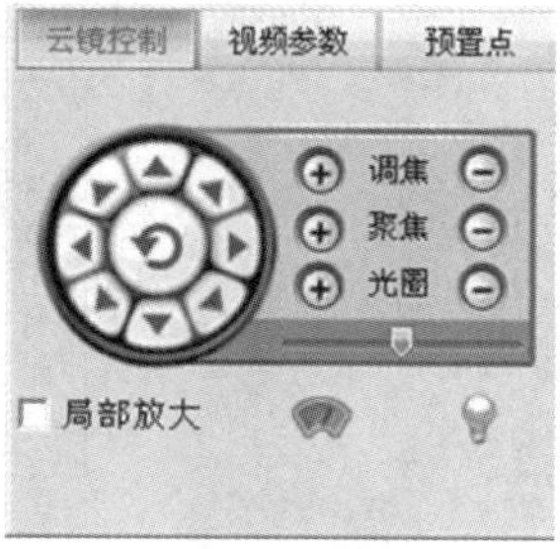

图 1-7　云台控制图

2. 试讲回放操作

(1)单击界面上方的“回放”按钮，选择“本地回放”，进入本地回放界面，如图 1-8

所示。

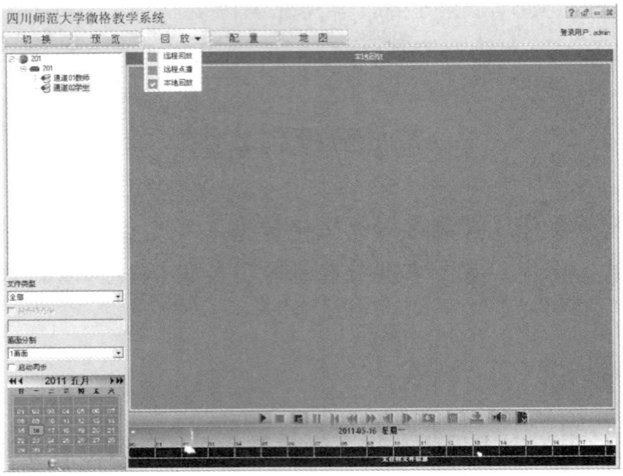

图 1-8 本地回放界面图

(2)在左边面板选择要回放的通道，一般分为教师通道和学生通道。

(3)在左下角日期面板选择回放的日期，然后单击按钮进行搜索。

(4)搜索完成后，单击“播放”按钮进行回放观看。并可进行暂停、快放、慢放、停止、备份等操作。

第四节　信息技术微格教学实施要素

一、信息技术微格教学过程

微格教学的组织实施过程是以现代学习理论、教学理论、现代教育技术理论以及系统科学理论为指导的教学技能训练过程。具体包括理论学习和辅导、教学技能分析、组织示范观摩、指导备课、角色扮演、反馈评议、修改教案七大环节。信息技术微格教学的组织实施过程也遵循这七大环节，这些环节，环环相扣、联系密切，削弱其中任何一个环节，都会影响培训的效果，如图 1-9 所示。

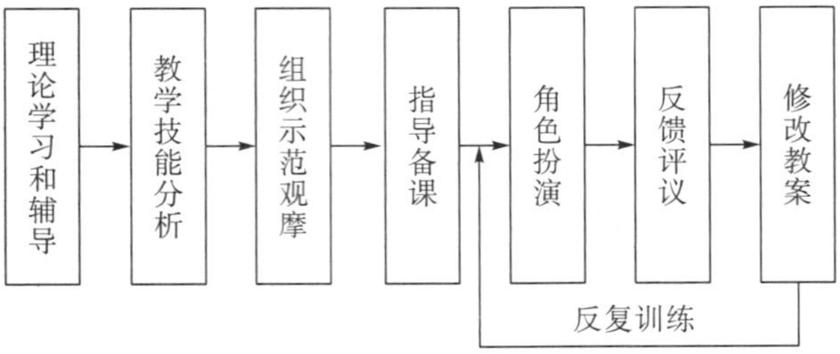

图 1-9　组织实施过程图

1. 理论学习和辅导

微格教学是在现代教育理论指导下对教师教学技能培训的实践活动。在实施模拟教学之前应学习有关现代教育理论、微格教学的基本理论、教学目标分类、教学技能分类及教学设计等内容。通过理论学习，形成一定的认知结构，利于以后观察学习内容的同化与顺应，提高学习信息的可感受性及传输效率，促进学习的迁移。

因此，在实施信息技术微格教学时，除学习微格的概念、微格教学的目的和作用、微格教学技能理论等外，还应辅导有关信息技术的现代教育理论、信息技术的教学目标分类、信息技术教学中的技能理论、信息技术教学技能分类和信息技术教学设计等。通常在进行理论学习和辅导时，指导教师以班级为单位作启发报告，讨论和实践则以小组为单位。

2. 教学技能分析

微格教学的研究方法就是将复杂的教学过程细分为单一的技能，再逐项培训。培训学生应当在指导教师技能分析和示范后，对自己的教学技能进行分析，选择自己薄弱的某些技能项，有针对地训练。在技能分析和示范阶段，指导教师要作启发性报告，分析各项信息技术教学技能的定义、类型、方法、作用、功能、典型事例运用的一般原则、使用方法及注意事项等。

3. 组织示范观摩

为了增强受训者对所培训的技能的理论认知和形象感知，需提供生动、形象和规范的微格教学示范片或教师现场示范。在观摩过程中，指导教师应根据实际情况给予必要的提示与指导，观摩后组织小组成员讨论分析，取得共识。

1)信息技术微格教学的示范资源

示范可以是正面的优秀典型，也可利用反面教材，但应以正面示范为主。如若可能，应配合声像资料提供相应的文字资料，以利于对教学技能有一个理性的把握。在选择正面优秀典型时还要遵循两条原则，一是水平要高，二是针对性强。示范的水平越高，学员的起点就越高；针对性越强，该技能的展现就越具体、越典型。

2)组织学习、讨论、模仿

在观摩后，指导教师组织学生进行以下活动。

(1)谈学习体会。各自谈观后感：哪些方面是亮点，值得学习；哪些方面有所不足，我们应该避免；哪些方面自己还存在差距；哪些方面我们做得比较好，应当继续发展。

(2)集体讨论。各自表达自己的意见，并就假设自己来教，该如何应用此教学技能展开讨论，通过大家相互交流、沟通，集思广益。指导教师引导讨论分析，最终达成共识，总结出在这一课题教学中应用该教学技能的最佳方案。

(3)要点模仿。示范的目的是为了让受训者进行模仿，这里讲的模仿，主要是指在教师的指导下进行的重点性模仿。

4. 指导备课

备课前，在指导教师对教材进行适当分析后，学员要充分熟悉指定的信息技术教材，明确教学目标。根据指定教材，针对某项教学技能进行钻研，在指导教师的引导下将之前学习的理论知识联系起来，运用到实践中。当被训练的教学技能和教学目标确定之后，学员就要根据教学目标、教学内容、教学对象、教学中要运用到的教学媒体进行教学设计，编写教案。在指导教师的指导下，交流备课情况，取人之长，补己之短。

5. 角色扮演

角色扮演是微格教学中的重要环节，是受训者训练教学技能的具体教学实践过程。即受训者自己走上讲台授课，扮演教师，为营造出课堂气氛，由小组的其他成员扮演学生，因此被称作角色扮演。在角色扮演过程中主要注意以下两个方面：一方面扮演教师者要真枪实弹，按照自己的备课计划，在控制的条件下，训练信息技术教学技能；另一方面扮演学生者要充分表现学生的特点，清楚学生当前阶段的信息技术知识水平，自觉地进入特定情景中。

在微格课堂上培训者试讲一节课的一部分，练习两三种技能，所用时间为10～15分钟。受训者在执教之前，要对本次课作简短说明，以明确教学技能目标，阐明自己的教学设计意图，整个教学过程将由摄录系统全部记录下来。

6. 反馈评议

反馈评议是微格教学的质量保证。在教学结束后，必须及时组织受训人员重放教学实况录像或进行视频点播，由指导教师和受训者共同观看。先由试讲人进行自我分析，检查实践过程是否达到了自己所设定的目标，是否掌握了所培训的教学技能，指出有待改进的地方，也就是自我反馈。然后指导教师和小组成员对其教学过程进行集体评议，找出不足之处。教师还可以对其需改进的问题进行示范，或再次观摩示范录像片，以利于受训者进一步改进、提高。在微格教学中的反馈评议方式有以下几种。

(1)“教师”角色扮演者的自我评价。这是由“教师”角色扮演者（也可邀请小组其他同学一起），通过观看自己的教学活动录像，分析技能的应用方式和效果，看是否达到预期目标，同时认真听取被邀观看者的意见。分析时要列出优缺点，肯定成绩，发现不足，如果自己认为非常不满意，可以申请重新进行角色扮演和录像。指导教师可以根据条件和时间，决定是否重录。

(2)组织讨论，集体评议。小组同学根据观看的教学过程录像，对教师角色的扮演者的教学活动提出看法，作出评价。其中包括：进行定性评价，要求能用概括语言给出成绩或总结性评语；进行定量评价，能对录像中精彩之处或出现错漏的事实给出量化的表述。这也是对学生分析评断能力的训练。此外，还要求能提出建设性意见，提出如何能做得更好。

(3)指导教师的评议。学习者对指导教师的评议是十分重视的，指导教师的评价尽量客观、全面、准确。在评议过程中要注意保护学习者的自尊心和积极性，要以讨论者的身份出现，以期获得最佳效果。

7. 修改教案，反复训练

评价反馈结束后，受训者需修改、完善教案，准备进行微格教学的再循环。

(1)学员修改教案。学员根据本人的微格教学录像，参考典型的技能示范片和相关理论知识，对照自我分析和讨论评价中所指出的问题进行教案的修改和完善。

(2)进行重教。修改教案后，学员可以再针对自己薄弱的技能项进行重教，重复上述过程，最终要求每项技能都达到一定的水平。当各项教学技能都经过训练并达到一定的水平后，指导教师应有计划地开展综合教学技能训练，以实现各种教学技能的融会贯通。

二、信息技术微格教学教案编写

在进行微格教学时，确定了学生所训练的教学技能内容，编写教案则是一项重要的工作。教案是课堂教学组织、设计的具体方案，是实施教学过程的依据，又是完成教学计划的重要保证。

1. 教案设计要点

(1)制定明确的教学目标。用明确的行为目标来表示，能够被观察和操作。在认知领域通常用布卢姆教育目标分类，有知识、领会、运用、分析、综合、评价六个层次。我国学科教学中一般分为了解、理解、掌握、运用、评价五级水平。可分为：注重知识目标描述的知识与技能目标、注重技能目标描述的过程与方法目标、注重情感目标描述的情感态度与价值观目标。其中信息技术的教学目标中有很大一部分是关于过程与方法的。

(2)根据教材内容，在组织教学时，教师的教学行为和学生的学习行为要有机结合起来。在注重教学技能练习的同时，又要注意到这些技能在教学实际中的使用效果。如果只重视教师在微格教学课上如何演练技能，而不重视教学的对象及教学效果，就失去了微格教学的培训意义。

(3)被培训教师应掌握的技能是明确的，各单项教学技能群的训练点必须清晰。也就是说，在哪个教学阶段使用何种技能都要一一注明，不能有丝毫含糊之处，这样才能使培训取得好效果。

2. 一般教案格式

教案中首先说明该教学技能应用的构想，还要注明教师的教学行为、时间分配及可能出现的学生学习行为及对策等。微格教学教案设计表如表 1-1 所示。

(1)训练目标：指自身通过本次微格教学后的最终技能训练行为。因此，目标的陈述要符合行为目标编写的要求，简明、具体、便于观察和监测，如“培养自身的演示技能”等。

(2)教学目标：即学习目标，指学生在教学后的最终学习行为。同样，目标的陈述要符合行为目标编写的要求，简明、具体、便于观察和监测，如“培养学生快速获取资料的能力”等。

(3)时间分配：指预计授课行为和学习行为所持续的时间。

表 1-1 微格教学教案设计表

学科：________ 年级：________ 日期：________
课题：________ 主讲人：________

训练目标	1. 2.			
教学目标	1. 2.			
时间分配	教师言行	教学技能	学生言行	教学媒体

(4)教师言行：要求讲授、演示、提问的具体内容和教师的活动等，依次按教学进程的顺序进行陈述，以利于受训者有计划地按程序进行微格课堂教学、提问、解释、陈述等。

(5)教学技能：指在相应的教学进程中表明所使用的教学技巧，以便受训者能有计划、规范地应用和体现。在教案中增设这一栏，通常被认为是微格教学特点的具体体现，如言语技能、讲解技能、导入技能、提问技能等。

(6)学生言行：指教学设计中预计学生在教学进程中将产生的学习行为，如观察、复述、回答、练习等。

(7)教学媒体：指在教学进程中所要使用到的辅助媒体，如模型、实物、幻灯机、投影机、电视机及相应的教学软件等。

3. 几种不同技能的参考教案格式①

①演示技能教案设计，如表 1-2 所示。②变化技能教案设计，如表 1-3 所示。③说课技能教案设计，如表 1-4 所示。

表 1-2 演示技能教案设计表

学科：________ 年级：________ 日期：________
课题：________ 主讲人：________

教学目标		
教学过程		学法指导设计意图
教师活动	学生活动	

① 在撰写教案时，针对不同的技能，教案是有所差异的。

表 1-3　变化技能教案设计表

学科：________　年级：________　日期：________

课题：________　主讲人：________

教学主题				
教学目标				
学情分析				
教学思路				
教学过程				
模块	内容设计	设计意图	变化技能 应用类型	实　践 应用说明

表 1-4　说课技能教案设计表

学科：________　年级：________　日期：________

课题：________　主讲人：________

教学目标				
教学过程	教师活动	学生活动	设计意图	日期

三、信息技术教学技能评价及反馈

1. 信息技术微格教学技能评价实施方法

(1)指导教师发给每个评价参与成员各项技能评价记录表并进行讲解，让每个评价参与成员都明白评价记录表的记录方式和意义所在。

(2)由指导教师播放被评者微格教学过程的录像资料，所有成员一起观看。在播放录像资料前还可以先请执教者向全体成员介绍自己设计这段教学的意图，包括教学目标、教学技能、教学方法等。

(3)全体评价成员在看录像资料的同时在评价记录表上作相应的记录。

(4)观摩完后开始分析、统计自己的评价记录表，并进行讨论评议，包括自评和其他成员的评议。

2. 信息技术微格教学中反馈的方式

反馈是控制的基本方法和过程，其目的是使控制者知道以往的活动或过程的结果，并以此调节下一步活动的过程，实现所要达到的目的。

反馈的方式按时间分为及时反馈、短时反馈和长时反馈。微格教学采用的是形成性评价中的及时反馈或短时反馈，以充分发挥评价的改进功能，做到及时调整和纠正。

反馈的方式从信息来源可分为：他人反馈和自我反馈。微格教学把他人反馈和自我反馈相结合，把来自同行和指导老师的意见和对自身教学行为的分析结合起来，有效地改进教学行为。

3. 信息技术微格教学反馈中应注意的问题

(1)加强组织，用好录像。在反馈评价时，指导教师应加强组织和安排规划，引导学员按照一定的评价要求来开展。适时地为被评者播放教学录像，通过教学录像的重放来观察审视自己的教学行为，明确自己的不足之处和优点所在。

(2)评价反馈意见要集中。微格教学法的创始人、美国斯坦福大学教授艾伦曾经建议采取“2+2”的重点反馈方式，即要求每一个人提出 2 条表扬意见和 2 条批评意见或 2 条改进建议，然后，在这个基础上，由专家总结出 2 条表扬意见和 2 条批评意见或 2 条改进意见。使评价者和被评价者把注意力集中在最主要、最容易改进的方面，这样针对性强，重点突出，有利于被评价者抓住关键，诊断和改进教学行为。

(3)进行恰当的反馈。要考虑到被评者的自信心、自尊心和情绪会受到评价结果反馈的影响。因此要注意选择恰当的反馈形式，以避免被评者感到焦虑。如多采用启发式，引导学员自我客观认识，或采用讨论的形式，转移过分关心分数的注意力，还可采用小范围的反馈，或在讨论时将评价分数、结果和相互作用分析的结论，交给评价者本人，防止扩散否定性的评价结果。

第二章　语言技能

在课堂教学中，师生互动，对教学至关重要。教师可以通过语言鼓励学生，也可调节课堂气氛。因此，教师要不断提高自身的教学语言修养。在引导学生学习的过程中，恰当的语言环境可以有效地调动学生的学习热情和启发学生思维。语言技能是教学技能当中最基础，也是最重要的技能。

第一节　语言技能介绍

一、什么是语言技能

语言技能也称教学语言技能，是在课堂教学中，教师运用语言传递知识信息、指导学生学习的技巧和能力。教学活动的展开是教师和学生依靠信息交流得以实现的，而信息交流的形式主要包括言语和体态语言。言语包括口头语言和文字语言，是师生教学活动信息交流的主要方式；体态语言包括面部表情、肢体动作等，是教师完成教学任务的主要工具，是教学过程中培养学生能力和方法、表达思想感情、激发学习情绪等最基本的行为方式，也是提高教学效果的基本技能。

二、语言技能的功能

在教学过程中，怎样用教学语言使教材内容清晰、准确、简洁、生动和富于启发性地呈现出来，以便学生感知和理解，是教师教学语言水平的体现，是影响学生学习质量和智力素质（一般指思维能力、观察能力、注意力、记忆力、想象力等）的直接原因，也是课堂教学高效的关键。教学语言技能在教学过程中的主要功能有以下几点。

(1)传递教学信息。语言是信息的载体，是最直接的交流工具。课堂教学中教师语言应条理清楚、针对性强、言简意赅、逻辑性强，能够运用生动、形象和启发性的语言，让学生产生学习的兴趣，使学生感到真切和动听，培养学生的思维敏捷度、预见性、辨析能力、记忆能力，促进学生各种心理品质如情绪、情感、兴趣、爱好、行为、习惯等的发展。而这种愉快和谐、启迪智慧、积极紧张的良好教学氛围，绝大部分是教师运用良好的教学语言营造的。

(2)教学言语和体态语言配合。在课堂教学信息交流的过程中，教学言语和体态语言的运用具有一定的互补性。在教师与学生信息的传递与反馈过程中，教师的体态语言伴随教学言语发挥着增强效果的作用。就两者在教学中起到的作用而言，言语起着主导性的作用，它的适用范围比体态语言要广，体态语言起着次要和辅助性的作用。由于受到不同教学场合和教师本身的心理影响，体态语言可能在思想的表达上产生语言的歧义，即便如此，体态语言仍然具有言语不可代替的感情色彩和重要的交流作用。

(3)提高教学语言技能以促进思维品质发展。提高教师的逻辑表达能力，为学生创设一个良好的语言环境，有利于学生接受各种知识和技能。教师的语言越丰富，思维加工也就越有效。通过教学语言技能的训练，使教师增加语言信息的储备，锻炼快速选词组句的能力，这对思维的敏捷性、准确性也是很好的培养。教学语言也是对教师思想的一种反馈，有了这种反馈，才有助于修正、补充教师的思想。语言和思维就是这样一种辩证的关系。语言能力的提高，有助于思维品质的发展；思维品质的提高，又有助于运用语言能力的发展，二者是相互促进的。所以，我们认为教学语言技能的训练是对教师的一种极好的思维训练。

三、语言技能的构成

1. 教学语言的构成

在课堂教学中，教师运用语音语调、语速语量、词汇语法等变化表情达意，传递教学信息，来增强表达的效果。从一定的教学目标、教学内容、教学对象、教学媒体出发来组织自己的语言，这就形成了课堂教学的口头语言，是构成语言技能的一个重要因素。

(1)语音和语调。语音是语言信息的载体和符号。有了语音这一载体，才能使得表达信息的符号——语言能以声音的形式发出、传递和被感知。在交际中特别是在教学中，要用准确、流畅的普通话。语音力求清晰、清脆、悦耳，音色圆润、坚实、完整。语调是指讲话时声音的高低升降、抑扬顿挫的变化。语调能强化表情达意，增添口语表达的生动性。教师在讲课的过程中要求语调自然、适度，力争优美。能掌握高亢调、沉重调、短促调、重音调等“调式”，做到语调情感的自然流露。

(2)语速和节奏。语速即讲话时的快慢变化。能根据讲解内容和个人表情达意的需要，运用恰当的语速说话。在课堂教学中，讲课的语速要适度，一般每分钟200～250字为宜。多看一些优秀教师讲课的视频案例，掌握教学语言中每句话的停顿长短所构成的快慢变化，形成和谐的节奏，加强语调表达的生动性，使听众不疲劳，不紧张。当然，节奏的把握也是非常重要的，在教学中，节奏的快慢、停顿均受教学内容的控制、影响。这样做的主要目的是为了创设好的教学情境，吸引学生注意；在节奏中把握间歇性的时间给学生思考，激发学生不断往下学习的兴趣和愿望。

(3)语境和语量。说话注意对象、场合，能根据讲话环境，自然地诉说，有针对性地谈话。比如在正式讲课，与学生促膝谈心，佳节联欢这三种场合是有区别的，应根据不同需要、氛围说不同的话。教师在讲课时必须了解学生的年龄特征，当时的心理情绪，以便选择适当的说话角度、措施、口气和语调。语量即讲话声音的大小。语量要符合语言情景和表情达意的需要。声音过大，不仅没有必要，而且使人听了不舒服、易疲劳。课堂口语的语量，根据教课的实际环境，控制在使教室最后一排学生也能听清楚。在师生数人对话的场合，能掌握自己的发音。讲话时，有控制地用气。不能先强后弱，越说越没有底气。爆发式的语音激变，会使学生吓一跳，也要防止。

(4)词汇和语法。在课堂教学中，注意选词组句的感情色彩，忌干瘪，忌刻板；选用的词汇是社会公认的，绝大多数都能听得懂的，不生造词句，尽量少说方言。教师要掌握比较丰富的词汇才能在说话时准确、简明、生动地表达信息内容，提高语言表现力。语法是组词造句的一种规则，按照语法规范来组织语言，才能畅快交流，所表达的内容才能被人理解。

2. 教师体态语言的构成

课堂中教师的体态语言包括手势、身势、眼神和面部表情等。语态要自然、大方、适度，不拘谨，不夸张，做到态势语言和有声语言的巧妙配合。

(1)表情和眼神。一个人的喜怒哀乐的情绪可以通过表情来传达，人们可以通过表情了解人的心理内部活动。在课堂的体态语言中，恰当的表情和眼神会使学生产生亲切感，在教师的眼神中感受到期待，在否定中有所鼓励。

(2)手势和姿态。手势是教学体态语言中动作变化比较丰富、用得最多的一种体态语言。老师的手势语言大体有四个意思。第一，指示性体态语，带有一定的提示、引导作用。第二，演示性体态语，此类手语在演示教学内容时，可以帮助学生理解。第三，指挥性体态语，这种手语特征用于在教师的指挥下，让学生演示一定的学习内容。第四，象征性手势语，用来描摹人物的外形面貌等。对于姿势语言，可用头、手、足的行动来帮助学生进一步理解学习内容。例如，在信息技术教学中，教师在幕布前演示 PPT 内容时，身体姿态的语言结合教师言语的配合将教学内容讲解得更加生动形象。

四、典型案例介绍

1. 语言技能案例方案

动画制作教案一

教学对象：小学生

科目：信息技术

课题：动画制作

主要的教学技能：语言技能

教学目标：

(1)知识与技能。了解逐帧动画的原理和制作方法。

(2)过程与方法。能够利用逐帧动画制作动态表情。

(3)情感态度与价值观。通过制作自己设计的各种动态表情，感受 Flash 动画的趣味和魅力。

教学重点：制作逐帧动画的方法。

教学难点：利用逐帧动画设计动态表情。

教学过程：选取了教学过程中情境创设这一部分，如表 2-1 所示。

表 2-1 动画制作教案一

时间	教学环节	教师的教学行为	学生的学习行为	教学技能
	课前引入	**师**："今天有这么多老师来听课，大家一定要注意纪律，认真听课。" **师**："平时我们要表达自己的心情可以通过自己的语言、面部表情来表达，那我们还可以通过其他方式来表达我们的心情吗？" **引导**："好，今天老师带大家用一种新的方式来表达自己的心情，用 Flash 制作动态的表情。"	学生表情严肃认真，听着老师接下来要讲的知识 学生纷纷说了很多种方法，自己的动作、画画等	言语技能的引入部分

动画制作教案二①

教学对象：小学生

科目：信息技术

课题：动画制作

主要的教学技能：语言技能

教学目标：

(1)知识与技能。了解逐帧动画的原理和制作方法。

(2)过程与方法。能够利用逐帧动画制作动态表情。

(3)情感态度与价值观。通过制作自己设计的各种动态表情，感受 Flash 动画的趣味和魅力。

教学重点：制作逐帧动画的方法。

教学难点：利用逐帧动画设计动态表情。

教学过程：选取了教学案例中的一部分，如表 2-2 所示。

表 2-2 动画制作教案二

时间	教学环节	教师的教学行为	学生的学习行为	教学技能
	创设情境阶段	**师**："今天有这么多的老师来看同学们上课，你们现在的心情怎么样啊？" **师**："除了可以用语言表达自己的心情外，还有什么方法可以表达出同学们现在的心情吗？" **师**："刚才同学们用自己的方式表达了自己的心情，现在老师也用一种方式来表达我现在的心情。老师现在的心情是什么样的呢？"（课件展示一个笑脸） **引导**："老师用哪种方式来表达呢？今天我们就来一起学习如何用 Flash 制作动态表情。"	**生**："高兴、紧张……" **生**："开心地微笑、动作、画画等。" 学生很认真地看着老师展示的课件内容	言语技能的引入部分

2. 案例点评

案例一的引入部分让学生感到课程学习的开始阶段有些紧张，老师占据着课堂的主

① 引自：李艺（2010）。

导地位。传递知识的过程中，学生处于被动的接受状态，教师与学生的互动也比较少。案例二中，在老师的引导下，学生对所学的内容非常感兴趣。在老师提问和回答的过程中，学生的表情时而高兴，时而带有疑问，时而紧张，时而开心地微笑并听着老师讲解的内容。从中我们可以看到，有效的言语引导，使学生对课程的开始有一种期待，非常感兴趣并带着自己的疑问去听这节课。这种在创设真实生活的环境中师生提问回答的互动，比起案例一中教师的导入话语来得轻松，让学生顺着教师的导入语言逐步走进动画的制作过程当中，激发了学生的学习兴趣。

第二节　语言技能训练

一、技能应用须知

1. 语言技能训练要求

(1)掌握教学语言的定义，注意言语技能和体态语言的配合。
(2)了解语言技能的功能和构成要素。

2. 教学语言训练的方法

(1)组织语言技能培训前的理论学习，让参加培训的学员了解语言技能的基本知识，并通过案例学习，进行分析、反思学习。

(2)通过观摩优秀教师的课堂教学，让学生分析在课程开展过程中教师的言语技能与体态语言在每个环节所起到的作用，以及语音、语调、语速、节奏、语境、语量、词汇和语法等内容的把握与运用。

(3)在微格教室中，开展信息技术内容的课堂教学，在计算机前、幕布前结合所讲教材内容以及训练的要求，将语言技能综合地应用到课程设计当中。

二、训练可选题目

1. 题目1：《走进信息世界》导入

可选教学设计如表2-3所示。

表 2-3　《走进信息世界》导入部分教案①

课题：无所不在的信息		训练技能：语言技能		
教学目标	◆知识与技能 学生能够列举学习与生活中的各种信息，感受信息的丰富多彩性；举例说明信息的一般特征；培养学生分析问题、解决问题的能力。 ◆过程与方法 培养学生从日常学习生活中发现或归纳出新知识的能力。 ◆情感情感态度与价值观 让学生理解信息技术对日常生活和学习的重要作用，激发对信息技术强烈的求知欲，养成积极主动地学习和使用信息技术、参与信息活动的态度。			
时间安排	教师的教学行为	应用教学技能要素	学生的学习行为	应用教学媒体、板书
激情导入 5 分钟	**师**：今天老师给大家带来了几张图片，上课之前，大家先来看看，它们是什么？各自都代表了什么含义？告诉了我们什么信息？ **师**：非常好！这几张图，每一张图片都有一一个确切的含义，明确地告诉我们，你能干什么，不能干什么。 **师**：大家再看看这张图里，你看到了什么？ **师**：我们来玩一个接龙游戏，分成三个组（第一组、第二组、第三组），大家分小组讨论，看看哪个小组能看到最多的人头像。好，现在给大家 5 分钟的时间讨论交流下。 **师**：可见，相同的内容，不同的人看到，得到不同的信息，信息是丰富多彩的。接下来，大家再看看这张图，全球夜晚灯光图，你发现了什么吗？ **师**：这说明了什么呢？ **师**：对的，各国夜晚灯光亮度的差异，体现了各国都市化程度的不同，经济发达的地区，夜晚灯光就明亮，且灯光的密度也高。 **师**：非常好！简单的几张图，它给我们传递了太多太多的信息。不知道大家有没有注意到，刚刚的过程中，我们非常频繁的提到了一个词，是什么呢？ 对！“信息”图片给我们带来了非常多的信息… **师**：“信息”，这就是今天我们所要讲的内容——走进信息世界。	通过真实的例子启发学生的思维，引起学生的注意	生：禁止行走、禁止鸣喇叭、停车标志 生：人的头像 生：欧洲、北美洲（美国）很亮，非洲很暗，“北上广”很亮。 生：越发达的城市越……	联网的计算机

2. 题目 2：网站和网页

可选教学设计如表 2-4 所示。

① 引自：谢添添（2018）。

表 2-4　《信息交流的方式》部分教案①

课题：信息交流的方式			训练技能：语言技能	
教学目标	知识与技能： 1. 知道电子邮箱的地址书写格式； 2. 理解“@”的含义； 3. 知道 QQ 在线与离线发送文件的区别 过程与方法： 1. 会用电子邮箱发送文件； 2. 会用 QQ 发送在线文件或离线文件； 情感态度与价值观： 1. 通过网络搜索，了解网上聊天的利与弊，注意保护好个人隐私； 2. 提高辨别信息真伪的能力，正确使用网络工具文明交流			
时间安排	教师的教学行为	应用教学技能要素	学生的学习行为	应用教学媒体、板书
导入 5 分钟	略			
环节一 20 分钟	略（发送电子邮件 10 分钟，发送 QQ 文件 10 分钟）			
环节二 10 分钟	[讲授] 网络聊天是一种交流方式，聊天工具有 BBS、QQ、微信、MSN 等。重点介绍 QQ 聊天这种交流方式。主要以讨论的形式，了解网络聊天的利与弊。 [讲授] 各位组长把组内同学的观点总结一下，一会儿请组长代表组内同学发言。 [讲授] 4 位组长代表性的发言，观点明确，简明扼要，既说出了网络聊天的好处，也分析了网络聊天的弊端。网络聊天这种交流方式，具有开放性、自主性、隐蔽性等特点。同学们可以在网上自主交流，但交流时要注意保护个人隐私。 [讲授] 下面老师说一下，针对网络聊天这种交流方式，我的观点是什么。我希望同学们做一个有态度的聊天者。这个态度就是“自律”。		[分组讨论] 全班分四个小组，A 组组长…，B 组组长…，C 组组…，D组组长…。讨论形式：面对面交流；加入组群交流。 4 位组长做总结性发言	
小结 5 分钟	[讲授] 下面对本节课内容做一个小结。今天我们首先学习了电子邮件的使用，然后又学习了 QQ 发送文件与网络聊天，后者属于即时通信工具。观察“中国互联网信息中心”提供的数据： [问题] 即时通信使用率与电子邮件使用率分别有何特点？ [分析] 为何国内即时通信比电子邮件使用率高？ [总结] 在中国互联网当前发展阶段，即时通信使用率的上升实属必然。而在网民总的信息沟通需求量一定的情况下，也会带来电子邮件使用率的下降。美国和韩国对电子邮件的使用率要远高于中国，但其对即时通信的使用率却远低于中国。 从世界互联网发达国家的发展历程看，电子邮件应用不但不会衰退，而且还非常兴盛。 预计未来几年内，在中国即时通信的使用率将会维持在一较高水平，而对电子邮件的使用将会略有回升。		学生观察、思考 学习回答 思考回答	

① 引自：贾春英（2018）。

请根据上述教案建议准备语言技能的训练，在训练时也可根据自身特点按照题目要求自行设计教学方案或修改教学方案。但需要注意在教案撰写过程中突出语言技能的训练重点，如语音、语调、语速、词语搭配以及体态语言的配合等。

三、实验报告

实验报告如表 2-5 所示。

表 2-5　语言技能实验报告表

<table>
<tr><td>实验目的</td><td colspan="4">1. 能够适当地把握语音、语调、语速、节奏、词语的运用以及和体态语言的配合，合理地应用在教学当中
2. 课堂教学形式通过语言和体态语言的运用来激发学生学习兴趣</td></tr>
<tr><td>实验用具</td><td colspan="4"></td></tr>
<tr><td rowspan="4">实验过程</td><td>课题名称</td><td></td><td>授课对象</td><td></td></tr>
<tr><td>实验地点</td><td></td><td>授课总时</td><td></td></tr>
<tr><td>教学目标</td><td></td><td></td><td></td></tr>
<tr><td colspan="4">【此处可以粘贴微格教案】</td></tr>
<tr><td>实验结论</td><td colspan="4"></td></tr>
</table>

第三节　教学技能评价与反馈

(1)语言技能评价量表如表 2-6 所示。

表 2-6　语言技能评价量表

评价项目	评价等级			权重
	好	中	差	
1. 讲普通话，字音正确	□	□	□	0.10
2. 语言流畅，语速、节奏适中	□	□	□	0.20
3. 语言准确，逻辑严密，条理清楚	□	□	□	0.15
4. 正确使用本学科名词术语	□	□	□	0.15
5. 语言简明、生动有趣	□	□	□	0.05
6. 遣词造句，通俗易懂	□	□	□	0.10
7. 语调抑扬顿挫	□	□	□	0.05
8. 语言富有启发性	□	□	□	0.10
9. 没有不恰当的口头语和废话	□	□	□	0.05
10. 体态语言配合恰当	□	□	□	0.05
对整段微格教学片断的评价：				

(2)语言技能训练反思如表 2-7 所示。

表 2-7　语言技能训练反思表

课后自评	
同组评议	
教师评价（2+2 评价法）	
问题思考	1. 掌握语言技能的定义、功能和基本要素构成； 2. 灵活运用语言技能中言语技能和体态语言的方法； 3. 根据所学有关语言技能的理论知识，自己设计一个关于练习语言技能的讲稿，并进行微格录像，进行观摩，并根据语言技能评价量表进行自评； 4. 观摩录像后，填写一下教学反思，找出不足； 5. 如何来评价教学语言技能； 6. 观摩优秀教师的课堂教学，找出在教师的课程讲解中，运用到了哪些语言技能，进行学习反思

◀知识链接

体态语言在课堂教学的辅助、反馈作用①

教师在讲授过程中，体态语言具有强调言语的语义重点和辅助口头言语表达的功能。在言语教学中配以适当的体态语言，以姿势助说话，以眼神传真情，能很好地把学生带进与教材内容相应的气氛当中，引起学生感情上的共鸣，可将课文中的内容能形象生动地再现在脑海中。同时，教师对整个课堂的教学活动通过体态语言可以实行有效的控制，相比言语上反馈，体态语言更具特殊的作用。在课堂上，学生不能以口头语言干扰教师讲课，于是，体态语言就成了学生内心状况和意向的主要的、甚至是唯一的表露形式。因此，正在上课的教师想要及时获取教学反馈信息，最恰当、最便捷的、最有效的方式就是观察学生的体态动作。

① 引自：黄宇星（2008）。

第三章　讲授技能

讲授是课堂教学最主要的教学方式，其技能则是教学中采用最普遍的技能之一。讲授的优点是，能在较短的时间内传授大量的知识，可以方便及时地向学生提出问题，指出解决问题的途径。这种教学行为能充分发挥教师在教学中的主导作用，其技能体现在控制教学进程、掌握教学进度、掌控知识传输的密度和涉及的宽度或深度等方面，技能使用得当可以使学生少走弯路，提高学习效率。

第一节　讲授技能介绍

一、什么是讲授技能

讲授技能是教学中采用最普遍、最适用和最基本的教学技能之一。它主要通过叙述、描绘、解释、推论等引导学生了解现象，感知事实，理解概念、定律和公式，从而使学生认识问题、分析问题、解决问题。教师能在短时间内让学生获得大量系统的科学知识，使学生受到思想道德教育和情感熏陶主要靠讲授技能。

二、讲授技能的功能

讲授技能能在较短的时间内简洁快速地传授大量知识，适时恰当向学生提出问题，及时告知解决问题的方式方法。讲授技能运用得好，可充分发挥教师在课堂上的主导地位，把握教学的重点、难点，控制教学节奏，避免学生走弯路，同时对学生进行情感和思想品德的教育，提高教学效率。讲授技能的功能可以大体归纳为以下几点。

(1)语言的系统性和深刻性。讲授有利于系统地传授知识，具有时间少、容量大、效率高的特点，适宜解释多数学生面临的疑难问题。教师闻道在先，对知识理解相对深刻，自身又有丰富的生活阅历，所以老师讲授能变抽象为具体，使深奥的知识通俗易懂。

(2)生动形象的描述，有利于提高学生的学习兴趣。教师通过合乎逻辑的分析、论证、恰当的情境设疑，以及生动、精炼的语言描述课程内容，用自然亲切的语言将学生带入学习情境，增进师生之间的感情以及知识的交流，有效地提高学生的学习兴趣、发展学生的智力。

(3)有利于突破课堂教学的难点、突出重点。教师利用讲授对精心设计的内容加以点拨、讲解。在讲授的过程中，教师对学生掌握模糊不清的内容着重强调关键点，有效引导学生抓住教学的主要内容，提示学生重点、难点，帮助学生记忆和消化教学内容，有利于学生做笔记和复习。

(4)有利于清晰地掌握知识的层次结构。教师用词准确、语言通顺、条理清楚、分析透彻、逻辑严密的讲授方式会直接影响到学生的听课效率。通过高效的讲解，使学生清晰地认识到解决问题的思路与方法，有利于学生掌握不同知识的层次和结构。

三、讲授技能的分类

1. 描述类

(1)叙述式：教师用比较简洁的语言客观地把事物在时间上的发展变化、空间上的位置和延伸以及它们之间的联系讲述出来。

(2)描绘式：教师用比较生动、形象的语言，具体、鲜明、逼真地再现人物、事件、景物状态和情景。它能把学生带入最佳思维状态。

例如：在一节用 PPT 制作图文的小学信息技术课上，老师在开始的引入部分创设的教学情境，就非常的生动形象，巧妙地将前后的内容进行了连贯衔接。教师是这样描述的："同学们，前几节课我们跟随小水滴一起考察了黄河的源头、黄河第一弯，了解了地上河的成因，还跟随小水滴来到广阔的大海、蔚蓝的天空、高耸的雪山，认识了不同形态的小水滴。课下，同学们还搜集了很多跟小水滴旅行有关的资料，大家共同布置了我们用来交流的资料墙，了解了很多关于水循环的知识。今天，我们就来用学习过的 PPT 软件制作一幅动态的水循环示意图，和小水滴一起对它的旅行做一次回顾。"

2. 诠释类

(1)解释式。教师用简洁严谨的语言具体讲解事物、事理的含义、原因等。

(2)说明式。在信息技术教学中，教师用言简意赅的语言，把事物的形状、性质、特征、成因、规律、功能以及事物间关系等加以说明，一般用于具体的知识内容。例如，对概念、专业术语、程序结构、教学设计的方法等内容进行讲解。

3. 论证类

(1)论说推理式。教师用富于逻辑性的语言根据教材中提供的已知材料进行分析、比较、演绎、归纳，利用学生已掌握的知识推导出新知识的一种讲解方式。在推理的过程中，要不断地提供有力的证据、例证、统计材料等，使学生在接受科学知识的同时理解掌握所学知识内容。

例如，对网络常用的应用软件结构模式 C/S 和 B/S 模式，提问：①B/S、C/S 模式最突出的特点是什么？分析并回答；②QQ、PPS 视频、飞信等属于哪个模式？分析，得出结论 C/S；③登录浏览器浏览网页、观看在线节目、英语角学习等内容属于哪种模式？分析，得出结论 B/S。

(2)证明式。教师为论述根据已知材料提炼出的某一思想观点、法则、公式的正确性，用事实或引用科学公理作依据来证明。

例如：在程序设计循环语句的运用中，教师就是选择逐步提问、学生反思、教师引出 FOR/NEXT 循环语句加以证明，得出结论的。

4. 问题中心式

问题中心式是以解答问题为中心进行讲解，主要是指在课堂教学中，围绕一个中心问题，将之前学过的知识内容进行衔接、练习、巩固。在教学中，也可以将实际生活中的问题以问题中心式的讲解方式进行讲解，让学生在实际环境中学习知识，灵活地应用于现实的学习生活当中。

例如：在信息技术课程当中，有一节课是利用 Microsoft Word 软件对文字、图片做简单编辑的教学内容。由于学生此前已经比较熟悉信息加工工具软件的操作，教师就选择了一个与实际生活很贴切的内容来展开这节课的课程学习，题目为“为校友会做准备”。教师对文本信息的表达提出了具体的要求以及对制作校友会宣传通知的基本过程进行了系统讲解，学生则通过之前所学知识，将处理文本信息时所用到的版面设计、段落、文字、对象等内容进行练习与巩固。

5. 操作中心式

操作中心式是指在教师的示范操作下，指导学生进行实际的操作应用，主要是对操作原理进行说明。结合教师的示范讲解，将要点让学生掌握，指导学生练习，包括对学生在操作过程中的纠错、提供引导性的信息反馈等，让学生掌握操作原理和动作之间的联系与协调。例如，主机的组装、视频展示台以及投影仪的应用等操作知识。

四、典型案例介绍

1. 讲授技能案例方案

在幻灯片中制作表格教案一[①]

教学对象：小学五年级学生

科目：小学信息技术

课题：在幻灯片中制作表格

主要的教学技能：讲授技能

教学目标：

(1)知识与技能。巩固复习在 Word 中插入表格和在幻灯片中插入表格。

(2)过程与方法。培养学生观察问题、分析问题和解决问题的能力；培养学生自主学习、互相协作的能力。

(3)情感态度与价值观。认识到学习中的技巧，培养学生认真思考的意识。

教学重点：表格的创建。

教学难点：表格的编辑。

教学过程：如表 3-1 所示。

① 引自：李艺（2010）。

表 3-1　在幻灯片中制作表格教案一

时间	教学环节	教师的教学行为	学生的学习行为	教学技能
3 分钟	课前引入	**师**：“老师知道要跟我们五年级（X）班的同学一起来上这节信息课，老师去了解了我们班的一些信息，看这是什么？”（该班的课程表）	**答**：“我们班的课程表”	导入技能
		师：“对，这是我们班的课程表，本来我们班下午是上 XX 课的，但是现在却换成了信息课，你们喜欢上信息课吗？为什么喜欢？在信息课中你们学会了什么？”	**生**：“喜欢。”学生们积极回答	
		师：“哇！我们班的同学个个都是电脑高手，学了这么多的知识，那你们知道在 Word 中怎么制作这张课程表格吗？”	**生积极响应**：“插入表格。”	讲解技能中语言的描述
		师：“对，插入表格，但是在插入表格之前我们首先要知道这是一张几行几列的表格，大家赶紧来数一数吧！”（课件展示）	学生认真的观察着表格	
		师：“谁愿意来演示一下在 Word 中插入 9 行 6 列的表格。谁想来给大家展示一下？”	学生踊跃举手 **生 1**：“用常用工具栏中的‘插入表格’的方法。”	
		师：“这么多啊，好，你来试试，其他同学要注意观察这位同学用的是什么方法？”	**生 2**：“用菜单栏中的表格—插入—表格。” **生 3**：“绘制表格。”	
10 分钟	内容讲解	**师**：“刚才，我们在 Word 中制作表格，其实在幻灯片中也可以制作表格，那么它们的方法是不是一样呢？这节课我们就一起来研究在幻灯片中制作表格。”		
		师：“请同学们自己打开 PPT 软件，试一试在幻灯片中插入 9 行 6 列的表格。”		
		师：“刚才老师看到有很多同学已经完成了，谁愿意来展示一下？把你的方法跟同学们一起分享分享！”		学生踊跃举手
		师：“好！你来，其他同学注意观察这位同学用的什么方法。”		
		师：“看清楚了吗？这位同学用的什么方法？”	**生**：“用常用工具栏中的‘插入表格’菜单。”	
		师：“还有不同方法吗？”	**生**：“‘插入’菜单栏中的‘表格’菜单。”	
		师：“这位同学用的是什么方法？”		
		师：“还有不同方法吗？”	没人回答	
3 分钟		**师**：“同学们真了不起，已经想出了两种方法，那老师来展示一下，我们一起来看看，我们还可以用格式/幻灯片版式，在右图出现的任务窗口处，拖动滚动条，在其他版式中选择‘标题和表格版式’，并单击，在出现的图标占位符处双击，出现‘插入表格’对话框。输入行数和列数。”		
		师：“在幻灯片中插入表格的方法有很多，同学们可以选择自己喜欢的方式。现在再给同学们一分钟的时间来试试。已经完成的同学把它保存好，然后帮助一下还没有完成的同学。”		

在幻灯片中制作表格案例二

教学对象：小学五年级学生

科目：小学信息技术

课题：在幻灯片中制作表格

主要的教学技能：讲授技能

教学目标：

(1)知识与技能。巩固复习在 Word 中插入表格和在幻灯片中插入表格。

(2)过程与方法。培养学生观察问题、分析问题和解决问题的能力；培养学生自主学习、互相协作的能力。

(3)情感态度与价值观。认识到学习中的技巧，培养学生认真思考的意识。

教学重点：表格的创建。

教学难点：表格的编辑。

教学过程：如表 3-2 所示。

表 3-2　在幻灯片中制作表格案例二

分配时间	教学环节	教师的教学行为	学生的学习行为	教学技能
3 分钟	课前引入	**师**：“前面我们已经学过如何在 Word 文档中插入表格的方法，今天我们就来学习如何在幻灯片中插入表格。” **师**：“咱们来想一想在 Word 中插入表格的方法？大家想一想，我来找同学起来说一下。” **师**：“谁愿意来演示一下，比如在 Word 中插入 9 行 6 列的表格。谁想来给大家展示一下？” **师**：“XX 同学，你来给大家演示一下，其他同学要注意观察这位同学用的是什么方法？”	学生没有回答，认真地听着老师讲解的内容 有的学生表现的非常积极，有的学生神态比较紧张 **生 1**：“用常用工具栏中的‘插入表格’的方法。” **生 2**：“用菜单栏中的表格—插入—表格。” **生 3**：“绘制表格。” 部分学生举手 学生认真观察 部分学生举手	导入技能 讲解技能中语言的描述
10 分钟		**师**：“刚才，我们在 Word 中制作表格，其实在幻灯片中也可以制作表格，那么它们的方法是不是一样呢？这节课我们就一起来研究在幻灯片中制作表格。” **师**：“请同学们自己打开 PPT 软件，试一试在幻灯片中插入 9 行 6 列的表格。” **师**：“谁愿意来展示一下？把你的方法跟同学们一起分享分享！” **师**：“好！你来，其他同学注意观察这位同学用的什么方法。” **师**：“看清楚了吗？这位同学用的什么方法？” **师**：“还有不同方法吗？” **师**：“这位同学用的是什么方法？” **师**：“还有不同方法吗？” **师**：“同学们真了不起，已经想出了两种方法，那老师来展示一下，我们一起来看看，我们还可以用格式/幻灯片版式，在右图出现的任务窗口处，拖动滚动条，在其他版式中选择‘标题和表格版式’，并单击，在出现的图标占位符处双击，出现‘插入表格’对话框。输入行数和列数。”	**生**：“用常用工具栏中的‘插入表格’菜单。” **生**：“‘插入’菜单栏中的‘表格’菜单。”	

续表 1

分配时间	教学环节	教师的教学行为	学生的学习行为	教学技能
10 分钟		师："在幻灯片插入表格的方法有很多，同学们可以选择自己喜欢的方式。现在再给同学们一分钟的时间来试试。已经完成的同学把它保存好，然后帮助一下还没有完成的同学。"		

2. 案例点评

(1)教师教态方面，案例一中，教师语气、声音、语言的连贯性比起案例二中情感更加丰富。教师与学生的互动较多，能够抓住小学生的学习兴趣，激发学习热情。

(2)从教师讲授方面来看，案例一中老师更注重学生的自主学习能力，始终处在一个引导者的位置。在教师的语言描述中，引导学生进行每个阶段知识的学习，学生能够通过自己的触觉感知不同的学习过程与方法，更能体现学生的自主性。而在案例二中，在起初创设情境的部分，学生主动感知新知识、回顾旧知识时，多数学生处在被动学习的状态，主要是教师讲解演示之后再让学生操作，学习形式较单一，互动较少。

总之，对于讲授的内容要尽量贴近生活，能够结合学生在 Word 中制作表格的经验，有效地利用学生已有的学习和生活经验是非常重要的。

第二节　讲授技能训练

一、技能应用须知

教师在运用讲授技能时，要注意以下几个方面的问题。

(1)准备要充分、目标要明确。在信息技术课上，对讲授内容和操作性内容强的知识点要做到全面的分析和把握，注意重点、难点的把握，做到准备充足、思路清晰、目标明确，力图将系统的知识呈现给学生。

(2)讲授的内容要符合学生的认知水平。教师要根据教学大纲，认真地分析教学单元的内容，对处于不同认知水平上的学生，在教学目标的设置上要明确。

(3)讲授的内容要生动、形象。教师借助比喻、描绘、表演等手法或教学媒体手段使学生通过感知领会抽象的概念、定理和规律。尤其是信息技术课程中涉及算法、程序等知识点的内容，要尽量将抽象的概念具体化、深奥的哲理形象化、枯燥的知识趣味化。生动形象、富有趣味的讲授，能够激发学生的兴趣，使他们集中注意、积极思维，对学习内容产生深刻的印象，这对于他们理解、掌握知识和发展思维有着重要作用。

(4)讲授的语言要通俗易懂。学生听得懂、听得明白，才有可能接受和掌握教师所讲授的教学内容。因此，讲授过程中传递的信息必须符合学生的知识背景。教师在选择例子和证据时，应做到适合学生的年龄特征和经历，尽可能选择学生比较熟悉的例子，并能将其与即将学习的知识联系起来，注意重点、难点的把握，顺利实现新旧知识的迁移。

(5)讲授要注意和谐性。在讲课过程中，教师应注意语速、语调、响度等的科学运用，并根据学生的反应及时做出相应的调整。在确定基本的速度和音量后，语音的高低、强弱、快慢和停顿还应根据教学内容有一些变换、起伏，恰当地起到承上启下的作用，有一个自然的过渡。

(6)讲授要和其他教学方法结合使用。在讲授的过程中，也应组织一些探究活动或合作讨论，不要把所有的结论都说出来，也让学生自己体验一下发现的过程。讲授要运用多种语言技能和动作变化技能。

(7)讲授要注意教态、仪表。教师讲授的仪态应当端庄、自然、大方，既不可举止生硬，也不宜手舞足蹈；讲述的声音要清晰，音量适当，抑扬顿挫，富有情趣；讲授的速度要适中，速度太快，学生没有思考的时间，不易理解消化，速度过慢，则容易倦怠，分散注意力，重要问题要稍做停顿，给学生思考或记笔记的时间，简易的问题可以讲快些。

二、训练可选题目

本部分训练是选取了实际案例中的一部分进行教学讲解训练。

1. 题目1：鼠标操作——有趣的小游戏

可选教学设计如表3-3所示。

表3-3　鼠标操作——有趣的小游戏教案

课题：鼠标操作——有趣的小游戏		训练技能：讲授技能		
教学目标	认识鼠标的基本结构和功能，掌握鼠标的指向、单击、双击、右击和拖动等操作			
分配时间	教师的教学行为	应用教学技能要素	学生的学习行为	应用教学媒体、板书
第一阶段 激发兴趣	(1) 情境创设 “同学们，看鼠标是不是像个顽皮可爱的小老鼠。你要想控制住这只调皮的小老鼠，唯一的方法就是正确地使用和操作。” (2) 出示课题 鼠标操作	构成讲解的框架结构	集中注意力，观看课件	
导入新课	(3) 认识鼠标： ①让学生观察、触摸鼠标； ②初步认识鼠标 “首先，让我们来看看鼠标的结构。鼠标带有一条长长的尾巴，尾尖有一个与计算机相连接的插头。它是电脑组成中一个重要的输入设备。鼠标上有两个长得有点像小老鼠耳朵的键。左边的一个我们把它叫做鼠标左键，是鼠标的主键，选定、打开文件全靠它；右边的一个我们把它叫做鼠标右键，为我们提供了方便好用的快捷菜单。左右键中央又增添了一个方便翻页的小滑轮，以适应阅读的需要。”	用生动、形象的语言结合Flash课件将实物展示给学生观察。对鼠标的各个功能进行操作的讲解和语言的衔接	学生观看Flash动画，认识鼠标，了解它是重要的输入设备	Flash课件

续表

课题：鼠标操作——有趣的小游戏			训练技能：讲授技能	
10 分钟	③“握鼠标的基本姿势“鼠标平放在光滑的桌面上，手握鼠标，不要太紧，就像把手放在自己的膝盖上一样，使鼠标的后半部分恰好在手掌下，食指和中指分别请放在左、右键上，拇指和无名指轻夹两侧。” 习惯培养，“同学们，如果不注意，鼠标还是一个容易传播疾病的媒介，上机时整个手掌大面积接触鼠标，会留下手心的汗渍等，因此，在使用鼠标前后一定要洗手。” ④问：“你们知道用鼠标能做什么吗?” ⑤问：“这节课你最想用鼠标做什么？这节课，我们上一节《有趣的小游戏》课。”	学生边看边听，学习鼠标的握法	学生练习握鼠标 学生各抒己见 大多数学生的回答是玩游戏	

设计意图：用调皮的小老鼠动画导入新课，激发学生的学习兴趣和探索欲望，学生通过老师的演示，亲自进行实践，用感性认识加强记忆，教师在传授新知识的同时，加强了学生对鼠标的规范操作。

2. 题目 2：利用 Word 进行小报制作

可选教学设计如表 3-4 所示。

表 3-4　利用 Word 进行小报制作教案①

课题：利用 Word 进行小报制作			训练技能：讲授技能	
教学目标	(1) 知识目标：掌握艺术字和图片的插入与格式设置的基本方法；设置好标题和正文的字体、字号和字形 (2) 技能目标：能把不同的 Word 文档中的内容复制到自己的 Word 文件中去。为每一个故事插入一张相配套的图片并调整好文字环绕方式、位置和大小；为小报插入一个艺术字报头“成语故事”并调整好大小和位置 (3) 情感目标：培养学生的审美情趣；感受我国语言的博大精深，培养学生喜欢成语故事，喜欢成语			
分配时间	教师的教学行为	应用教学技能要素	学生的学习行为	应用教学媒体、板书
3 分钟	**片段** 1：讲故事引入教学内容 **师**：“同学们，今天，由我来为大家上一堂信息技术课。我找点轻松的内容，不如来讲个故事吧!” **师**：“我们中国的文化博大精深，在数千年的历史中，有许多历史故事流传至今，已演变成了一个个寓意深刻的成语。有谁知道关于成语的故事，给大家讲一个?” **师**：“是的，这个故事还说明一个人只有通过自己的劳动才能得到应有的报酬，获得成功。”	构成讲解的框架结构 使用例子引出教学内容	集中注意力，认真听讲 有点兴趣，脸上表情开始放松了。 **生**：“《守株待兔》……”(讲故事)	

① 引自：晨曦（2011）。

续表 1

课题：利用 Word 进行小报制作		训练技能：讲授技能		
3 分钟	师："这个故事告诉我们一个什么道理?" 师："大家还有什么故事?" 师："不如这样，老师已经准备了好几个成语故事，放在你们电脑的'D：\成语故事'文件夹下。请大家自己打开去浏览，看看老师给大家准备了什么。" 片断 2：通过范列作品掌握小报制作的要点 在打开教师指定的文件夹浏览了里面的故事图片和文字后，教师适时抛出了本堂课的任务 师："大家觉得故事和图片看起来方便吗?" 师："是的，所以老师把这些故事制作成了一张成语故事报，大家来欣赏一下。"出示已做好的小报给同学们欣赏 师："同学们，大家觉得这几张成语故事小报怎么样?" 师追问："是怎么处理的?" 师补充："题目字体变大了，让人在看故事时先知道故事的题目是什么，也吸引你去看故事。" 师："还有吗?" 师："对，只是文字太单调了，插上一张图片，可使小报更加美观，而且图片也可以吸引人的眼球去看这个故事。" 师："是的，小报中还插入了成语故事报几个大字，这部分在报纸中我们称为什么?" 师引："我们平时看的报纸都有一个名称的，如'小学生世界报'、'南湖晚报'等，我们称之为报纸的名称或报头。" 师："同学们，今天老师不光给大家带来这些成语故事，还给大家带来了一个任务。要求选我们也选 2～3 个故事制作成一张成语故事报。一会儿请我们的吴老师把好的选出来打印贴在学校的宣传栏里给全校的同学们欣赏。" 使用例子引出教学内容	使用例子引出教学内容	生："兔子撞在树上是偶然的，农夫等下去是不会有兔子的。"学生踊跃举手 生："不怎么方便，看了故事再去看图片，换来换去不方便。" 生 1："小报的文字颜色很好看，每一个故事一种颜色。" 生 2："每一个故事的题目很清楚。" 生："把故事题目的字体变大了。" 生："每个故事都有一张插图，很漂亮。" 生："小报中还插入了艺术字作题目，很好看。" 学生没有回答到老师预设的答案上来	Word 文档 PPT 切换 PPT 切换
3 分钟	片断 3：突破难点，为丰富作品呈现作准备 做小报第一步：把不同的 Word 文档中的内容复制到自己的 Word 文件中去 教师演示把几篇故事复制在一起。由于同学们现在正打开一个或几个故事在看。所以教师的演示要…此基础上开始： …标单击工具栏最左端的新建…，拿一张白纸；		学生认真看着老师的讲解步聚	

续表 2

课题：利用 Word 进行小报制作		训练技能：讲授技能		
3 分钟	②任务栏上切换到打开的故事，选中文字，复制； ③到任务栏上切换到空白页，粘贴； ④任务栏切换到成语故事文件夹，打开第二篇故事用同样的方法复制到新建的文档中 预设：根据平时自己的教学经验，同学在把几个不同文档中的内容复制到一个文档时，会出现以下问题：同一段内容在新建页中复制两次；复制第二份时，光标没有定在末尾，所以复制出的内容顺序错乱。漏选了部分要复制的内容，使内容不全等。教师等学生出现问题时根据问题的面一对一或集体辅导 同学们仔细看老师的示范操作，然后独立尝试操作。教师巡视学生操作，收集掌握学生学习过程的信息： **信息 1**：大部分同学没有出现老师预设的问题； **信息 2**：很多同学已经通过字体颜色和大小修饰文字了； **信息 3**：有三分之一左右的同学使用插入图片了			

请根据上述教案建议准备讲授技能的训练，在训练时也可根据自身特点按照题目要求自行设计教学方案或修改教学方案。要注意的是：对讲授前的情境创设、教学过程中语言的表达、前后内容的衔接以及对重点、难点的把握、强调等，要通过教学案例进行系统的实践训练。

三、实验报告

讲授技能实验报告表如表 3-5 所示。

表 3-5　讲授技能实验报告表

实验目的	1. 能够高效地把讲解框架、语言表达、前后内容恰当衔接以及对重点、难点的把握和强调合理的应用在教学中； 2. 能够恰当地使用讲授技能的技巧； 3. 课堂教学中，灵活运用讲授技能的不同类型，有效激发学生的学习兴趣			
实验用具				
实验过程	课题名称		授课对象	
	实验地点		授课总时	
	教学目标			
	【此处可以粘贴微格教案】			
实验结论				

第三节　教学技能评价与反馈

一、讲授技能评价量表

讲授技能评价量表如表 3-6 所示。

表 3-6　讲授技能评价量表

评价项目	评价等级			权重
	好	中	差	
1. 讲解目标明确、设计合理	□	□	□	0.1
2. 教师情境的创设	□	□	□	0.15
3. 讲解内容准确、观点科学	□	□	□	0.15
4. 语言简练、清晰，描述生动，富于感染力，能够调动学生的积极性，提高学生的学习积极性	□	□	□	0.1
5. 有助于学生掌握基础知识、基本概念和语文意识	□	□	□	0.05
6. 能启发学生思考，配有学生独立思考的能力	□	□	□	0.1
7. 有助于提高学生的分析、综合比较、概括能力	□	□	□	0.1
8. 讲解内容、方法与学生认知水平	□	□	□	0.1
9. 声音清晰、速度适中、有感染力	□	□	□	0.05
10. 学生对老师问题的反馈情况	□	□	□	0.1
对整段微格教学片断的评价：				

二、讲授技能训练反思

讲授技能训练反思表如表 3-7 所示。

表 3-7　讲授技能训练反思表

课后自评	
同组评议	
教师评价（2+2 评价法）	
问题思考	1. 根据自己的理解，请用自己的话给讲授技能下一个定义； 2. 请你谈谈讲授技能的功能、特点和在课堂教学中的实际意义； 3. 请你谈谈讲授技能可分为哪些类型； 4. 请你谈谈讲授技能的作用； 5. 讲授技能应用时要注意的一些问题。请你谈谈如何把讲授技能很好地应用在信息技术教学中

◀知识链接

讲授技能的几个构成要素的介绍①

讲解技能的构成要素是一些典型的课堂讲解教学行为，一般由讲解的结构、语言清晰流畅、使用例证、进行强调、形成连接、获得反馈这六项典型教学行为要素构成。

1. **构成要素**

(1)讲解的结构。讲解的结构是教师在分析学生的情况和教学内容的基础上，对讲解过程框架的安排。这一技能要素是整个讲解教学活动成功的基本保证。显然讲解过程框架的设计是在讲解实施前的行为，但讲解框架的实施可以在教学中观察，所以满足可操作、可观察、可评价的要求。

(2)语言清晰流畅。语言清晰流畅的教学行为是讲解紧凑、连贯、语言准确、明白、语音和语速适合讲解内容和情感的需要。

(3)使用例证。举例说明是进行学习迁移的重要手段，例证将熟悉的经验与新知识联系起来，是启发理解的有效方法。

(4)进行强调。强调是成功讲解中的一个核心成分。强调将重要的关键信息从背景信息中突出出来，减少次要因素的干扰，有利于学生形成正确的认知结构。强调的形式是多种多样的，学员在训练中容易模仿和应用。

(5)形成连接。讲解结构中的系列化关键问题和相应的阶段性目标之间不是彼此孤立的，它们不仅有时间顺序而且还有逻辑意义的联系。形成连接就是要将讲解中各部分之间的逻辑意义联系交待清楚。

(6)获得反馈。讲解由于主要是教师讲学生听，所以新教师往往忽视学生的反应，讲解像在背书。这是讲解的发展进程与学生理解不能同步，讲解缺乏针对性、交互性的主要原因。在训练中，指导教师要注意纠正学员这方面的问题。

2. **讲解的类型**

讲解的类型是依据讲解内容的特点或其他特点对讲解所作的分类，依据的特点不同所分的类型也不同。类型中的教学行为是对各技能要素的综合应用，教学中应突出各类型中的操作步骤。

① 引自：初中数学教学网（2011a）。

第四章　导入技能

导入是指教师在进入新课题时通过建立问题情境，以引起学生注意、激发学习兴趣、调动学习动机、明确学习目的和建立知识间相互联系的教学活动方式。其技能高低体现在新的教学内容讲授开始时，教师能否将学生的注意力吸引到特定的教学任务和过程之中。

良好的开端是成功的一半。优秀的导入技能为师生建立感情，精彩的导语将会成为教学乐章的优美序曲，犹如乐曲中的“引子”和戏剧中的“序幕”，起着酝酿情绪、集中注意、渗透主题和带入情境的作用。而精心设计的导入，能起到诱发兴趣、开启思维、引发思考、画龙点睛、突破重点、新旧衔接、架桥过渡等作用。

第一节　导入技能介绍

一、什么是导入技能

信息技术导入技能体现在利用各种教学媒体，巧妙、别致地创设学习情境，激发学生学习兴趣和启迪思维，使其集中注意力主动学习新知。该技能为整节课的学习打下了良好的开头，使整个教学活动生动、活泼、自然地进行，有助于学生获得良好的学习效果。

二、导入技能的分类

1. 直接导入

直接导入，也叫开门见山式，是最简单和最常用的一种导入技能。教师不借助其他材料，只需用简洁、明确的语言直接向学生提出学习课题和教学目标，以及学习内容的各个重要部分与教学程序，以引起学生思想重视并准备参与教学活动，做到“课伊始，意亦明”。

直接导入案例描述：用 Outlook Express 收发电子邮件（高中一年级）

师：“同学们，过去我们一般通过信件或电话进行联系。而伴随信息时代的发展，电子邮件已经与我们的生活和工作密切相关，QQ 邮箱大家一定不陌生，有部分同学也会使用。本节课我们来学习由微软公司开发的 Outlook Express 电子邮件。下面我们将具体来学习如何利用 Outlook Express 收发邮件，大家需要准确掌握 Outlook Express 收发邮件的各项基本功能，重点掌握利用附件发送邮件、添加邮件账号两个功能。”

【案例点评】

这位教师利用短短一分钟的时间就能够明确交代本节课的教学内容和教学难点，使学生能够准确地了解本节课的学习目标是“掌握 Outlook Express 收发邮件的各项基本功能”，而学习的重点和难点是“利用附件发送邮件，添加邮件账号”，从而帮助学生在后面的学习中认清学习目标，引起学生的注意。

2. 经验导入

经验导入是指教师以学生已有的生活经验、学习经验作为切入点，通过激活学生与将要学习的教学内容有关的亲身经历，引导学生学习新知的一种导入方式。经验导入从生活实际出发，利用学生的成长经验导入新课，使学生产生亲切感，易激起学习兴趣，同时提高学生运用理论知识解决实际问题的能力。

经验导入案例描述：设置个性化桌面（小学三年级）

师：“同学们，我们每次使用计算机时，打开电脑看到的都是完全一样的桌面，我们怎样才能设置自己喜欢又与众不同的桌面呢?”

生：“……”

师：“看来，有部分同学已经对桌面的设置有一定的亲身体验。今天我们就来一起学习如何设置我的桌面。”

【案例点评】

在日常生活中学生每次打开计算机后第一眼看到的总是自己的桌面，而每个人都想有一个自己喜欢的桌面。因此教师结合学生的实际生活体验，导入个性化的桌面设置，学生也非常希望学会设置自己的桌面，易激发学生的学习兴趣。

3. 旧知导入

旧知导入是指教师根据知识间的内在联系，以复习总结、提问、做习题等教学活动开始，提供新旧知识联系的支点，引导学生从已有的知识出发，顺理成章地进入新知识领域，并产生强烈求知欲望的一种导课技能，简称“温故而知新”。

旧知导入案例描述：插入图片（小学四年级）

师：“我们来看看这张 Word 小报（教师出示一张包含艺术字与剪贴画的 Word 小报），报头是用艺术字制作的，然后用剪贴画来装饰小报，整张小报非常漂亮。上节课我们已经学习了艺术字，大家先总结一下插入艺术字的步骤。”

生：“选中菜单栏中的‘插入’→‘图片’→‘艺术字’→……”（师板书）。

师：“我们今天要学习的剪贴画的操作与艺术字很相似，可以按照插入艺术字的方法来尝试插入剪贴画。同学们先自己尝试操作几分钟，在学习过程中大家可以相互帮助。”

【案例点评】

教师通过提问的方式，检查学生对上节课教学内容的掌握情况，帮助学生回顾所学的知识，也为进一步学习本节课的教学内容做好了铺垫。

4. 直观导入

直观导入是指教师通过实物、标本、挂图、模型、图表等直观教具，以及幻灯、投影、电视、录像、电脑等媒体对与教学内容相关的信息进行演示的一种导入技能。这种导入可以创造强烈的视听效果、逼真的现场感受，吸引学生进入学习情境。信息技术学科采用这种方法导入新课是最快捷方便的，同时有利于弥补中小学信息技术语言表达能力较弱等缺点。

直观导入案例描述：计算机的组成（小学）

师："今天我给大家带来了一堆宝贝，请同学们认真思考它们的名字。"（教师向学生展示事先准备好的鼠标、键盘、显示器、主机、音箱等计算机的硬件部分。）

生："……"（师板书。）

师："我们都知道计算机由硬件和软件组成，而这些就属于计算机的硬件组成部分。"

【案例点评】

教师通过实物演示具有较强的说服力和真切感，不仅可以化抽象为具体，让学生积累丰富的感性材料，而且可以激发学生的学习动机，利于发展学生的观察力和加强学生对新课内容的理解和记忆。

直观导入案例描述：精彩的 Flash 动画（小学）

师："同学们喜欢这个动画吗?"（教师播放千变万化的 Flash 小动画。）

生："喜欢。"

师："你们知道这个动画是用什么制作的吗?"

生："Flash。"

师："对，这就是用 Adobe 公司的 Flash 软件制作的。从这节课开始，我们将学习如何制作精彩的 Flash 动画。"

【案例点评】

教师通过生动、形象、具体的 Flash 动画导入新课，一下吸引了学生的眼球，引起了学生的注意，激发了学生学习 Flash 动画的热情。

5. 实例导入

实例导入是指教师用学生生活中熟悉或关心的事例来导入新课，或者介绍新颖、醒目的事例为学生创设引人入胜、新奇不解的学习情境。

实例导入案例描述：制作电子小报（小学）

师："同学们，大家看看这份电子小报，你们觉得好看吗?"

生："不好看。"

师："大家为什么觉得它不好看呢?"

生："……"

师："大家再看看这份电子小报，感觉怎么样?"（教师展示第二份电子小报。）

生："好看，图片也很好看。"

师："那我们现在就来学习如何利用 Word 软件制作一份漂亮的电子小报，比比谁制作的电子小报最漂亮。"

【案例点评】

教师在上课开始时首先利用多媒体呈现一份布局合理，插图漂亮的电子小报，容易将学生带入到跃跃欲试的情绪中去。同时教师及时转入新课题，用 Word 软件制作电子小报。

6. 设疑导入

设疑导入是指教师根据教学内容，编拟符合学生认知水平、形式多样、富有启发性、挑战性的问题，以引起学生的回忆、联想和思考，激发学生学习新知的强烈欲望的一种导入技能。提出问题的方式多种多样，可以是设问，自问自答；可以单刀直入，直接提出问题；可以设置悬念，引人入胜；也可以由"谜语"或故事等形式呈现。

设疑导入案例描述：了解主机箱的奥秘（高中）

师："同学们有没有思考过为什么计算机会有如此强大的功能。主机箱内到底有什么秘密？主机箱内的各个部件的性能和用途是怎样的？我们怎样才能把这些部件组装成一台计算机呢？下面我们就带着这些问题来学习本节课的教学内容，了解主机箱的奥秘。"

【案例点评】

教师通过提出三个与本课教学内容直接相关的问题，引导学生思考、探索这些问题，从而渗透本课的学习目标和研究主题。

设疑导入案例描述：信息与二进制编码（小学）

师："1 加 1 等于几?"（师板书"1+1=?"。）

生："2。"

师："还有没有其他答案呢？老师给 1 加 1 带来了一个新的答案，这个答案就是 10，这就是我们下面要学习的二进制。"

【案例点评】

教师通过学生非常熟悉的 1 加 1 等于多少这个问题入手，显然大家都认为等于 2，可是教师却说等于 10，从而给学生留下了悬念，吸引了学生的注意力，激起学生解惑、探究的欲望。

7. 任务导入

任务导入是指教师把将要完成的教学内容设计成一个或多个具体的任务，让学生通过完成任务，掌握教学内容，达到教学目标的一种导入技能。

任务导入案例描述：用 PowerPoint 制作电子贺卡（小学）

师："同学们，圣诞节快乐!"

生："老师圣诞节快乐！"

师："我们以前送给同学和朋友的圣诞贺卡都是买的，今天我们要自己来制作贺卡，并送给自己的好朋友，你的朋友也一定会非常喜欢你亲手制作的贺卡。"

师："现在我们就抓紧时间来学习利用 PowerPoint 制作电子贺卡。"

【案例点评】

教师充分利用教学时间的优越性，给学生布置了一个任务——为好朋友制作一张圣诞贺卡，从而激发了学生的学习热情和学习动机。由于有了明确的学习目标，学生会比较积极主动地参与到教师的教学活动当中来。

8. 对比导入

对比导入是指教师利用对比等方法将过去学过的知识与即将要学习的知识放在一起对比，以便从熟悉的知识顺利过渡到陌生的学习内容，保障教学过程顺利展开，或者是为了突出新授内容的优点，激发学生学习兴趣的一种导入技能。

对比导入案例描述：文字修饰（小学）

师："同学们看看，这是通过 Word 软件制作的《给妈妈的一封信》两篇电子文档。"（一篇经过字体、字号、字体颜色和文字效果的修饰；另外一篇未做任何修饰。）

师："两封信的内容是完全相同的，你觉得哪一封信更加吸引你，整体效果更好？"

生："第一张好，文字清晰，色彩丰富。"

师："一封好的信应该文字清晰、色彩丰富、重点突出、整体和谐。这些效果可以通过'文字修饰'来实现。今天，我们就一起学习'文字修饰'。"

【案例点评】

教师通过将一封经过文字修饰的信与未经过任何修饰的信进行对比，突出了文字修饰的优点，从而引出学习文字修饰的目的和好处，明确学习目的。

9. 游戏导入

游戏导入是指教师通过组织学生参与和教学内容密切相关的活动或游戏来激发学生的学习兴趣，使学生在不知不觉中进入学习情境的一种导入技能。

游戏导入案例描述：复制与粘贴（小学）

师："同学们，我们先来玩个游戏，请两位同学参加。一个人说绕口令，一个人在计算机上面打字，比比说得快还是打得快？谁来？"

生："可是就算打得再快，也没说得快啊。"

师："那老师来打字！你们来说，看看谁更快？"（教师用快捷键复制和粘贴命令。）

师："这次谁赢了？"

生："老师赢了！"

师："老师的胜利应该归功于我们今天要学习的内容——'复制与粘贴'。它可以帮助我们快速地变出同样的内容，这是一个非常有价值的功能。"

【案例点评】

教师通过上面的游戏营造了一个轻松愉快的课堂氛围，激发了学生学习本课内容的学习兴趣，使学生对“复制与粘贴”命令充满好奇心。

游戏导入案例描述：指法与键盘（小学）

师：“同学们，今天在上课之前，我们来玩一个小游戏‘金山打字通’，看看谁的成绩好。”

师：“同学们双击桌面‘金山打字’这个图标，打开之后大家选择指法练习，比比谁能在最短的时间里输入最多的字母。”

师：“请同学们做好准备，现在开始。”

师：（比赛结束后）“大家想不想取得更好的成绩？”

生：“想。”

师：“那现在同学们就和老师一起来学习本节课的内容指法与键盘，学完之后我们再来比赛看看谁的成绩最好。”

【案例点评】

教师通过学生的心理特征，利用金山打字游戏，使学生一上课就进入了最佳的学习状态。如果教师总是按照传统的教学方法进行教学，学生会觉得枯燥无味，学习起来没劲，从而产生厌学情绪。因此，教师可将游戏与教学内容进行精心设计，巧妙结合，使学生在乐中学、玩中学，即培养了学生的动手能力，也培养了学生的创新能力。

10. 讨论导入

讨论导入是指教师根据教学内容和学生已有的认知水平向学生抛出一个讨论主题，学生围绕这个主题进行自由讨论的一种导入技能。

讨论导入案例描述：信息与信息技术（高中）

师：“同学们，我们生活在一个信息时代，我们的周围充满了各种各样的信息，我们也在不断地获取信息。那到底什么是信息呢？请同学们以小组为单位举例说明你们知道有哪些信息。”

生：“通过电视，我们知道这个周末周杰伦要开演唱会了。”

生：“通过上网，明年成都将会有地铁了。”

生：“……”

师：“同学们都回答得很正确，其实在我们的生活周围也有很多的信息，比如上课铃响了，表示我们该上课了，还有天气预报说今天要下雪，这些都是信息，信息在我们的周围无处不在。”

师：“今天我们就来学习高中信息技术的第一课‘信息与信息技术’。”

【案例点评】

教师在本节课的开始之初，提出“信息”这个话题，并给予学生充分、自由的讨论时间，让同学们围绕信息进行举例。学生通过小组讨论不仅可以与同学分享自己所了解的信息，还能了解到自己所忽略或不知的信息。最终通过讨论，学生能够了解到各种形式的信息，对信息有了进一步的认识和好奇，激发学生继续学习的兴趣和积极性。

三、典型案例介绍

1. 导入技能案例方案

获取网络信息的策略与技巧教案一

教学对象：高中一年级学生

科目：信息技术教育

课题：获取网络信息的策略与技巧

主要的教学技能：导入技能

教学目标：

(1)知识与技能。掌握网络信息检索的几种方法。

(2)过程与方法。培养学生观察问题、分析问题和解决问题的能力；培养学生自主学习、互相协作的能力。

(3)情感态度与价值观。培养学生的信息素养，明确掌握检索技巧；学会如何正确获取信息，培养正确的价值观；发展学生的创新思维。

教学重点：网络信息检索的方法。

教学难点：掌握关键字检索的技巧。

教学过程：如表 4-1 所示。

表 4-1　获取网络信息的策略与技巧教案一①

分配时间	教学环节	教师的教学行为	学生的学习行为	教学技能
3 分钟	导入	问：“各位同学，上节课我们学习了获取信息的过程与方法，那谁能告诉老师获取信息的基本过程是什么呢?” 获取信息的基本过程有：确定信息需求→确定信息来源→采集信息→保存信息 对采集信息进一步复习巩固：采集信息的方法有听广播，看电视，看录像和网络搜索等 问：“一些有奖问答节目‘开心辞典’‘百万富翁’允许向其他朋友求助。如果你遇到类似的问题，那么如何最快地获得问题的答案呢?” 师：“同学们刚才有提到网络搜索，大家对网络也有一定的接触，有上网的经验，但是据老师所知很多同学都是漫无目的地在网络上浏览，看到什么就点什么，没有目标查找自己要的资料。今天我们就来学习如何快速地从网络中获取有用的信息。我们应该懂得借助工具，针对需求进行有效的收集，并掌握信息的搜索策略与技巧。” 师：“这节课我们学习的内容主要有两个大的方面：①网络信息的检索方法；②使用搜索引擎。”	思考、回答问题 回顾知识 积极思考，联想 回答问题 听讲	导入技能 提问技能 演示技能(PPT) 提问技能 演示技能(PPT) 讲解技能

① 引自：Wd3127037 (2011)。

获取网络信息的策略与技巧教案二

教学对象：高中一年级学生

科目：信息技术教育

课题：获取网络信息的策略与技巧

主要的教学技能：导入技能

教学目标：

(1)知识与技能。掌握网络信息检索的几种方法。

(2)过程与方法。培养学生观察问题、分析问题和解决问题的能力；培养学生自主学习、互相协作的能力。

(3)情感态度与价值观。培养学生的信息素养，掌握检索技巧的重要性；学会如何正确获取信息，培养正确的价值观；发展学生的创新思维。

教学重点：网络信息检索的方法。

教学难点：掌握关键字检索的技巧。

教学过程：如表 4-2 所示。

表 4-2 获取网络信息的策略与技巧教案二①

分配时间	教学环节	教师的教学行为	学生的学习行为	教学技能
3 分钟	导入	**师**：“同学们，大家好，现在请同学们一起观看电影——《贫民窟的百万富翁》片断。”	观看视频	导入技能（视频）
		师：“《贫民窟的百万富翁》是一部在经济危机中的励志影片，讲述了一个印度小孩贾马尔马里克利用自己的人生历程积累，正确回答了印度版的《谁想成为百万富翁》电视直播节目里面的所有问题，成为百万大奖得主，然而如果你是贾马尔马里克，你是否能够正确完成这些问题呢？你有什么办法能够使得自己能快而准的回答这些问题呢？”	听讲 思考	讲解技能 设疑
		师：“为了使我们变得‘神通广大’，让我们一起探讨我们身边的好帮手吧！它就是我们身边的网络了，我们可以利用网络中的搜索引擎去搜索很多我们不知道的消息，查找我们所需的知识等。现在就让我们一起来学习本节课的内容——获取网络信息的策略与技巧。”	听讲	讲解

2. 案例点评

(1)案例一采用复习旧知识的方法导入，能够较好的引导学生回顾以前学过的知识，有利于新旧知识的链接。

(2)案例二采用视频导入的方法，能够较好地吸引学生的注意力，有利于激发学生的学习兴趣。

总之，教学导入并没有固定的形式，一堂课也没有固定的导入方法。在实际的课堂教学过程中，需要根据教学内容、学生的认知水平、兴趣爱好等多种因素共同考虑决定采用哪种导入方法。

---

① 引自：陈科名（2011）。

第二节　导入技能训练

一、技能应用需知

导课的根本目的是将学生的注意力吸引到课堂上来，为后面的学习奠定良好的教学基础。而各种不同的导入类型，在设计和实施中应遵循下列原则，才能导之有方。

(1)要有目的性和针对性。导入的目的性与针对性要强，主要针对的是教材内容和学生的实际情况两个方面。第一个方面具体是指导入要针对教材内容设计，充分考虑导课与所授教材内容之间的有机内在联系，而不能使之游离于教学内容之外，对课堂教学产生负面影响；另外一个方面具体是指导入要针对学生的年龄特点、心理状态、知识能力基础、兴趣爱好等的差异程度，低年级多从游戏、故事入手，高年级多从对比、设疑等具有启发性的方式入手。总之，要有助于学生初步明确将学什么、怎么学、为什么学，满足学生的听课需要。

(2)要有关联性。导入要有关联性，强调内容要突出关联性。导语设计如同桥梁，联系着旧课与新课，导入的内容要与新课重点紧密相关，才能揭示新旧知识相联系的结点。教师所提示的旧知识必须与新课的内容密切相关，让已有的知识成为新知识的基础和前提，使新知识成为旧知识合乎逻辑的发展，即课堂导入所用的材料必须能够合理地过渡到教学内容上来。

(3)要有简明性。导入需要简明性指的是语言要突出简明性。一方面教师在设计和编写导语时，内容上要高度概括，高度提炼；语言上要简洁洗练，短小精悍，不能拖泥带水，言不及义。另一方面导入是课堂教学的一个重要环节，但不是中心环节，不是授课的重点，因此所花费的时间不宜过长。冗长的导入会影响本节课的进程和整体的教学效果。

(4)要有直观性和启发性。导入要具有直观性和启发性。教师在上课伊始应该尽量以生动、具体的事例或实验为基础，引入新知识、新观念，并通过巧妙地设置问题、情境等来激发学生困惑、好奇的心理，从而巧妙地架构通向新课学习的桥梁。另外，启发性的导课设计应注意给学生留下适当的想象余地，让学生能由此想到彼、由因想到果、由表想到里、由个别想到一般，收到启发性思维的教学效果。

(5)要有趣味性和艺术性。导入要有趣味性和艺术性。导课要有一定的艺术魅力，才能引人注目，引人入胜，这种魅力很大程度上依赖教师生动的语言和炽热的情感。我国古代教育家孔子曾经说过："知之者不如好知者，好之者不如乐之者。"从心理学角度讲，兴趣是认识事物过程中产生的良好情绪。这种心理会促使学习者积极寻求认识和了解事物的途径和方法，并表现出一种强烈的责任感和旺盛的探究精神。可见，如果课堂导入充满趣味性，学生会感觉学习是一种精神享受，因而更加自觉积极地学习。同时，导入位于整个教学活动的开始部分，如果强调了趣味性，不仅能够活跃课堂气氛，还有利于开展后面的各个教学环节，使学生在高兴的情绪中学习新知。

(6)要有多样性。导入要有多样性指的是导入方式要突出多样性。"导"无定法，切忌生搬硬套，避免搞的死气沉沉，千篇一律，形成固定套路。在运用导入技能时，要从实际出发，根据具体的教材，具体的教学内容，灵活机动地选择各种导入方式，才能引起学生的注意。

(7)要有时效性。导入要有时效性是指时间要突出时效性。时效性是指教师在课堂导入阶段花最少的时间取得最好的导入效果。一般需要注意以下两点：一是导入的过程要紧凑，在导入过程中，各个环节需要层次清楚，衔接紧凑，安排合理；二是导入的时间要控制，一般说来，一堂课的导入时间大概为3～5分钟，因为在上课后的第5～20分钟之间是学生学习效果最佳的学习时段。同时，这也是要求语言要突出简明性的一个原因。

二、训练可选题目

1. 题目1：Photoshop图层的基本概念与操作

可选教学设计如表4-3所示。

表4-3　Photoshop图层的基本概念与操作教①案

分配时间	教学环节	教师的教学行为	学生的学习行为	教学技能
2分钟	情景导入	展示奥运福娃明信片，然后告诉同学们在学习完这一章节的内容后，相信大家都能做出漂亮的奥运福娃明信片；	听讲	导入技能
3分钟	讲解	利用准备的教具，讲解图层的概念；	听讲	讲解技能
5分钟	讲解	利用Flash和Photoshop讲解Photoshop的图层面板；	听讲	讲解技能
8分钟	讲解	利用课件所举的实例来讲解Photoshop图层的分类	听讲	讲解技能

2. 题目2：网络数据库的信息检索

可选教学设计如表4-4所示。

表4-4　网络数据库的信息检索教②案

分配时间	教学环节	教师的教学行为	学生的学习行为	教学技能
2分钟	引入	师："同学们，通过前面的学习，我们学会了上网查找信息并能从网上将信息下载到我们的计算机中。现在有两个任务需要大家完成，任务内容如幻灯片所示。给大家五分钟时间，看一看自己能完成多少。"	动手搜索图片 听讲 动手操作	导入技能

① 引自：LMS（2011a）。

② 引自：小谢（2011）。

续表

分配时间	教学环节	教师的教学行为	学生的学习行为	教学技能
2 分钟 6 分钟	讨论	任务如下： （1）查找关于 2010 广州亚运的会徽和吉祥物图片 （2）如果你现在想看上海世博会，请查找从广州到上海的具体路线 师：“好，那我现在请某某同学来跟我们一起分享下她所找到的信息！” 问：“其他的同学是否也出现跟这位同学一样的情况呢？” 师：“为什么会出现这种情况呢，我们一起来找找答案！” 问：“首先，我想问问大家是通过什么方式来进行搜索，这种搜索方法有什么优缺点？” 通过学生的回答，进行总结：优点是方法简便，不论查找什么内容都是一种操作方法，操作具有统一性。缺点：内容良莠不齐，虽然能找到很多，但是有许多不存在或名不副实的网站，且结果不易整理，有重复，并不是所有的内容都能查到 师：“既然使用搜索引擎有这样的缺点，那么我们可以使用什么更好的方法才解决问题呢？其实呢，有这样一些专题网站，有专人负责整理相关数据，以后台数据库为基础，用交互式网页的形式展现在我们面前，这就是今天要说的网络数据库。”	生：“老师，第一个任务我很快完成了，并且找到了很多漂亮的图片，但是第二个任务我还是没有找到答案！” 生：“是的。” 回忆、思考	提问技能 提问技能

请根据上述教案建议准备导入技能的训练，在训练时也可根据自身特点按照题目要求自行设计教学方案或修改教学方案。要注意的是对讲授前的情境创设部分、教学过程中语言的表达、前后内容的衔接以及对重点、难点的把握、强调等，要通过教学案例进行系统的实践训练。

三、实验报告

实验报告如表 4-5 所示。

表 4-5　导入技能实验报告表

<table>
<tr><td>实验目的</td><td colspan="4">1. 能够将各种不同的导入方式灵活的应用在教学中；
2. 能够恰当地选择各种导入方式；
3. 能够起到激发学生的学习兴趣或者联系新旧知识的作用</td></tr>
<tr><td>实验用具</td><td colspan="4"></td></tr>
<tr><td rowspan="4">实验过程</td><td>课题名称</td><td></td><td>授课对象</td><td></td></tr>
<tr><td>实验地点</td><td></td><td>授课总时</td><td></td></tr>
<tr><td>教学目标</td><td colspan="3"></td></tr>
<tr><td colspan="4">【此处可以粘贴微格教案】</td></tr>
<tr><td>实验结论</td><td colspan="4"></td></tr>
</table>

第三节　教学技能评价与反馈

一、导入技能评价量表

导入技能评价量表如表 4-6 所示。

表 4-6　导入技能评价量表

评价项目	评价等级			权重
	好	中	差	
1. 目的明确，能将学生导入课题情境	□	□	□	0.15
2. 导入的方法吸引了全班同学的注意	□	□	□	0.15
3. 导入的方法有趣	□	□	□	0.10
4. 导入的演示效果好	□	□	□	0.10
5. 导入具有启发性	□	□	□	0.10
6. 导入内容与新课内容联系紧密	□	□	□	0.10
7. 教师教态自然，语言清晰	□	□	□	0.10
8. 导入内容适合学生的年龄层析、认知结构和认知水平	□	□	□	0.10
9. 导入的时间掌握好	□	□	□	0.05
10. 导入能面向全班同学	□	□	□	0.05
对整段微格教学片断的评价：				

二、导入技能训练反思

导入技能训练反思表如表 4-7 所示。

表 4-7　导入技能训练反思表

课后自评	
同组评议	
教师评价 （2+2 评价法）	
问题思考	1. 根据自己的理解，请用自己的话给导入技能下一个定义； 2. 请你谈谈导入技能的特点和意义； 3. 请你谈谈导入技能可分为哪些类型； 4. 请你谈谈导入技能的作用； 5. 请你谈谈如何把导入技能很好地应用在信息技术教学中

◀知识链接

导入误区①

课堂导入是为课堂教学内容服务的，如果说导入部分中有影响甚至阻碍课堂教学内容的成分，这个导入是出现了一定误差的。

误区一：过分渲染情境，导入占用时间过多。

课堂回放（导入部分）：来自金华金师附小的朱老师在上《宣传海报》一课之前，先请学生品尝金华酥饼，而上课一开始，便以口渴之实引出小乌鸦喝水的故事，请学生复述故事，赞扬故事中的小乌鸦聪明勤奋。之后又宕开一笔，提出今天聪明又勤奋的小乌鸦再怎么努力地找水喝，还是找不到水。同时，结合课件出示的乌鸦表情的联想，通过让学生欣赏表述乌鸦的家园图片内容，引导学生思考分析干旱的原因，讨论怎样帮助乌鸦有水喝，最后引出本节课的主题——学习制作一份环保的“宣传海报”。（至此上课时间已经过了10分多钟，四分之一的课堂时间已经流逝……）

误区解码：仔细回味这堂课，我们发现，这段引入调动了学生的情绪，却仅仅是情感的导入，而没有操作层面需要用到的知识点的铺垫。同时，其兜圈子式的导入没有为而后的教学内容作好铺垫，致使该课在新授知识点的讲解和落实中有些混乱或稍显仓促。在欣赏海报环节中，没有时间让学生总结海报的特点，而是以教师代劳来节省时间；在任务尚不明确的情况下就匆忙让学生操作，导致学生一度无序操作；没有为“宣传语”的设计总结要领；没有为“图文的设置特点”作任何铺垫，仅仅是情节的渲染。所以，笔者认为这堂课如果在导入部分做适当简化，减少引入环节，为新知识的学习争取更多的时间，课堂应该可以润色不少。

润色方案：在叙述完“今天，聪明又勤奋的小乌鸦，再怎么努力地找水喝，还是找不到水”之后，跳过对乌鸦表情的联想，直接设置疑问“为什么小乌鸦还是找不到水呢?”然后教师带学生一起欣赏“干旱的乌鸦家园”的图片，让学生总结可以怎样帮助“小乌鸦”，从而引出“宣传海报”这一主题。这样，情境还是自然的，情感还是铺垫充足的，但时间却可以节省很多，为后面“欣赏海报”、“设计海报”等环节的扎实落实奠定基础。

误区二：导入情境紊乱，角色违背教学实施过程。

课堂回放（导入部分）：以温岭市锦园小学王老师的《接龙游戏》一课为例。

师：“同学们，我们这节课要来玩一个好玩的游戏，它的名字就叫做《蚂蚁王国历险记》（板书），我先化妆一下。（穿上披风，带上帽子，贴上八角胡须）

学生哄笑。

师：“嗯，现在我就是魔法师了。我看到你们居然都敢笑我，我把你们都变成小蚂蚁。安托斯，安托斯，安托斯……（学生没有反应）你们把桌面上小蚂蚁头饰都戴上。还可以看看魔镜上面，我要你们每天都为我工作，来搜集各种各样的食物，喂饱我这个宠物——小龙怪。小蚂蚁们，等一下请你们双击桌面上的‘蚂蚁王国历险记’，单击选择自己班级和姓名，然后单击确定，你们就都可以进入‘蚂蚁王国历险记’。”

误区解码：王老师的课堂导入主要采用了情境导入法和游戏导入法。王老师的设计意图是通过其抢眼的道具和有趣的游戏来吸引学生的注意力，同时激发学生的学习兴趣。本来这样的设计意图非常好，但却没有达到预期的效果。教师过分地强调情境，没有考虑学生的需求。情境中角色定位紊乱，使学生无所适从，甚至让教师自己也难以招架。在短短的导入环节中，教师在两种角色中随意转换，先是扮演了魔法师，并煞有介事地穿上了道具，扮演的是小蚂蚁（由学生扮演）的“敌人”，接着却又以小蚂蚁“朋友”的身份去引导“小蚂蚁”该怎么做。而在发现学生还没戴上蚂蚁的头饰时，早已穿

---

① 引自：沈鑫（2011）。

上“巫师”道具服的老师又以帮助者的身份“善意”提醒。显然，这只是一种形式的包装，学生有一种“被游戏”的嫌疑。同时，这种紊乱的角色转换，给教学实施的顺利开展设置了障碍，也给学生高效学习设置了一道无形的坎。

润色方案：如果教师在导入时角色定位分明，选择有利于教学实施的角色，课堂会操控得很好。例如在创设完情境（介绍游戏规则及小蚂蚁的遭遇）后，教师只是作为引导者，而不是作为情境中“巫师”这一反面角色来组织课堂，会自然很多；或者教师在导入中扮演统帅小蚂蚁作战的“蚂蚁英雄”，则既贴近情境，又顺应教学实施的需要。至于“巫师”这一角色，大可利用计算机的技术优势，用电脑中的虚拟形象完成即可。这样的导入，于情境于操作都是有益无弊的。

第五章　提问技能

提问是指教师运用提出问题以及对学生的回答做出反应的方式，启发学生思维，督促其参与学习，并帮助教师掌握学生学习状态的一类教学行为。

第一节　提问技能介绍

一、什么是提问技能

课堂教学提问是启发式教学的主要手段，对培养学生的思维能力有着特殊的作用。优秀的提问技能是教学活动过程中解决问题最有效的途径，有检查知识、激发学生学习兴趣、启发思维、促进课堂教学的和谐发展、提高教学质量等功能。

信息技术是一门带有探究性的、以学生动手实践为主的学科。恰当的课堂提问是信息技术教学的重要手段，它不但能巩固知识，及时反馈教学信息，而且能激励学生积极参与教学活动，启发学生的思维，锻炼学生的口头表达能力。

二、提问技能的分类

由于标准和角度的不同，提问技能有多种不同的分类，在教学中的功能也不尽相同。依据教学活动的认知领域进行划分，提问技能被分成回忆提问、理解提问、应用提问、分析提问、综合提问和评价提问六种类型。其中，回忆提问、理解提问和应用提问属于低级认知提问，分析提问、综合提问和评价提问属于高级认知提问。教师掌握不同认知水平提问的含义与特点，对有效地运用提问技能促进教学目标的实现至关重要。下面按照认知水平由低到高的顺序来讨论 6 种类型的提问。

1. 回忆提问

回忆提问是用来确定学生是否已记住先前所学的内容，如定义、公式、定理、具体事实和概念等。这是最低层次、最低水平的提问，着重用来培养学生的记忆能力。这类提问只要求学生回答“是”或“不是”，“对”或“不对”即可，教师期望的目标是学生做出唯一正确的解答。在教学过程中适当安排回忆提问是必要的，可以减少或防止遗忘，或帮助学生从已有的认知结构中提取记忆的相关知识，作为探讨新内容的依据或出发点。

回忆提问案例描述：窗口操作（小学）

师："同学们想一想，上节课我们学的鼠标双击操作用于做什么？"

生："打开一个窗口。"

【案例点评】

教师通过这个简单的问题，可以有效地防止学生遗忘上节课所学的基础知识，有复习和巩固已学知识的作用。但是，回忆提问只要求学生做出反应，不需要深入思考，且多是集体回答，不易发现个别学生的掌握情况。

2. 理解提问

理解提问是一种加深学生对知识的理解，帮助学生组织所学知识的提问。它是在回忆提问的基础上，教师对学生提出更加深层次的提问，着重培养学生的理解能力。这类提问要求学生能够用自己的话来叙述所学的知识，能比较和对照知识或事件的异同，还要求学生能把知识从一种形式转变为另一种形式。理解提问多用来检查最近课堂上新学的知识与技能的理解掌握情况，一般以"是什么""怎样""哪些"的题型出现。

理解提问案例描述：Excel 电子表格初步（初中）

师："同学们，我们在前面已经学过了 Word、PowerPoint 这两个软件，现在大家来比较一下与我们今天要学习的 Excel 软件的窗口有哪些相同点呢？"

生："……"

【案例点评】

教师通过让学生对比 Excel 与 Word、PowerPoint 的窗口的区别，使学生在回忆和重组已学知识的基础上，对 Excel 窗口有了新的认识，加深了对 Excel 软件的了解。这样，学生在教师提问的诱导下，培养了自己的抽象思维能力。

3. 应用提问

应用提问是为了加深学生对知识的理解，要求学生把所学的知识运用于实际，从而解决实际问题的一种提问。它不仅可以通过解决具体问题巩固所学的知识，还可以学习、探讨新领域的知识，目的在于培养学生运用知识的能力。指导应用提问，关键要抓住已有知识与新问题的关系。为此，教师要引导学生研究并筛选出解决新问题涉及的知识或知识点，将原知识具体化为解决实际问题或探讨新知识的方法或步骤，从而达到解决新情境下新问题的目的。

应用提问案例描述：Word 2000 综合应用（初中）

师："同学们，有关 Word 的相关知识我们就基本上学完了，那么如何运用 Word 来制作一张精美的生日贺卡呢？"

生："……"

师："我们先来看一张典型的生日贺卡，就知道同学们的回答有哪些不完整的地方了。”

【案例点评】

教师首先创设了一个具体的问题情境，如何应用 Word 来制作生日贺卡。这个问题学生可以通过已有的知识来解决，既能达到巩固已有知识，又能锻炼新情境下解决新问题的能力。然后，教师再引导学生筛选出制作生日贺卡的重要知识点，这样学生就能够比较顺利地完成任务。

4. 分析提问

分析提问是一种要求学生把事物的整体分解为各个部分、各个方面，找出其间的相互关系、前因后果的高级认知提问。在教学中，教师往往通过分析提问及相应的提示、讲解，帮助学生培养分析问题、解决问题的能力，从而对学生掌握知识和发展思维能力有重要的作用。指导学生思考、回答分析提问，关键是提示和培养学生分解复杂事物或问题的方法。

分析提问案例描述：计算机的体系结构和工作原理（高中）

师：“在我们的日常生活中，我们使用的 1，2，3，4，……这些数字都是十进制数，那在计算机中，用的还是十进制吗?”

生：“不是，是二进制。”

师：“计算机为什么要采用二进制呢?”

生：“……”

【案例点评】

学生要回答计算机采用二进制的原因，需要先明白计算机中电子元件的工作原理，而大部分学生不是很清楚。因此，教师发现学生不会回答或回答不完整时，要及时指引、总结，使学生在知道问题答案的同时了解解决问题的过程，逐步提高学生分析问题的能力。

5. 综合提问

综合提问是一种要求学生在头脑中把事物的各个部分、方面、属性联合组成一个统一整体的高级认知提问。在新知识的教学中，教师往往通过综合提问及相应的提示、讲解，帮助学生培养综合解决问题的能力，从而对学生掌握知识和发展创造性思维有重要的作用。指导学生思考、回答综合提问，关键是要尽可能充分地占有、筛选和发掘有用信息，整理、归纳、判断它们的地位、作用，并迅速补充相关知识，再经过组织加工，形成整体上认识事物或解决问题的模式与方法。

综合提问案例描述：VB 选择结构程序设计（高中）

师：“同学们，我们已经学习了循环语句，根据循环语句的结构，我们应该如何编写一个乘法表程序呢?”

生：“……”

【案例点评】

对于编写乘法表程序，学生需要积累一定的基础知识和具有清晰敏捷的思维才能独立解答。因此，教师要在一旁探查指引学生，帮助学生推导结论或帮助学生思考知识间的内在联系，把握知识结构。另外，需要注意在学生的不同学习阶段中运用综合提问，提示指引应有不同的实施方案，才能取得好的效果。

6. 评价提问

评价提问是一种要求学生对一定的教学内容进行评价，以培养学生评价能力的高级认知提问。学生在回答问题时须根据一定的标准和价值观念来对事物进行评价判断或选择。指导学生解答评价提问时，首先要指导学生充分理解问题提供的信息和从已有的认知结构中提取有用信息作为评价的出发点。然后，通过必要的探查指引，运用提问的技巧和相应的讲解，引导学生创造出解决本课题的评价标准或规则。

评价提问案例描述：图像的合成（高中）

师："同学们，上节课我们已经学习了在Photoshop中如何合成图像，大家也都完成了相应的作业。我从同学们的作业当中挑选了两位同学的作品。大家看看这两位同学对图像的合成有什么不同之处呢？说说你的想法。"

生："……"

【案例点评】

这种评价提问的设计，既能培养学生的评价能力，又能培养学生的审美情趣。由于评价提问要求掌握大量的知识，且具有较强的逻辑思维能力和创造力，因此不能要求在每个知识点都运用评价提问，同时在新知识学习的初始阶段和低年级需要慎重使用。

三、典型案例介绍

1. 提问技能案例方案

认识键盘教案一

教学对象：小学三年级学生

科目：信息技术教育

课题：认识键盘

主要的教学技能：提问技能

教学目标：

(1)知识与技能。了解键盘的四个分区；掌握主键盘区的字母键、数字键、符号键的名称和分布规律；掌握主键盘区中部分特殊控制键的作用及使用方法。

(2)过程与方法。培养学生观察问题和分析问题能力；培养学生自主学习、互相协作的能力。

(3)情感态度与价值观。初步体验键盘输入的重要性；培养学生的学习兴趣，以及对信息技术的热爱；发展学生的创新思维。

教学重点：网络信息检索的方法。

教学难点：掌握关键字检索的技巧。

教学过程：如表 5-1 所示。

表 5-1　认识键盘教案一①

分配时间	教学环节	教师教学行为	学生学习行为	教学媒体板书内容
2 分钟	设疑导入	师："大家喜欢猜谜语吗？今天朱老师给大家带来了一则谜语，想猜吗？谜语是这样的：有户人家真奇怪，房子区域分四块，有的面积大，有的面积小，有的成员多，有的成员少，别看它们不起眼，少了它们真麻烦（打一电脑组件）。"	听讲 有同学说："键盘。"	PPT 课件
1 分钟	提问	师："大家同意吗？对，谜底就是键盘。今天这节课我就和大家一起来认识认识键盘。现在我们就一起和键盘来一次亲密接触！"		PPT 课件
8 分钟	提问	师："下面请大家把自己的键盘轻轻地拉出来，仔细观察一下，键盘上都有哪些键？平时你都用过哪些键？大家知道你的键盘上一共有多少个键吗？数数看！有答案的请举手。"	生："104 个"	
		师："对了，我们的标准键盘有 104 个键。你们数得真仔细。我刚才发现这个同学数得很认真，而且他好像还按照一定的顺序来数的。键盘上的键被分成了几个区域，大家观察一下，键盘上的键是按照什么划分的？老师现在给出它们的名称，你们能把它们对号入座吗？"	回答问题	
10 分钟		师引导学生找出主键盘区、光标控制区、小键盘区、功能键区所处的位置	跟随教师找出主键盘区、光标控制区、小键盘区、功能键区所处的位置	大屏幕出示键盘分区图
		师："请同桌的两个同学互相指着自己的键盘说说四个分区的位置和名称。"	小组合作，每个学生都找出四个分区的位置和名称	
	提问	师："好，刚才同学们已经了解了键盘的四个分区，并且已经知道它们的名字和位置，下面我们就一起来看看键盘上最大的分区——主键盘区。请大家认真观察，看看主键盘区上都有哪些类型的键？"		课件出示主键盘区图
		任务一：掌握 Backspace、空格键、回车键的作用和使用方法		
		师："大家看得真仔细！说得真好！老师这为你们准备了一组闯关游戏，愿意接受挑战吗？好，请大家跟老师一起打开记事本吧。我们一起来输入这两行英语字母。"	生在老师的指导下，打开记事本，输入字母	课件出示：第一关 a red car a yellow bus

① 引自：朱健（2011）。

续表

分配时间	教学环节	教师教学行为	学生学习行为	教学媒体板书内容
		师："有没有同学知道第一个字母 a 和第二个字母 r 之间的小空格是用键盘上的哪个键输入进去的？这是键盘上最长的一个键，在主键盘的最下面一行大家都知道这个键的位置吗？互相指指看！"	生："空格键。"	
		师："Enter 键中文名字叫回车键，具有换行的功能。Backspace 键中文名字叫退格键，可以删除光标前的字符。" 举例操作示范		
		任务二：掌握 Caps Lock 的作用和使用方法		
		师："第一关可没难住你们，那我们赶紧进入第二关吧。"		
2 分钟	提问	师："这次肯定有同学在问，那个大写的字母 T 是怎么输入进去的？老师现在来告诉大家，请大家反复地击打这个 Caps Lock 控制键，注意观察键盘上有什么变化？"	回答	
		师："击打这个键时，有两种状态。请大家在这两种状态下分别地输入几个字母，看看有什么不同。灯亮时，输入的是大写字母；灯灭时，输入的是小写字母。"	生在记事本里输入字母	课件出示：第二关 Thank you
2 分钟	提问	任务三：掌握 Shift 键的作用和使用方法 师："大家来看看朱老师的邮箱地址，以后遇到问题可以写信给我，能用记事本将它记下来吗？"		课件出示：第三关 jszhujian@126.com
2 分钟		师："有两行的键怎么才能用它分别输入上面的或者是下面的呢？对了，我们把键面上带有两行字符的键称为双字符键。上面的字符称为上档字符，下面的字符自然就称为下档字符。那同学们试试看，直接击双字符键，输入的是哪个字符？"	生："下档字符"	
3 分钟	提问	师："不错，那我们如何输入上档字符呢？那我们就要请出 Shift 键，在键盘上找找看，你在哪个位置找到的？一共几个？"	生："按其他键帮助"	
		师："它们的作用都是一样，设置两个是为了我们的操作更方便。那通过 Shift 如何输入上档字符？" 讲解并示范	思考回答	
		师："想自己试试吗？78%，4+5=，dt_hj@163. com。"	在记事本里输入符号	
3 分钟	总结	师："今天小朋友们和老师一起和键盘交了朋友。最后老师送给大家一首儿歌，《小小键盘》：小小键盘本领大；文字录入全靠它。文章需要另起行，回车键呀来帮忙。大小转换也不难，Caps Lock 很方便。感叹号、问号、书名号，Shift 键来指导。所有键位齐上阵，电脑能手就是你。"	完成练习	

认识键盘教案二

教学对象：小学三年级学生

科目：信息技术教育

课题：认识键盘

主要的教学技能：提问技能

教学目标：

(1)知识与技能。了解键盘的四个分区；掌握主键盘区的字母键、数字键、符号键的名称和分布规律；掌握主键盘区中部分特殊控制键的作用及使用方法。

(2)过程与方法。培养学生观察问题和分析问题能力；培养学生自主学习、互相协作的能力。

(3)情感态度与价值观。初步体验键盘输入的重要性；培养学生的学习兴趣，以及对信息技术的热爱；发展学生的创新思维。

教学重点：网络信息检索的方法。

教学难点：掌握关键字检索的技巧。

教学过程：如表 5-2 所示。

表 5-2　认识键盘教案二①

分配时间	教学环节	教师教学行为	学生学习行为	教学媒体板书内容
2 分钟	设疑导入	**师**：“大家喜欢猜谜语吗？今天朱老师给大家带来了一则谜语，想猜吗？谜面是这样的：有户人家真奇怪，房子区域分四块，有的面积大，有的面积小，有的成员多，有的成员少，别看它们不起眼，少了它们真麻烦。(打一电脑组件)” **师**：“大家同意吗？对，谜底就是键盘。今天这节课我就和大家一起来认识认识键盘。”	听讲 有同学说：“键盘”	PPT 课件
1 分钟	提问	**师**：“现在我们就一起和键盘来一次亲密接触！下面请大家把自己的键盘轻轻地拉出来，仔细观察一下，键盘上都有哪些键？平时你都用过哪些键？那大家知道你的键盘上一共有多少个键吗？数数看！有答案的请举手。”	学生数	
8 分钟		**师**：“对了，我们的标准键盘有 104 个键。你们数得真仔细。我刚才发现这个同学数得很认真，而且他好像还按照一定的顺序来数的。你能给大家说说你是怎么数的吗？” **师**：“嗯，你的思维很有条理性！其实这位同学在数的过程中已经自觉把键盘上的键分成了几个区域来数的，对吗？” **师**：“同学们观察一下，原来键盘上的键是按照他们的功能分成了四个区域。老师现在给出它们的名称，你们能把它们对号入座吗？”	**生**：“104 个” 回答问题	

① 引自：朱健（2011）。

续表 1

分配时间	教学环节	教师教学行为	学生学习行为	教学媒体板书内容
10 分钟		师引导学生找出主键盘区、光标控制区、小键盘区、功能键盘区所处的位置）	跟随教师找出主键盘区、光标控制区、小键盘区、功能键区所处的位置	大屏幕出示键盘分区图
		师："请同桌的两个同学互相指着自己的键盘说说四个分区的位置和名称。"	小组合作，每个学生都找出四个分区的位置和名称	
		师："好，刚才同学们已经了解了键盘的四个分区，并且已经知道它们的名字和位置，下面我们就一起来看看键盘上最大的分区—主键盘区。请大家认真观察，看看主键盘区上都有哪些类型的键？"		课件同示主键盘区图
		任务一：掌握 Backspace、空格键、回车键的作用和使用方法		
		师："大家看得真仔细！说得真好！老师为你们准备了一组闯关游戏，愿意接受挑战吗？好，请大家跟老师一起打开记事本吧。"	生在老师的指导下，打开记事本	课件出示：第一关 a red car a yellow bus
		师："你能快速输入这两行英文短语吗？成功的请举手。在输入的过程中，你们遇到什么困难了吗？你解决了吗？怎么解决的？"	生在记事本里输入字母 回答问题	
		师："你能描述一下这个键吗？"大家都知道这个键的位置吗？互相指指看	生："用空格键解决。"	
		师："Enter 键中文名字叫回车键，具有换行的功能。Backspace 中文名字叫退格键，能删除光标前的字符。" 举例操作示范		
2 分钟	提问	**任务二**：掌握 Caps Lock 的作用和使用方法		课件出示：第二关 Thank you
		师："第一关可没难住大家，那我们赶紧进入第二关吧。你能快速输入这行英文句子吗？"	生在记事本里输入字母	
		师："完成的请坐正。这次有没有遇到什么困难？解决了吗？怎么解决的？你能描述一下这个键吗？靠近哪个字母？大家都知道这个键的位置吗？"	回答	
		师："请大家反复地击打这个 Caps Lock 控制键，注意观察键盘上有什么变化？"	回答	
		师："击打这个键时，有两种状态。请大家在这两种状态下分别地输入几个字母，看看有什么不同。灯亮时，输入的是大写字母；灯灭时，输入的是小写字母。"		
2 分钟	提问	**任务三**：掌握 Shift 键的作用和使用方法 **师**："前两关大家顺利冲关，为自己的成功来点掌声。"	鼓掌	
2 分钟	提问	**师**："大家知道这是什么吗？对，这就是朱老师的邮箱地址，以后遇到问题可以写信给我，能用记事本将它记下来吗？"	生："朱老师的邮箱地址。"	课件出示：第三关 jszhujian@126.com
		师："碰到困难了吗？解决了吗？能介绍一下方法吗？大家能找到这个符号键吗？像这样的符号键很多，它们都有什么特征？对了，我们把键面上带有两行字符的键称为双字符键。上面的字符称为上档字符，下面的字符自然就称为下档字符。"	思考	

续表 2

分配时间	教学环节	教师教学行为	学生学习行为	教学媒体板书内容
3 分钟	提问	师："那同学们试试看，直接击双字符键，输入的是哪个字符？" 师："不错，那我们如何输入上档字符呢？那我们就要请出 Shift 键，在键盘上找找看，你在哪个位置找到的？一共几个？它们的作用都是一样，设置两个是为了我们的操作更方便。那通过 Shift 如何输入上档字符？" 讲解并示范 师："想自己试试吗？78%，4+5=dthj@163.com。" 师："那大家愿意接受更高难度的挑战吗？能运用我们所学的本领在记事本里输入下面的内容吗：1.23 50% 32+（290－30）Let's go to the park. OK. But how? By bus. （ *^^* ）、(=^^=) ()"	生："下档字符。" 回答 生在记事本里输入符号 生完成练习	
3 分钟	总结	师："今天同学们和老师一起和键盘交了朋友。最后老师送给大家一首儿歌，《小小键盘》：小小键盘本领大，文字录入全靠它，文章需要另起行，回车键呀来帮忙，大小转换也不难，Caps Lock 很方便，感叹号、问号、书名号，Shift 键来指导，所有键位齐上阵，电脑能手就是你。"		

2. 案例点评

(1)案例二与方案一相比较，能够更有利于培养学生分析问题的能力。

(2)案例二中的提问时机安排更加合适，有利于学生表达自己的观点。

总之，课堂提问是一项高深的艺术，好的提问可以激发学生的学习兴趣，促进其思维的发展，培养其创造性。相反，太过机械、琐碎，缺乏技术含量的提问不易取得好的效果。

第二节　提问技能训练

一、技能应用需知

1. 提问技能应用的原则

课堂提问具有组织教学、反馈教学信息，培养学生的思维能力、创造精神的作用。但是，并不是所有的提问都能达到上述目的。因此，教师在设计提问时，要遵循以下几个基本原则。

(1)启发性原则。启发性原则是指教师的提问要有启发性，能够激活学生的思维，引导学生去探索和发现。教师可以通过创设问题情境，如通过课件演示向学生提供思维加工的原料；也可以利用教学内容与学生已有知识或经验之间的矛盾，激活学生的认知冲突，引起学生的思索；还可以提出激发学生进行发散思维的问题，有利于学生深刻地理解知识、准确地掌握知识、灵活地运用知识。

②重点性原则。重点性原则是指教师的提问要突出重点，提问内容要紧紧围绕本节课的教学重点、难点来设置。因为一堂课只有 45 分钟，不可能对所有的问题都展开详细的讨论、研究。因而每一次提问要有明确的目的，并且问在最需要、最值得问的地方，这样才能有效地引导学生思维，提高课堂效率。

③层次性原则。层次性原则是指提问要有层次性，遵循由易到难、循序渐进的原则设计一系列问题。教师不仅需要考虑教材的重点、难点以及教材内容的内在联系、逻辑顺序，还需要考虑学生已有的知识和能力水平，并依照由具体到抽象、由感性到理性的认识规律对问题进行设计。设计问题，在知识范围上可以由小到大，例如先设问，后反问，再追问。当然设问也可以由大到小，培养学生的发散思维，而一堂课往往就是由这样的几个先小后大或先大后小的问题组合构成。

④量力性原则。量力性原则是指提问要把握量力性，注意问题的难度和坡度，在学生的“最近发展区”范围内设计问题，使不同层次的学生都能通过答问得到发展。教师在设计问题时，应根据学生的实际情况，兼顾不同层次的学生，做到“因材施教”，使所有的学生都能“跳一跳摘到果子”，从而激发所有学生的学习动力，全面提高教学质量。

二、训练可选题目

1. 题目 1：信息与信息技术——信息

可选教学设计如表 5-3 所示。

表 5-3　信息与信息技术——信息

分配时间	教学环节	教师的教学行为	学生的学习行为	教学技能
4 分钟	导入	**谈话导入**：“同学们，信息技术这门课程，我们在初中阶段就已经学习过。那么下面请同学们说一说，什么是信息？在我们日常生活中，你认为哪些属于信息?”	讨论回答教师问题 **生 1**：“校园里铃声响，可以告诉我们下课或者上课。” **生 2**：“观看校运动会可以获得很多运动会赛场上的信息……”	自制 ppt 课件
4 分钟	提问	**师**：“同学们举的例子非常好。其实信息在我们日常生活周围无处不在。例如：医生通过听诊器来感知身体内部变化判断病因；我通过问你们问题知道大家是否掌握学过的知识等等那么到底信息是什么呢有哪些方式表现出来呢想想平时看到听到闻到摸到的，到底有哪些形式的信息?”	听教师讲解	板书信息的概念
4 分钟	提问	**师**：“在我们周围存在的信息中，书刊上的文字依附于纸张，颜色依附于物体的表面。还有很多信息，同学们能举出其他的现象吗?”	思考回答问题	
4 分钟	提问	**师**：“有没有信息是不依附任何载体而存在呢?” **师**：“这说明了什么?”	思考回答问题	

2. 题目 2：在 Word 中输入汉字

可选教学设计如表 5-4 所示。

表 5-4　在 Word 中输入汉字教案①

分配时间	教学环节	教师的教学行为	学生的学习行为	教学技能
2 分钟	引入	**师**：“同学们，上节课我们学习了 Word 的界面及建立和保存文档。现在老师请同学们用自己的电脑独立操作打开 Word 文档，看谁比较快。”（老师巡视，并帮助无法完成的同学）	学生操作	导入技能
2 分钟	导入	**师**：“好，老师刚才下去看了，很多同学都能很快进入了 Word。现在老师给同学们看些作品，在看的过程中请同学们带着个问题‘用 Word，我们可以做什么？’”	学生看作品	演示技能（PPT）
		“现在有哪位同学可以说说自己的答案?”	学生回答	提问技能
4 分钟		**老师总结**：“Word 是微软公司的一个文字处理器应用程序，主要用于办公，适于制作各种文档，如信函、贺卡、传真、名片、公文、报刊、书刊和简历等。那同学们，你们有没注意到，老师刚才给大家演示的作品中，最多的是什么呢?”	学生回答	板书技能（函数概念）
		师：“对了，就是文字！下面就让我们开始今天的新课‘用 Word 写作文’。”	听讲	
		师：“我们这节课所要讲的主要内容就是运用电脑代替我们传统使用的笔来输入汉字。在电脑中，输入汉字的方法有很多种，常用的有汉语拼音输入法、自然码和五笔字型输入法。在这些输入法中，比较适合我们学习和使用的有‘全拼输入法’和‘智能 ABC’，这两种输入法和我们语文课上学习的汉语拼音是基本相同的。下面我们就来学习智能 ABC 输入法。”		讲解技能
	启动智能 ABC 输入法	**师**：“要学习智能 ABC 输入法就要先懂得启动它，如何启动‘智能 ABC 输入法’让它为我们服务呢？其实把它请出来并不难。下面请同学们看老师是如何操作的。点击任务栏下的语言栏，然后选智能 ABC 输入法即可。现在由同学们自己操作。”	听讲	板书技能 [语法结构：函数名（数据区域）]
2 分钟		**师**：“老师刚才看了下，同学们都能把智能 ABC 输入法调出来了，但以后同学们可能会遇到些问题，比如，你电脑的语言栏里没有智能 ABC 输入法或你电脑的任务栏里没有语言栏的标志。如果遇到这些情况同学们可以看看老师给你们的扩展知识里的内容，里面详细写出了如何解决的方法。”	听讲、操作	讲解技能 板书技能 （函数与公式）

① 引自：Zhanstins1003218（2011）。

续表 1

分配时间	教学环节	教师的教学行为	学生的学习行为	教学技能
	输入汉字	“好，我们的电脑调出了智能输入法后，接下来我们就可以在 Word 里输入汉字了。比如说，输入‘知’字，我们就应该输入它的正确拼音‘zhi’，按空格键后，会出现字词选择框。这时，我们就可以用鼠标单击字词选择框中的 4，或按键盘中的数字键 4，这样，‘知’字就输入到文本中了。下面就请同学们自己试着输入‘我’‘你’‘他’三个字。”		
		师：“有些同学输入完老师布置的任务后自己试着输入别的字，但就遇到了一个问题，比如，‘庐’字，我们输入汉语拼音‘lu’后，在字词选择框中并没有看到，怎么回事呢？有没同学知道的？”	听讲、操作 学生回答	演示技能 [运用举例：average( )，sum( )，countif() 的运用]
		师：“还有没别的方法呢？”	学生回答	
		师：“回答得非常好！那下面请同学们接着输入下面几个字‘杨’‘坦’‘校’‘隶’。”		
3 分钟		**师**：“现在老师又有个问题想请同学们想一想，女生的‘女’字应该怎样输入呢？键盘上没有‘ü’键啊，有没同学知道怎么输入的？”	学生回答、听讲并操作	
		师：“很好！其实呢，智能 ABC 输入法在输入时有这样的规定的①汉语拼音字母 n，l 和 u 相拼时，用 v 代替了 u，如，‘女’就输入‘nv’；②汉语拼音字母 j，p，x，y 和韵母 ü 相拼时，用 u 代替 ü，如‘句’就输入‘ju’。下面请同学们练习输入‘动’‘粒’‘搜’‘路’‘旅’。”	听讲、操作	讲解技能 板书技能 函数应用的一般步骤
3 分钟	输入状态的切换	**师**：“ok！大家完成得都非常好。我们接下来继续讲第三个内容，输入状态的切换。大家仔细看智能 ABC 输入法的图标可以看到类似月亮的图案。其实，智能 ABC 输入法有全角和半角两种状态。一般在全角状态下，输入汉字和中文标点符号；在半角状态下，输入阿拉伯数字和英文字母。那怎么分辨全角和半角呢？当智能 ABC 输入的图标中的‘月亮’呈圆月时就为全角方式，当‘月亮’呈弯月时就为半角方式。可以像老师一样用鼠标点击切换，也可以运用快捷键（Shift＋空格键）切换。下面就请同学们分别在全角和半角方式下输入‘，’并用两种方法来切换全角和半角。”		
		师：“大家都做完了，还有哪位同学可以说下在全角状态下输入的‘，’和在半角状态输入的有什么不同呢？”		
		师：“对，我们可以看出在全角方式下输入符号所占空间比在半角下多一倍。”		
		师：“下面给同学们看些资料。”同学们有没看出什么？		

续表 2

分配时间	教学环节	教师的教学行为	学生的学习行为	教学技能
2 分钟	总结	**师**：“同学们看到了这篇文章中既有汉字又有英文字母，如何能够实现中英文输入的切换呢？同样，我们可以利用智能 ABC 输入法图标来实现。单击图标左端的，当显示时为英文输入状态，同样，同学们也可以使用快捷键（Ctrl＋空格键）来切换。大家试试。”		
4 分钟	课堂作业	**师**：“好，细心的同学可以已经注意到中文句号和英文句号是不一样的，它们分别是‘。’和‘.’，那么如何实现中文标点符号和英文符号的切换呢？请同学们自己思考并通过操作来验证。大家可以参照以上老师所说的其他切换方法。” **师**：“基本内容已向同学们介绍了，下面就让大家做练习来巩固知识。请输入古诗《咏鹅》。 咏　鹅 ［唐］骆宾王 鹅，鹅，鹅，曲项向天歌。 白毛浮绿水，红掌拨清波。 并运用上节课保存文档的知识保存自己完成的练习文档。然后利用 ftp 传给老师。” **师**：“我们这节课主要讲了三部分内容：①启动智能 ABC 输入法；②输入汉字；③输入状态的切换。内容并不难，但需要同学们平时多加练习来巩固。” 布置作业： 建立一个 Word 文档，文档名为“唐诗” 夜雨寄北 作者：李商隐 君问归期未有期，巴山夜雨涨秋池。 何当共剪西窗烛，却话巴山夜雨时。 请同学们看一位同学刚发上的练习和老师的一份资源，对比下。然后预习下节课内容：Word 的排版		

请根据上述教案建议准备提问技能的训练，在训练时也可根据自身特点按照题目要求自行设计教学方案或修改教学方案，但需要注意在教案撰写过程中突出提问技能的训练重点。

三、实验报告

提问技能实验报告表如表 5-5 所示。

表 5-5　提问技能实验报告表

<table>
<tr><td>实验目的</td><td colspan="4">1. 能够恰当地将各种不同的提问类型应用于教学中；
2. 能够根据具体的教学情况正确的提问；
3. 通过提问能够较好地帮助学生理解和掌握知识</td></tr>
<tr><td>实验用具</td><td colspan="4"></td></tr>
<tr><td rowspan="4">实验过程</td><td>课题名称</td><td></td><td>授课对象</td><td></td></tr>
<tr><td>实验地点</td><td></td><td>授课总时</td><td></td></tr>
<tr><td>教学目标</td><td colspan="3"></td></tr>
<tr><td colspan="4">【此处可以粘贴微格教案】</td></tr>
<tr><td>实验结论</td><td colspan="4"></td></tr>
</table>

第三节　教学技能评价与反馈

一、提问技能评价量表

提问技能评价量表如表 5-6 所示。

表 5-6　提问技能评价量表

<table>
<tr><td rowspan="2">评价项目</td><td colspan="3">评价等级</td><td rowspan="2">权重</td></tr>
<tr><td>好</td><td>中</td><td>差</td></tr>
<tr><td>1. 问题的内容明确，与课题内容联系密切</td><td>□</td><td>□</td><td>□</td><td>0.15</td></tr>
<tr><td>2. 问题的难易程度适合学生的认知水平</td><td>□</td><td>□</td><td>□</td><td>0.15</td></tr>
<tr><td>3. 提问有利于学生发展思维</td><td>□</td><td>□</td><td>□</td><td>0.10</td></tr>
<tr><td>4. 问题的设计有层次，循序渐进</td><td>□</td><td>□</td><td>□</td><td>0.10</td></tr>
<tr><td>5. 提问能复习旧知识，引出新课题</td><td>□</td><td>□</td><td>□</td><td>0.10</td></tr>
<tr><td>6. 提问能把握时机，促使学生思考</td><td>□</td><td>□</td><td>□</td><td>0.10</td></tr>
<tr><td>7. 提问后稍有停顿，给予思考时间</td><td>□</td><td>□</td><td>□</td><td>0.05</td></tr>
<tr><td>8. 对学生的回答善于应变及引导</td><td>□</td><td>□</td><td>□</td><td>0.10</td></tr>
<tr><td>9. 能适当启发提示，点拨思维</td><td>□</td><td>□</td><td>□</td><td>0.10</td></tr>
<tr><td>10. 提问能得到反馈信息，促进师生交流</td><td>□</td><td>□</td><td>□</td><td>0.05</td></tr>
<tr><td colspan="5">对整段微格教学片断的评价：</td></tr>
</table>

二、提问技能训练反思

提问技能训练反思表如表 5-7 所示。

表 5-7　提问技能训练反思表

课后自评	
同组评议	
教师评价（2+2 评价法）	
问题思考	1. 请根据自己的理解，用自己的话给提问技能下一个定义； 2. 请你谈谈提问技能的特点和意义； 3. 请你谈谈提问技能可分为哪些类型； 4. 请你谈谈提问技能的作用； 5. 请你谈谈如何把提问技能很好地应用在信息技术教学中

◀知识链接

微格教学提问中存在的问题①

1. 学生角色扮演者没有在思想上做好充分的准备

学生这个角色，在提问技能培训中有着举足轻重的地位。因为现代教学观普遍认为，学生是学习的主体，教师应该成为一个引导者而不仅仅是知识的传授者。但许多师范生认为，只要自己在课堂上静静地听，并在必要时回答教师的问题，这就完成了学生角色的扮演。也就是说，他们心目中的学生形象仍是传统教学观下的学生形象，他们所学的现代教育理论并没有改变这样的学生形象。在这种心态下，我们当然不能期望他们在提问技能的培训中迅速进入学生的思维，更不能期望他们能以学生的思维提出好的问题来促进教师师范素质的提高。

2. 师生之间缺乏较深层次的思维交流

虽然学生不是真正的学生，教师不是真正的教师，但这是否表示师生之间就无法进行深层次的思维交流了呢？在提问技能的培训中，大多数的师范生，无论是教师的扮演者还是学生的扮演者，他们不自觉地在心中暗示自己：我们只是同学关系，中学的知识水平相当，不是真正的学生和教师。在这样的暗示下，不可避免地会出现提问与回答成为一种形式，没有较深层次的思维交流。

3. 提问与回答的目标定位不准确

提问和回答的目的定位不准确，是指教师几乎将所有的提问都以获得正确答案以便继续自己的授课为目标，而学生的回答多以让教师的目的顺利实现为目标。在这样的目标驱动下，提问与回答就会陷入某种固定的模式，与真实的课堂提问距离越来越远。

4. 提问的方式、类型等比较单一

教师的提问方式比较单一，主要是直问和设问，提问的类型也较单一，主要集中在回忆型提问理解型提问两种上，而对于比较能体现师生间思维交流的提问方式与类型没有给予充分重视。

---

① 引自：毕丽荣和叶雪梅（2008）。

第六章　演示技能

演示在教学过程中能起“百闻不如一见”的作用。演示操作在信息技术课教学中同样起着很重要的作用，它可以帮助学生快速掌握操作的要点，增加学生学习的积极性，提高学生的学习效率。

第一节　演示技能介绍

一、什么是演示技能

教学演示是指教师在课堂教学过程中向学生展示实物或实物的模型、标本、挂图，或通过幻灯、投影、电视等媒体展示或实验演示，说明有关事物的特点和发展变化过程，使学生获得感性认识的一种教学活动方式。当教师能够根据教学内容和学生的认知特点，准确地选择演示类型，并能按照有关要求熟练地进行演示操作和讲解时，表明该教师形成或掌握了教学演示技能。教师掌握演示技能的必要性在于它能使教师准确、迅速、高效地进行演示教学。

演示是出现较早的一种辅助教学方法，它符合“从直接到抽象、再从抽象到实践”这一认知规律，受到许多教育学家的重视。目前信息技术课程是以学习计算机技术为核心内容，尤其是小学和初中阶段的课程，基本上还是以提高学生的计算机操作技能为重点。适时、生动的教学演示能极大地激发学生学习的积极性、主动性，提高学习效率。随着科学技术的发展，大量的新技术和新媒体进入教学领域，这为教学演示提供了非常丰富的手段和材料，也对改革教学方法起了极大的促进作用。

二、演示技能的作用

(1)使学生获得直观的感性材料。中学生的思维特点是以形象思维为主，逐步过渡到抽象思维，但这种抽象思维在很大程度上仍然是与感性经验直接联系的，具有很大成分的具体形象性。教学中，配合适当的演示，可以以鲜明的直观形象为学生由形象思维向抽象思维的过渡架设“桥梁”，从而丰富学生的感性认识，引发一系列思维活动，帮助学生理解知识。现代信息技术最大的特点是主动性、形象性和直观性，利用现代信息技术将文字、图像等内容直观地展示出来，为学生提供生动逼真的教学情境，引起学生的参与热情、激发学生的学习兴趣和培养学生各方面的能力。

(2)调动学生多种感官参与学习。教学中通过刺激学生的视觉、听觉、味觉、触觉等多种感官使其共同参与学习，其学习效率远远高于仅用单项感官参与学习的效率。课堂教学演示有利于学生的多种感官同时参与学习。学生在教师的指导下动口、动手、动脑、从事交流与讨论，兴趣盎然，注意力集中，必然有利于对知识的学习、理解和内化。

(3)激发学生的学习兴趣，集中学生的注意力。有些教学现象或知识点，光靠老师的讲解，不能使学生很好地理解和掌握。如果借助演示来帮助讲解，给学生创设一定的情境和氛围，既形象又生动，直观性强，就有利于引起学生的学习兴趣，集中学生的注意力，帮助学生理解。因为一般而言，课堂演示所提供的信息，往往是学生闻所未闻、见所未见的“新鲜事”，也是学生很感兴趣的事。

(4)提供操作示范。学生通过学习信息技术能够了解或掌握信息技术基本知识和技能，初步具备应用技术的实践能力。教师通过课堂演示，提供这些基本技能的标准示范，是培养学生基本技能，提高学生实验操作能力的直接而有效的途径。

(5)提供认识和研究事物的方法。信息技术教育的任务之一就是要使学生负责任地使用信息技术，把信息技术作为支持终身学习和合作学习的手段。课堂教学演示改变教学内容呈现方式，促进学生学习方式、教师教学方式和师生互动方式的变革，为学生的多样化学习创造环境，提供可行性的研究方法，使信息技术真正成为学生认知、探究和解决问题的工具，培养学生利用信息技术自主探究、解决问题的能力。

(6)培养学生的观察能力和思维能力。学生学习是一种复杂的智力活动，包括感觉、知觉、注意、记忆、思维、想象等心理因素。在教学过程中通过演示操作，有助于培养学生的观察和思维能力，减轻学习的疲劳程度，激发学生强烈的求知欲望和好奇心，激活学生思维方式，点燃学生智慧火花。

三、演示技能的分类

根据演示手段和方式，可将演示技能分为以下几种类型。

1. 实物演示

实物演示是指教师采用有关实物、教具将教学内容生动形象地展示出来，学生通过观察、思考获得知识的一种教学方法。

实物演示案例描述：计算机的硬件组成（初中）

课堂教学中，教师直接把计算机摆放到讲台上，依次指出显示器、音箱、键盘、鼠标、主机。其中显示器和音箱属于输出设备，键盘和鼠标属于输入设备。主机是计算机最重要的组成部分，由机箱和机箱内的CPU、主板、存储器等设备组成。

【案例点评】

本案例片段主要是讲计算机的组成的，是学生第一次完整地认识计算机的组成，计算机到底由哪些设备组成，教师通过现场实物演示，使学生直观地认识了计算机的组成，也认识了各个部分的名称。学生学习起来非常容易，变抽象为直观。

2. 实验演示

实验演示是指通过做实验来揭示概念、原理、规律等，也称“演示实验”。在信息技术课程中，实验演示主要有两种类型：一是以获取知识为目的的“发现型演示”；二是以巩固知识为目的的“验证性演示”。

发现型演示案例描述：掌握搜索技巧（高中）

教师演示从网上下载一个MP3格式的歌曲《传奇》，演示前采用二种搜索技巧：直接搜索《传奇》和使用组合关键词（歌曲、MP3、down、下载等）搜索。通过演示实验来发现在一定条件下哪种搜索技巧完成速度更快。

验证型演示案例描述：Word文档中超链接应用方式（高中）

在介绍Word文档中超链接应用时，可以设计课堂实验演示完成图片超链接操作，然后打开文档，点击对应图片，打开另一个文档，验证超链接是否成功。

【案例点评】

无论通过发现型演示或者验证型演示，都能较好地帮助学生理解和掌握各种知识和原理。学生通过自己动手完成实验演示，有利于培养学生的创新精神。

3. 多媒体演示

常用的多媒体有音、视频文件、图片、Flash动画和三维动画等类型。多媒体集成文字、图形、音频、视频和动画等多种媒体信息于一体，使教学内容形象生动，更具吸引力。

多媒体演示案例描述：计算机病毒（小学）

师：“同学们，大家好！我们先来看一个Flash动画，大家好好看这个是什么？它在做什么？它在帮助计算机还是在破坏计算机呢？”

【案例点评】

由于小学生的认知能力有限，不能很好地理解计算机病毒定义及计算机病毒的特点。因此，我们从小学生喜爱的Flash动画入手，该演示的优点是加深了学生对病毒的直观理解，从而对计算机病毒形成一种正确的认识，养成预防病毒的好习惯。

4. 教学软件演示

教学软件是一种根据教学目标设计表现特定的教学内容，反映一定教学策略的计算机教学程序，可以用来存储、传递和处理教学信息，能让学生进行交互操作，并对学生的学习做出评价。

教学软件演示案例描述：图形和图片对象的插入和编辑（初中）

师：“上节课我们已经学习了怎样删除文本框，怎样插入文本框以及怎样改变文本框的大小。今天我们接着来学习图形和图片对象的插入与编辑。”

师：“像文本框一样，剪贴画、艺术字、自选图形和图片都是幻灯片中的对象，我们都可以对他们进行删除、移动、复制、缩放等操作。首先，我们来看看如何插入剪贴画呢?”

师：“执行插入—剪贴画就可以插入想要的剪贴画。然后可以随意的缩放、改变位置等。”

【案例点评】

通过教学软件演示学习 Word、Excel、PowerPoint、Flash 等，可以有效地提高教学效率和效果。同时，给学生留下深刻的印象，有利于学生养成正确、规范的计算机操作习惯。

四、典型案例介绍

1. 演示技能案例方案

计算机硬件组成教案一

教学对象：初中一年级学生

科目：信息技术教育

课题：计算机硬件组成

主要的教学技能：演示技能

教学目标：

(1)知识与技能。让学生了解计算机的硬件组成及其功能；学会正确的识别计算机物理配件。

(2)过程与方法。培养学生观察问题、分析问题和解决问题的能力；培养学生自主学习、互相协作的能力。

(3)情感态度与价值观。培养学生协作学习的意识和研究探究的精神；提高学生的审美情趣，激发学生学习计算机的兴趣。

教学重点：计算机的硬件由哪些部件组成。

教学难点：计算机硬件中的 CPU 是什么，以及各部件有什么功能。

教学过程：如表 6-1 所示。

表 6-1　计算机硬件组成教案一①

分配时间	教师教学行为	教学技能	学生的学习行为	备注
1 分钟	**师**：“同学们，上节课我们学习了计算机的发展历史，这节课我们来学习计算机的硬件组成。首先，我们先来看下常见的几类计算机系统。”	导入技能、演示技能	同学们看 PPT 课件	多媒体演示、计算机教学软件演示

① 引自：Ow1115（2011）。

续表

分配时间	教师教学行为	教学技能	学生的学习行为	备注
2 分钟	**师：**“我知道我们很多同学都认识了电脑的各个部件，那现在让我们来一起想下，这些是什么部件？”（依次指电脑各个部件，让学生一起回答各个电脑部件）	导入技能、演示技能	同学们回答问题	图片
3 分钟	**师：**“我们知道计算机又叫电脑，就是因为它像人一样聪明，能够处理很多事情，所以我们把它称为电脑。所以电脑跟人脑是很相似的。我们每个人脑袋里都装有思想，是看不见摸不着的，这就相当于电脑中的软件，看不见摸不着，但指导着电脑运行。我们知道人不仅有思想，还要有躯体才能构成人，电脑也一样，不仅有软件，还有硬件。硬件是看得见、摸得着的部件，像鼠标、显示器、打印机等。我们人体有口、鼻、耳输入信息的器官，电脑也有输入信息的输入设备；我们有眼、手表达我们想法的器官，电脑也有输出信息的输出设备。我们有脑袋里已有的记忆和课本文字帮助记东西，电脑也有存储器帮助记忆；我们有脑袋来计算题目，电脑也有运算器来计算；我们有脑袋来控制身体的各个器官，电脑也有控制器来控制各个设备。”	讲解技能、演示技能	同学们认真听讲和观察	计算机教学软件演示
2 分钟	展示各个不同的输入设备，同学们回答鼠标点击的各个部件	演示技能	同学们认真观看投影幕布，并回答各个不同输入设备名称	多媒体演示
2 分钟	根据前面展示的输入设备，让同学们从功能上和读取数据角度上总结什么是输入设备，并列出常用输入设备。再次从人体的眼耳鼻与输入设备进行对比讲解，加深学生理解	讲解技能、演示技能	同学们认真观看投影幕布，并进行对比思考	计算机教学软件演示
2 分钟	展示各个不同的输出设备，同学们回答鼠标点击的各个部件	演示技能	同学们认真观察	实物演示、多媒体演示、计算机教学软件演示
1 分钟	根据前面展示的输出设备，让同学们从功能上和保存数据角度上总结什么是输出设备。并列出常用输出设备。再次从人体的手、口与输入设备进行对比讲解，加深学生理解	讲解技能、演示技能	同学们认真观看投影幕布，并进行对比思考	计算机教学软件演示
2 分钟	展示各个不同的存储设备，同学们回答鼠标点击的各个部件	演示技能	同学们认真观察	多媒体演示
1 分钟	存储器是用来记忆的，具有记忆储备快慢的区分。内部存储器就像人的大脑记忆功能；外部存储器就像课本文字知识	讲解技能、演示技能	同学们认真观看投影幕布	计算机教学软件演示
1 分钟	介绍内存的概念、运行速度快慢、断电信息存储特点、容量大小	演示技能、讲解技能	同学们认真观看投影幕布	计算机教学软件演示

续表

分配时间	教师教学行为	教学技能	学生的学习行为	备注
2 分钟	介绍外存的概念、常见类型、断电信息存储特点	演示技能、讲解技能	同学们认真观看投影幕布	计算机教学软件演示
2 分钟	简单介绍外存中的软盘、硬盘、光盘、优盘的容量大小、存储速度、使用情况	演示技能、讲解技能	同学们认真观看投影幕布	计算机教学软件演示
2 分钟	**师**："同学们知道我们回答问题是要用到脑袋里已有的知识记忆或者是借助查阅课本等媒介，那这就有一个快慢的问题。在我们脑袋里的知识我们立刻就能回答出，而课本里的知识我们要经过查阅才能用来回答别人的问题。电脑存储器也和这类似，内存的速度要比外存来得快。"	讲解技能、演示技能	同学们认真听并思考	
1 分钟	对比内外存的特点	讲解技能	同学们认真观看投影幕布，并认真思考对比	计算机教学软件演示
2 分钟	**师**："我们要查找书上某个知识点是不是要先查目录，看看知识点在哪页页码？电脑存储器的访问过程就像查找书上的知识点。先查一个地址，相当于书的目录，在找到具体的单元写入或读出数据，相当于通过目录找到知识点所在的页码。"	演示技能、讲解技能	同学们认真观看投影幕布，并认真思考对比	计算机教学软件演示
1 分钟	**师**："大脑是有专门的模块进行计算的，运算器也是如此，它会进行算术运算和逻辑运算。"	讲解技能	同学们认真观看投影幕布，并认真思考	计算机教学软件演示
1 分钟	**师**："大脑要对身体各个部位进行协调和控制，电脑也有这样专门的设备进行控制电脑的运行的，称为控制器。"	讲解技能	同学们认真观看投影幕布，并认真思考	计算机教学软件演示
1 分钟	**师**："大脑由运算和控制组成，电脑由运算器和控制器组成。简单介绍 CPU 的知识。"	讲解技能、演示技能	同学们认真观看投影幕布，并认真思考	计算机教学软件演示
2 分钟	展示主板上各个部件的插口，让学生了解各个部件跟主板是怎样连接的	演示技能	同学们认真观看投影幕布	计算机教学软件演示
1 分钟	介绍计算机的工作原理，通过具体实例比较人与计算机计算题目过程的区别	演示技能、讲解技能	同学们认真观看投影幕布，并认真思考	计算机教学软件演示
3 分钟	复习五大部件组成，对学生进行提问巩固。对整堂课堂教学进行总结	讲解技能	同学们认真思考并回答问题	多媒体（人与电脑的对比）

计算机硬件组成教案二

教学对象：初中一年级学生

科目：信息技术教育

课题：计算机硬件组成

主要的教学技能：演示技能

教学目标：

(1)知识与技能。让学生了解计算机的硬件组成及其功能；学会正确的识别计算机物理配件。

(2)过程与方法。培养学生观察问题、分析问题和解决问题的能力；培养学生自主学习、互相协作的能力。

(3)情感态度与价值观。培养学生协作学习的意识和研究探究的精神；提高学生的审美情趣，激发学生学习计算机的热爱和兴趣。

教学重点：计算机的硬件由哪些部件组成。

教学难点：计算机硬件中的CPU是什么以及各部件有什么功能 。

教学过程：如表6-2所示。

表6-2　计算机硬件组成教案二①

分配时间	教师教学行为	教学技能	学生的学习行为	备注
1分钟	师："同学们，上节课我们学习了计算机的发展历史，这节课我们来学习计算机的硬件组成。首先，我们先来看下常见的几类计算机系统。"	导入技能、演示技能	同学们看PPT课件	多媒体演示、计算机教学软件演示
2分钟	师："我知道有很多同学认识了电脑各个部件，那现在让我们来一起想一下，这些是什么部件?"（依次指电脑各个部件，让学生一起回答各个电脑部件的名称）	导入技能、演示技能	同学们看电脑各个部件统一依次回答每个问题	实物演示
3分钟	师："我们知道计算机又叫电脑，就是因为它像人一样聪明，能够处理很多事情，所以我们把它称为电脑。所以电脑跟人脑是很相似的。我们每个人脑袋里都装有思想，是看不见摸不着的，这就相当于电脑中的软件，看不见摸不着，但指导着电脑运行。我们知道人不仅有思想，还要有躯体才能构成人，电脑也一样，不仅有软件，还有硬件。硬件是看得见、摸得着的部件，像鼠标、显示器、打印机等。我们人体有口、鼻、耳输入信息的器官，电脑也有输入信息的输入设备；我们有眼、手表达我们想法的器官，电脑也有输出信息的输出设备。我们有脑袋里已有的记忆和课本文字帮助记东西，电脑也有存储器帮助记忆；我们有脑袋来计算题目，电脑也有运算器来计算；我们有脑袋来控制身体的各个器官，电脑也有控制器来控制各个设备。"	讲解技能、演示技能	同学们认真地听和观察老师的讲课	计算机教学软件演示
2分钟	展示各个不同的输入设备，同学们回答鼠标点击的各个部件的名称	演示技能	同学们认真观看投影幕布，并回答各个不同输入设备名称	实物演示、多媒体演示、计算机教学软件演示
2分钟	根据前面展示的输入设备，让同学们从功能上和读取数据角度上总结什么是输入设备，并列出常用输入设备。再次从人体的眼耳鼻与输入设备进行对比讲解，加深学生理解	讲解技能、演示技能	同学们认真观看投影幕布，并进行对比思考	计算机教学软件演示
2分钟	展示各个不同的输出设备，同学们回答鼠标点击的各个部件的名称	演示技能	同学们认真观察	实物演示示、多媒体演示、计算机教学软件演示

① 引自：Ow1115（2011）。

续表 1

分配时间	教师教学行为	教学技能	学生的学习行为	备注
1 分钟	根据前面展示的输出设备，让同学们从功能上和保存数据角度上总结什么是输出设备。并列出常用输出设备再次从人体的手、口与输入设备进行对比讲解，加深学生理解	讲解技能、演示技能	同学们认真观看投影幕布，并进行对比思考	计算机教学软件演示
2 分钟	展示各个不同的存储设备，同学们回答鼠标点击的各个部件的名称	演示技能	同学们认真观察	实物演示、多媒体演示、计算机教学软件演示
1 分钟	存储器是用来记忆的，具有记忆储备快慢的区分。内部存储器就像人的大脑记忆功能；外部存储器就像课本文字知识	讲解技能、演示技能	同学们认真观看投影幕布	计算机教学软件演示
1 分钟	介绍内存的概念、运行速度快慢、断电信息存储特点、容量大小	演示技能、讲解技能	同学们认真观看投影幕布	计算机教学软件演示
2 分钟	介绍外存的概念、常见类型、断电信息存储特点	演示技能、讲解技能	同学们认真观看投影幕布	计算机教学软件演示
2 分钟	简单介绍外存中的软盘、硬盘、光盘、优盘的容量大小、存储速度、使用情况	演示技能、讲解技能	同学们认真观看投影幕布。	计算机教学软件演示
2 分钟	**师**：“同学们知道我们回答问题是要用到脑袋里已有的知识记忆或者是借助查阅课本等媒介，那这就有一个快慢的问题。在我们脑袋里的知识我们立刻就能回答出，而课本里的知识我们不了解要经过查阅才能用来回答别人的问题。电脑存储器也和这类似，内存的速度要比外存来得快。”	讲解技能、演示技能	同学们认真观看投影幕布，并认真思考对比	计算机教学软件演示
1 分钟	对比内外存的特点	讲解技能	同学们认真观看投影幕布，并认真思考对比	计算机教学软件演示
2 分钟	**师**：“我们要查找书上某个知识点是不是要先查目录看看知识点在哪页页码？电脑存储器的访问过程就像查找书上的知识点。先查一个地址，相当于书的目录，在找到具体的单元写入或读出数据，相当于通过目录找到知识点所在的页码。”	演示技能、讲解技能	同学们认真观看投影幕布，并认真思考对比	计算机教学软件演示
1 分钟	**师**：“大脑是有专门的模块进行计算的，运算器也是如此，它会进行算术运算和逻辑运算。”	讲解技能	同学们认真观看投影幕布，并认真思考	计算机教学软件演示
1 分钟	**师**：“大脑要对身体各个部位进行协调和控制，电脑也有这样专门的设备进行控制电脑的运行的，称为控制器。”	讲解技能	同学们认真观看投影幕布，并认真思考	计算机教学软件演示
1 分钟	**师**：“大脑由运算和控制组成，电脑由运算器和控制器组成。”简单介绍一下 CPU 的知识	讲解技能、演示技能	同学们认真观看投影幕布，并认真思考	计算机教学软件演示
2 分钟	展示主板上各个部件的插口，让学生了解各个部件跟主板是怎样连接的	演示技能	同学们认真观看投影幕布	计算机教学软件演示
1 分钟	介绍计算机的工作原理，比较通过具体举例人计算题目的整个过程	演示技能、讲解技能	同学们认真观看投影幕布，并认真思考	计算机教学软件演示
3 分钟	复习五大部件组成，对学生进行提问巩固。对整堂课堂教学进行总结	讲解技能	同学们认真思考并回答问题	多媒体（人与电脑的对比）

2. 案例点评

(1)在实物演示方面，案例二中，通过对计算机的现场展示，使学生充分了解了计算机的硬件组成部分，调动了学生学习积极性，增强了说服力，降低了学生学习的难度。

(2)多媒体软件演示，案例二中更充分利用现代化的教学设施，利用多媒体软件PPT来呈现知识和实物演示时看不起的细节问题，增加课堂知识容量，丰富教学手段。

总之，在实物演示和多媒体软件演示方面，案例二都能更好地体现演示技能在教学中的合理运用。

第二节　演示技能训练

一、技能应用须知

为有效地运用演示技能，教师必须考虑以下四条原则。

(1)目的性。课堂教学演示要有明确的目的，事前要做好充分的准备。演示目的必须与教学任务紧密相连，既要有利于吸引学生的注意力，又要有利于突出教学的重点和难点。在教学演示过程中，切忌脱离主题，偏离教学目的，喧宾夺主。

(2)选择性。课堂演示要有选择性，一方面是指演示要根据学生已有的认知水平为依据，选择适合学生的内容素材；另一方面是指演示要在恰当的时候进行，频度合适，适时适度。这样，既不减退学生的学习热情，又能提高学生的学习效率。

(3)精确性。演示操作要准确、到位，避免盲目的重复和随意的操作。如果教师在演示过程中，没有注意演示的精确性，鼠标随意移动，则会分散学生的注意力，严重时导致学生眼花缭乱，不知所措。

(4)客观性。教师的操作要规范、正确，为学生实验提供示范。在实验过程中，要用实事求是的科学态度严肃认真地记录每一个实验步骤，包括各种突发情况以及实验误差，决不能先入为主，做主观虚构的猜想。

二、训练可选题目

1. 题目1：键盘

可选教学设计如表6-3所示。

表6-3　键盘教案[①]

分配时间	教师教学行为	应用教学的技能要素	学生的学习行为	教学媒体、板书
1分钟	**师**：“同学们已经能够熟练地使用鼠标来控制电脑了，实际上，除了鼠标之外，键盘也是我们使用电脑的一个重要的输入设备。我们可以通过键盘将命令、数字和文字等输入到计算机中，因此，熟练地操作键盘，是使用计算机最基本的技能之一。我们今天就来学习第七课——认识键盘。”	导入技能		板书（认识键盘）

① 引自：刘黄玲子（2011）。

续表

分配时间	教师教学行为	应用教学的技能要素	学生的学习行为	教学媒体、板书
5 分钟	认识四区	演示观察	学生看图	键盘分区图片
	师："下面我们来看看英语版本的分区。请大家来说说这些是什么分区啊。"	教师提问	学生回答	英文版本分区图片
	师："刚刚我们看了主要的分区，下面我们再来深入了解下键盘。请大家①练习输入 26 个字母，先输入小写字母，再输入大写字母；②输入数字；③认识删除键、退格键、空格键、回车键等。"	讲练结合，掌握重点键	尝试自学	键盘
25 分钟	师："下面请大家找出以下几个键：Caps Lock/Shift、Backspace、Enter。"	一般性提问	学生实践	键盘
	师："知道他们的作用吗？"	一般性提问	学生回答	
	Caps Lock： Caps Lock 大小写字母锁定键。按下它，右侧中间的灯会亮，此时无论何种输入法状态下，都可以打出大写的英文，再次按下 灯熄灭，恢复正常输入状态	讲授时，把各个键的具体位置演示给学生。同时结合 PPT 演示加讲解		随堂 PPT 课件
	Shift：①上档转换键，也可用于中英文转换；②按住 Ctrl 键的同时，再按下 Shift 键，可以使输入法循环，用户可切换至需要的输入法；③先选第一个文件，按住 Shift 键再选择另一个文件，这时两个文件对角线之间的所有文件均会被选中；④按住 Shift 键同时，按 Delete 键即可以不通过回收站直接将文件删除			
	BackSpace：是退格键，就在回车键上边，有的键盘会用一个向左的箭头表示。在打字过程中移动光标到某个字符处，按 BachSpace 即可删除光标处的前一个字符			
	Enter：Enter 键就是回车键，表示确定或发送某个选项			
	基准键（A、S、D、F、J、K、L）在"F"键与"J"键上各有一个凸起点，只需用食指触摸这两个凸起点就可以快速的找到基准键，并不需要去看键盘			
	师："大家能告诉老师这些键的正确指法是什么吗？有谁知道的？可以告诉大家吗？大家可以讨论下。"	教师提问	学生讨论	
	师："下面我们来看看正确的指法是什么样儿的。"	教师结合图片演示具体操作指法	学生看图	正确指法图片
	师："良好的打字姿势有两个益处，打字不易劳累，工作有效率好，那么下面我们来讨论下正确的坐姿。请大家来发表下看法。"	师生讨论	积极参与	
8 分钟	师："经过大家一起的讨论，我们得出结论正确的坐姿是上身要坐端正，两肩放松，双手自然放在键盘上，两脚放平，身体微向前倾；桌椅高低要适当，一般都使用转椅，可以调整座位的高低；身体与键盘的距离 20 公分左右。"	教师讲授	学生恍然	
	师："学了今天的课程，老师给大家三个问题：①谁说说键盘上分为哪四个分区？②大家说说基本指法键位？③同学们简单说说击键的姿势？"	教师提问	学生思考	
	师："相信经过这节课，大家对键盘有了进一步的认识。谢谢大家。"			

2. 题目 2：计算机的组成

可选教学设计如表 6-4 所示。

表 6-4　计算机的组成教案

分配时间	授课行为	应掌握的授课技巧	学习行为	教学媒体、板书内容
30 秒	师：“我们知道计算机又叫信息处理机，因为它处理信息的能力很强。那么，同学们你们知道这样高性能的机器它究竟是由哪些部件组成的呢？”			
3 分钟	师：“预习过的同学应该都知道计算机是由硬件和软件两大部分组成。有没有人想来给我们说一说什么是计算机的硬件和软件？”			
	抽点一两名同学来回答这个问题		回答问题	
	师：“同学们都说得很好。用我们自己的话来说，计算机硬件是指看得见摸得着的部件，比如鼠标、显示器等。而软件是为了使用计算机而编写的各种系统的和用户的程序，它看不见摸不着。但是离开了软件计算机就没办法正常的工作运行了。就好比人有身体却没有知识和思想一样。好，接下来我们一起来了解计算机硬件部分。”			
3 分钟	配合 PPT 进行讲解			
	计算机的硬件又包含五个部分，也就是运算器、控制器、存储器以及输入输出设备	计算机教学软件演示 实物演示		
	控制器和运算器一起组成了计算机的中央处理单元，也就是我们常常说到的 CPU，它是计算计的核心部分。			
	存储器主要用于存放程序和数据。存储器又分为内存和外存。			
5 分钟	师：“有哪位同学想来给我们说一下你见过的外存呢？”		举手回答	
	师：“输入输出设备，同学们应该都有所了解。那我就请两名同学来给我们说一下你所知道的输入输出设备。”			
	师：“现在我们知道了计算机的硬件有这五个部分，那同学们想不想知道它们是怎样工作的呢？”		生齐声回答：“想。”	
	配合 PPT 进行讲解。			
5 分钟	师：“同学们对这节课的内容还有没有什么疑问呢？那好我们就一起来看几道题。”		生：“没有。”	

请根据上述教案建议准备演示技能的训练，在训练时也可根据自身特点按照题目要求自行设计教学方案或修改教学方案，但需要注意在教案撰写过程中突出演示技能的训练重点，如实物演示、多媒体演示、计算机教学软件演示等。

三、实验报告

演示技能实验报告表如表 6-5 所示。

表 6-5　演示技能实验报告表

<table>
<tr><td>实验目的</td><td colspan="4">1. 能够合适地把实物演示、多媒体演示、计算机教学软件演示等应用在教学中；
2. 能够恰当地使用不同的演示方式，以期达到最好的教学效果；
3. 课堂教学实施过程中，演示技能可以激发学生学习兴趣，降低学习难度</td></tr>
<tr><td>实验用具</td><td colspan="4"></td></tr>
<tr><td rowspan="4">实验过程</td><td>课题名称</td><td></td><td>授课对象</td><td></td></tr>
<tr><td>实验地点</td><td></td><td>授课总时</td><td></td></tr>
<tr><td>教学目标</td><td></td><td></td><td></td></tr>
<tr><td colspan="4">【此处可以粘贴微格教案】</td></tr>
<tr><td>实验结论</td><td colspan="4"></td></tr>
</table>

第三节　教学技能评价与反馈

一、演示技能评价量表

演示技能评价量表如表 6-6 所示。

表 6-6　演示技能评价量表

评价项目	评价等级			权重
	好	中	差	
1. 演示目的清晰扼要	□	□	□	0.10
2. 演示现象明显，能吸引学生注意力	□	□	□	0.20
3. 演示中注重对学生观察与思维的引导	□	□	□	0.15
4. 操作演示动作科学、规范、有示范性	□	□	□	0.15
5. 演示程序清楚，关键步骤能重复	□	□	□	0.05
6. 演示与讲解等其他技能结合自然	□	□	□	0.10
7. 演示开始时能将仪器交代清楚	□	□	□	0.05
8. 演示时机选择、时量控制合理	□	□	□	0.10
9. 演示安全可靠、效果明显、结论明确	□	□	□	0.05
10. 对演示结果能实事求是地解释	□	□	□	0.05
对整段微格教学片断的评价：				

二、演示技能训练反思

演示技能训练反思表如表 6-7 所示。

表 6-7　演示技能训练反思表

课后自评	
同组评议	
教师评价 （2+2 评价法）	
问题思考	1. 根据自己的理解，请用自己的话给演示技能下一个定义； 2. 请你谈谈演示技能的特点和意义； 3. 请你谈谈演示技能可分为哪些类型； 4. 请你谈谈演示技能的作用； 5. 请你谈谈如何把演示技能很好地应用在信息技术教学中

◀知识链接

演 示 法①

教师展示实物、教具，进行示范性实验，或通过现代化教学手段，使学生获取知识的教学方法。演示法常配合讲、谈一起使用，它对提高学生的学习兴趣，发展观察能力和抽象思维能力，减少学习中的困难有重要作用。

演示法在中国有悠久的历史。宋代王惟一于 1026 年撰《铜人腧穴针灸图经》，并铸成铜人模型（铜人像，世界上最早的一座医学教学模型，北宋王惟一铸于 1026 年），刻示经络腧穴位置；又绘制十二经图，刊行后，刻石流传在西方；16 世纪比利时学者 A. 维萨利乌斯于 1537 年在帕多瓦对众讲学，并对学生演示了人体解剖；17 世纪捷克教育家 J. A. 夸美纽斯用皮制人体模型在教学中进行演示；后来又有瑞士教育家 J. H. 裴斯泰洛齐关于算术箱的使用。

随着自然科学和现代技术的发展，演示手段和种类日益繁多。根据演示材料的不同，可分为实物、标本、模型的演示；图片、照片、图画、图表、地图的演示；实验演示；幻灯、录像、录音、教学电影的演示等。以演示内容和要求的不同，可分为事物现象的演示和以形象化手段呈现事物内部情况及变化过程的演示。

① 引自：Haohao19841008（2011）。

第七章　板书（电子文稿）技能

板书是教师在教学中为提高教学效率，运用在平面媒介（黑板、投影片、展示台等）上书写文字、符号或作图等方式，向学生呈现教学内容，分析认识过程，使知识概括化和系统化，帮助学生正确理解并增强记忆的一类教学行为。板书设计不仅是一种教学手段，更是一门教学艺术。好的板书设计能直观地显现课堂教学的脉络，突出教学重点，能加深学生对教学内容的理解和记忆，有助于培养学生思维的连贯性，有利于学生对教学内容的整体感知和概括能力的提高。

第一节　板书技能介绍

一、什么是板书技能

板书技能是教师在教学中进行板书所运用的一种技能，它是教师的一项基本功。一般情况下，板书包括两个基本的组成部分，即主题板书和辅助板书。主题板书是教师在对教学内容进行概括的基础上，提纲挈领地反映教学内容的书面内容，可以讲授要点、内容分析、解题过程、概括总结，一般写在黑板的左部和中部。主体板书一般保存时间较长，而且作为教材内容的框架保留下来，这往往是重点部分，学生在上课时所作的笔记也常常是这一部分内容。辅助板书是在教学过程中教师为了引起学生的注意或为了解释一些学生难以理解的问题，写在黑板或电子屏幕右侧的书面内容。教师在讲课中遇到的一些专业用语、关键词，需要补充或解释的一些知识点，不太重要的局部教学过程，随手写在黑板或者电子屏幕上的内容就是辅助板书，又称为副板书。辅助板书没有必要保留很长时间，一般只起辅助和补充的作用，一旦达到了理解的目的，它的作用性下降，就可以考虑擦去。

二、板书技能的分类

板书的类型有很多，从呈现方式看主要有以下几种。

1. 提纲式板书

提纲式板书最常用，它是以课文的结构提纲或内容提要为主的板书，能较完整地反映文章的结构层次或内容要点，有利于学生理解和掌握课文的脉络和写作特点。教师根据教材的思想内容，经过分析归纳，用精炼的语言，准确地概括出各部分、各层次的要点，并按照教材的思路、学生的认识规律依次写在黑板上。这种板书设计，纲目清楚，重点突出，便于学生对教材内容和知识结构的理解和记忆。

提纲式板书案例描述：使用 Web 方式收发邮件（高中二年级）

教师将学生如何使用 Web 方式收发电子邮件的基本操作要点依次呈现在屏幕上，那么学生就很容易了解到本节课程的教学内容。板书设计如图 7-1 所示。

使用 Web 方式收发邮件

一、登录自己的邮箱

进入网站—输入用户名、密码—单击“登录”超链接

二、阅读邮件

单击“收件箱”超链接—单击“新邮件”超链接—阅读邮件—单击“文件夹”超链接

三、回复邮件

阅读邮件—单击“回复”超链接—输入邮件内容—单击“发送”超链接—单击“返回”超链接

四、发送新邮件

单击“发邮件”超链接—输入收件人地址—输入邮件主题—输入邮件内容—单击“发送”超链接

图 7-1　提纲式板书示意图

【案例点评】

这位教师利用精要的文辞，经过分析、概括出了使用 Web 方式收发电子邮件的全过程，通过板书，学生能够自己尝试发送电子邮件，从而对使用 Web 方式收发邮件了然于胸。

2. 表格式板书

表格式的板书，是把有关内容分门别类列入表格。这类板书的优点是，具有整齐、对称、均匀、清晰、明了之美感，由于类目清楚，条理性强，对于训练学生的分析归纳能力有较大的示范作用。这种板书设计，能将教材零散的内容简化成明了的框架结构，增强教学内容的主体感和透明度，同时学生可以加深对事物的特征及本质的认识。板书设计示例——常用声音文件格式对比如表 7-1 所示。

表 7-1　常用声音文件格式对比

声音文件类型	声音文件特点
WAV 文件	文件体积大，可编辑，不适合网络传播
WMA 文件	采样频率范围宽，数据量小不失真，非常适合网络即时收听
MP3 文件	压缩程度高，音质好，文件体积小，适合便携式个人数码设备中播放
MIDI 文件	乐器数字接口文件，数据量小

3. 线索式板书

线索式板书是根据教学内容的某种联系，按照一定顺序，反映教学主要内容的板书形式。这种板书的特征是能够显示出事情发生、发展的过程，能够突出知识形成的过

程，有利于学生学会学习。

4. 关系式板书

关系式板书重点表现教学内容，事物或人物之间的相互关系，从而揭示内在联系，使学生加深对教学内容的理解，尤其是加深对复杂抽象内容的理解。

关系式板书案例描述：数字化图像的采集、加工与简单合成（高中二年级）如图 7-2 所示。

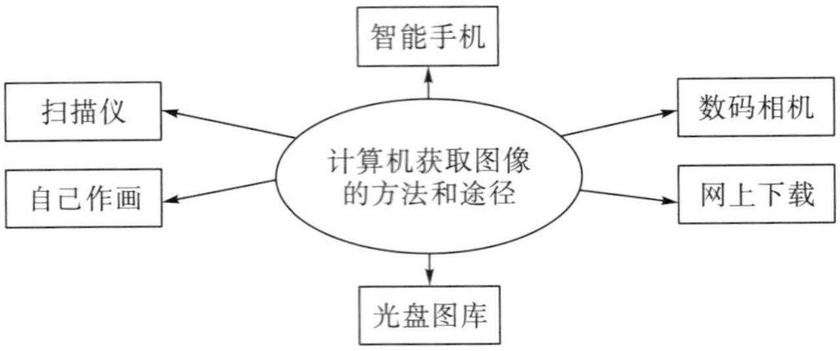

图 7-2　关系式板书示意图

【案例点评】

教师要善于根据教学内容及其特点选择恰当的板书形式，在这里选择关系式板书效果很明显，清晰地呈现了获取图像的方法和途径，利于学生对知识的理解、归纳和总结。

5. 总分式板书

总分式板书是根据教学内容，将教学内容的整体结构和局部结构在板书上进行布局而形成的一种板书方式。总分式板书的特点是概括性强，条理分明，能清晰地展示教学内容的纵横联系，按照并列的形式进行分别归纳，同时又能够展示各部分内容间的横向联系，完整地呈现教学内容的层次结构。

6. 图示式板书

图示式板书，顾名思义就是用画并配以简短文字的方法表现要教学内容，使教学中的难点通过图示形象化，从而化难为易。如微格教学实施过程，就可以用一个图示板书来表现，结构和流程非常明亮，使学习者学习起来非常容易理解。例如，在算法模块讲解“按照步骤解决问题”进行举例时，用电子板书示意，如图 7-3 所示。

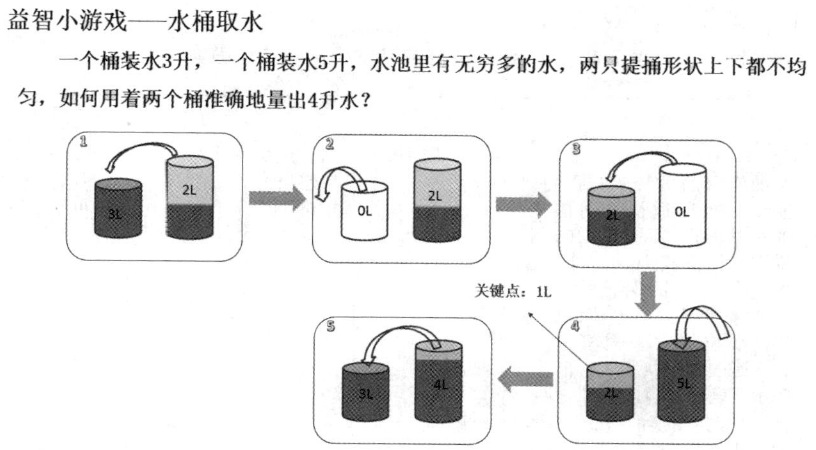

图 7-3　图示式板书示意图

7. 综合式板书

综合式板书是运用分析、综合等思维方式，揭示教学内容，展示思维过程的一种板书。便于学生将零散、孤立的知识“串联”和“并联”起来，形成系统化、简约化的知识网络。其形式为融文字、图画、图表为一体的教学板书，能有效地解决本课的教学难点，培养学生的观察能力和逻辑思维能力。

总之，板书的类型多种多样，没有固定模式。但无论哪种类型的模式都应该紧扣教学内容，层次分明，重点突出，精当凝练，把板书有机地、和谐地融入教学过程，与其他教学技能结合构成一个协调的系统，促进教学效果的优化。

三、典型案例介绍

1. 提问技能案例方案

Photoshop 图层的基本概念与操作教案一

教学对象：高中一年级学生

科目：信息技术

课题：Photoshop 图层的基本概念与操作

主要的教学技能：板书技能

教学目标：

(1)知识与技能。能够掌握图层的概念以及图层的分类；知道图层面板按钮的功能；能够正确地运用图层；能够应用图层制作奥运福娃明信片。

(2)过程与方法。培养学生的动手能力；培养学生自主学习、互相协作的能力。

(3)情感态度与价值观。培养学生的美术情操；培养学生对信息技术的热爱。

教学重点：掌握图层的概念、图层面板按钮及其功能、图层的分类。

教学难点：掌握图层面板按钮及其功能、图层的分类。

教学过程：如表 7-2 所示。

表 7-2　Phtoshop 图层的基本概念与操作教案一

分配时间	教学环节	教学技能	学生行为	教学媒体板书内容
3 分钟	**师**：“同学们，还记得我们上节课学习的内容吗？我们要制作一张奥运福娃明信片，通过学习图层的基本知识和操作，相信我们一定能做出像这样漂亮的明信片。好，首先来复习一下上节课的内容，哪位同学来回答一下，什么是图层？” 展示正确的内容	导入提问板书	回答图层的概念：图层想象为硫酸纸（一种透明纸），其中一张放在其余纸张顶上	PPT 板书内容：图层是一张透明的纸，不同的层可以进行独立操作，对其他层没有影响
1 分钟	**师**：“复述图层的概念，同学们，我们上节课还学习了图层面板的基本操作，大家是不是跃跃欲试，想知道要怎么做奥运福娃明信片，老师现在来示范一下。”	讲解		PPT 展示图层的概念以及图层面板的基本操作
5 分钟	演示如何制作奥运福娃明信片。在制作过程中，提问学生，复习图层的分类。板书制作流程	讲解板书提问	观看演示、回答问题	Photoshop 演示奥运福娃明信片的制作。板书内容： ①制作邮政编码框——普通图层； ②制作“中国邮政明信片”等文字——文字图层； ③制作福娃邮票——形状图层、普通图层、文字图层； ④制作横线——文字图层
10 分钟	复习讲课内容	讲解提问		PPT

Photoshop 图层的基本概念与操作教案二

教学对象：高中一年级学生

科目：信息技术

课题：Photoshop 图层的基本概念与操作

主要的教学技能：板书技能

教学目标：

(1)知识与技能。能够掌握图层的概念以及图层的分类；知道图层面板按钮的功能；能够正确地运用图层；能够应用图层制作奥运福娃明信片。

(2)过程与方法。培养学生的动手能力；培养学生自主学习、互相协作的能力。

(3)情感态度与价值观。培养学生的美术情操；培养学生对信息技术的热爱。

教学重点：掌握图层的概念、图层面板按钮及其功能、图层的分类。

教学难点：掌握图层面板按钮及其功能、图层的分类。

教学过程：如表 7-3 所示。

表 7-3　Photoshop 图层的基本概念与操作教案二

分配时间	教师的教学行为	教学技能	学生行为	教学媒体板书内容
3 分钟	**师**：“同学们，上一节课我们学习了图层的概念，以及初步了解了图层面板的按钮。好，现在我们来复习一下上节课的内容，哪位同学来回答一下，什么是图层？” 根据学生的回答，板书要点	导入提问板书	回答图层的概念：图层想象为硫酸纸（一种透明纸），其中一张放在其余纸张顶上	PPT 板书内容：图层是一张透明的纸，不同的层可以进行独立操作，对其他层没有影响。
2 分钟	复述图层的概念，展示图层的面板。师：“今天我们学习图层的分类。究竟在 Photoshop 中图层究竟有多少种呢？今天我们通过一个实例的制作来学习图层的分类，我们要来制作像这样的奥运福娃明信片。”	板书		PPT 展示图层的概念以及图层面板的基本操作板书：图层的分类
5 分钟	演示如何制作奥运福娃明信片。在制作过程中，不断让学生注意图层面板中的变化，让学生发现不同类型的图层在图层面板的显示图标是不一样的 在制作过程中，板书制作流程及使用的图层类型，并进行讲解	讲解板书演示	观看演示、回答问题	Photoshop 演示奥运福娃明信片的制作。板书内容： ① 制作邮政编码框——普通图层； ②制作“中国邮政明信片”等文字——文字图层； ③制作福娃邮票——形状图层、普通图层、文字图层、效果图层、调整图层； ④制作横线——文字图层
1 分钟	**师**：“通过制作这张明信片，我们学习了 Photoshop 中的这几种常用的图层：形状图层、普通图层、文字图层、效果图层、调整图层。其实在 Photoshop 中还有智能对象图层、蒙版图层，这些将在我们以后的学习中讲到。根据今天的讲课内容，大家回去制作这样一张奥运福娃明信片。”	讲解提问		PPT 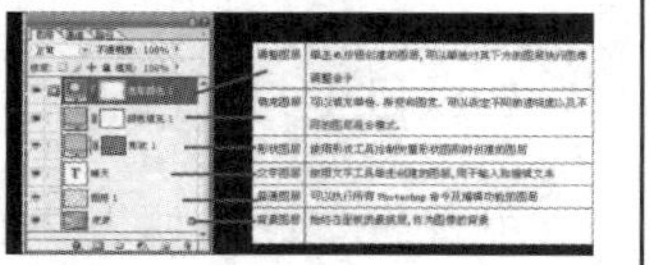

2. 案例点评

（1）案例二与案例一相比，根据学生的回答设计板书更具有条理性，有利于学生理解和掌握知识。

（2）案例二在课堂教学结束时，为学生提供一个高度概括的板书，有利于学生归纳、总结出本节课的教学重点和难点，易于掌握教学内容。

总之，板书要设计的恰到好处，既能起到提纲挈领的作用，又要具有启发性，目的是帮助学生更好地掌握教学内容。

第二节　板书技能训练

一、技能应用须知

进行板书时要注意以下要求和原则。

(1)目的明确、概括性强。设计板书要吃透教材，明确目的，选准内容。只有目的明确的板书才能发挥良好的作用。板书要有高度的概括性。概括性有三个要求：紧扣课程内容原意；准确使用关键词语；简洁完整。

(2)布局合理、条理清晰。布局合理，就是要使内容相互呼应，能直观地反映出内容之间的逻辑联系。

条理清晰，就是要清楚明晰地体现课程内容知识点之间的关系，也要体现教师教的思路，促使学生较顺畅地理解课程内容。

(3)书写正确、规范、美观。①正确：不写错字、别字、病句，笔顺正确。②规范：不写任意简化字、不写繁体字、不生造词语。③美观：字迹大小匀称、排列整齐、疏密得当、行距合理。

二、训练可选题目

1. 题目 1：电子邮件

可选教学设计如表 7-4 所示。

表 7-4　电子邮件教案①

分配时间	教学技能	教师的教学行为	学生的学习行为	媒体
1 分钟	板书	**师**：“刚刚我们已经了解到，电子邮件的概念以及它的原理，现在我们就来了解一下电子邮件地址的格式是怎样的?”（板书电子邮件的格式）		黑板
1 分钟	提问	**师**：“首先老师想了解一下，我们班上已经有多少同学在网上申请了免费的电子邮箱呢？请把手举起来示意一下。”		
2 分钟	提问	**师**：“看来人数不是很多啊！好，那老师就请一位同学讲一下他/她的电子邮件账号。XXX，请你讲一下。”	学生可能的回答：abc@163.com	
1 分钟		**师**：“好，我们再请一位同学来讲一下。在黑板上记下学生所说的账号地址。”	学生可能的回答：abcd@126.com	

① 引自：七票（2011）。

续表 1

分配时间	教学技能	教师的教学行为	学生的学习行为	媒体
1 分钟	板书	师："现在请同学们观察一下，这两个账号地址是不是有很多相似的地方啊，首先，都有一个@符号，这个符号读作'at'。其次，两个账号地址可以分成三个部分，分别是@前面的部分、@本身、以及@后面的部分（用红、绿、蓝三种不同颜色的粉笔标记出）。那么这三个部分分别表示什么呢？"		
3 分钟	板书	师："我们先来看@前面的部分，@前面的部分是用户名，也称为账户和账号名等，是用户自己选择的字符组合或代码，我们可以任意选择字符。比如说 ahyd（在红色的横线下写下'用户名'）接下来@后面的部分是为您提供电子邮件服务的服务商名称，也就是邮件服务器名。（在蓝色的横线下写下'邮件服务器名'）这个名字是不能随意编写的。目前比较流行的一些邮箱有新浪邮箱、126 邮箱、163 邮箱等指的都是邮件服务器名。而@仅仅是一个网路符号，并无实际意义而且是必不可少的。（在绿色的横线下写下'网络符号'）。"		黑板

表格式板书如图 7-4 所示。

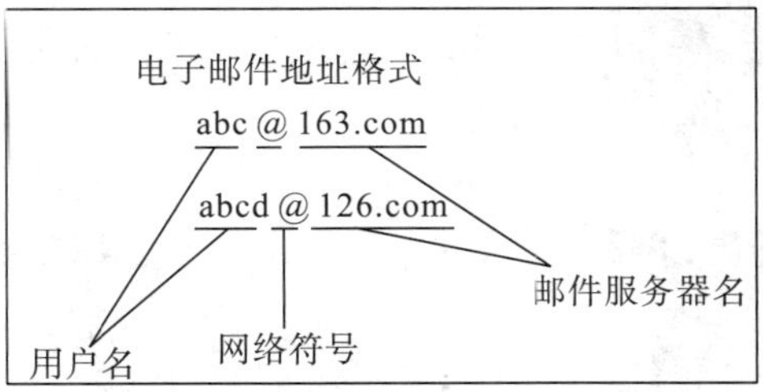

图 7-4　关系式板书示意图

2. 题目 2：如何给幻灯片添加背景

可选教学设计如表 7-5 所示。

表 7-5　如何给幻灯片添加背景教案[①]

时间	教学环节	教师的教学行为	学生的学习行为	教学技能
30 秒	导入	师："同学们，上节课我们学习了如何创建演示文稿及如何编辑演示文稿。大家看，这是我们上节课所作教师节贺卡的 PPT，而第二个 PPT 是在上节课的基础上添加了背景的 PPT，这节课，我们就来学习如何为幻灯片添加背景。"	观看 PPT	导入技能 演示技能 （PPT）

① 引自：郑思嘉（2011）。

续表

时间	教学环节	教师的教学行为	学生的学习行为	教学技能
40 秒		介绍添加背景的两种方法： （1）模板的应用； （2）背景选项的应用	观看 PPT	讲解技能
4 分钟	讲解	讲解如何运用幻灯片设计模板为幻灯片添加背景： （1）讲步骤； （2）重点讲如何区分模板的全部应用和部分应用	听讲回答	讲解技能 板书技能
10 分钟总结	讲解	讲解背景选项的应用 背景选项： （1）自动颜色； （2）其他颜色； （3）填充效果： ①渐变（重点） ②纹理 ③图案 ④图片（重点）	听讲思考 回答	讲解技能 板书技能 提问技能
1 分钟	总结	总结今天所学内容	听讲	

板书设计（即 PPT 板书）

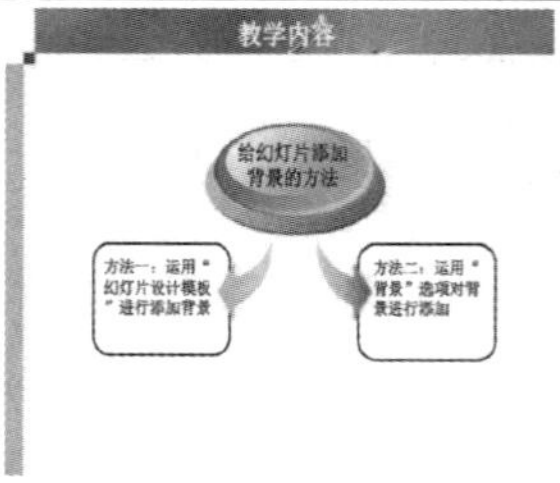

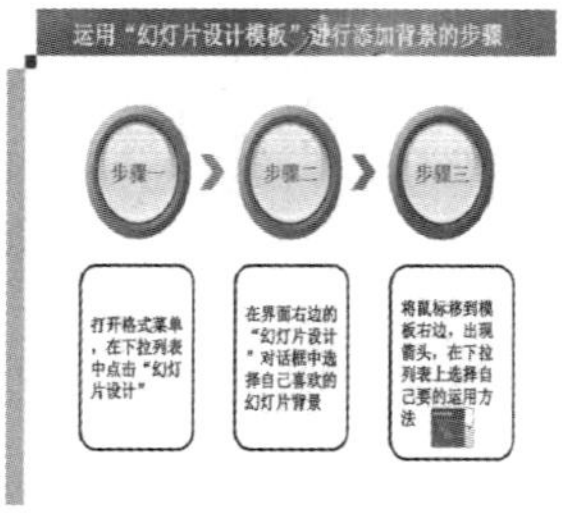

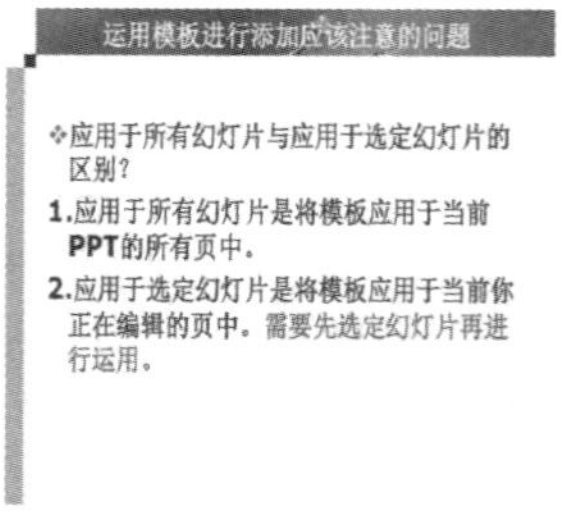

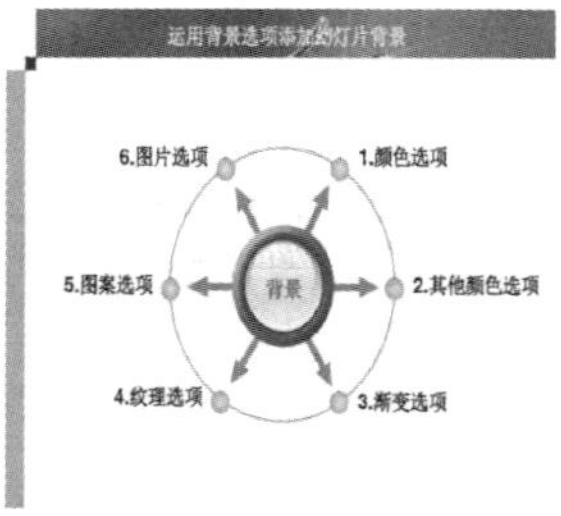

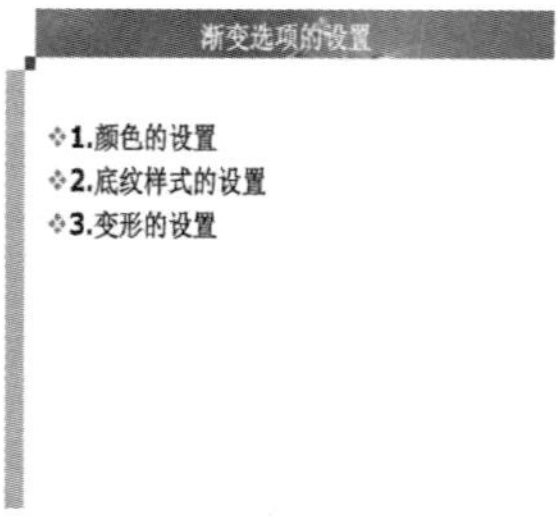

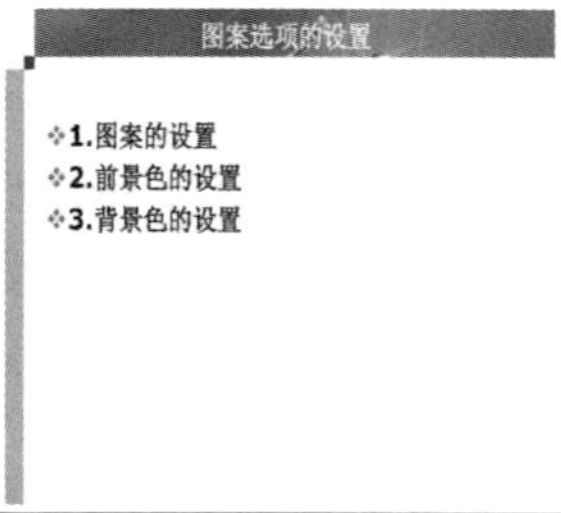

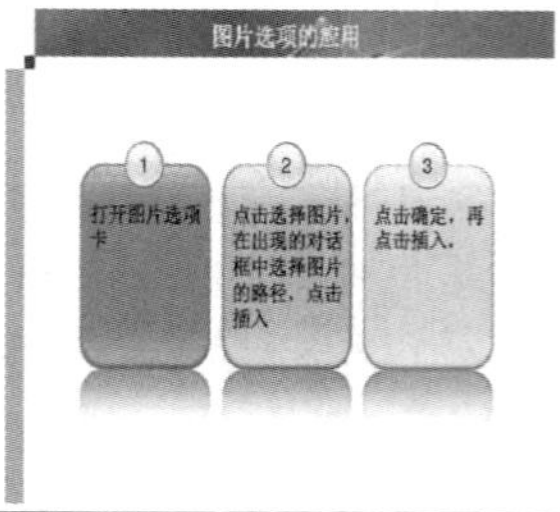

请根据上述教案建议准备板书技能的训练，在训练时也可根据自身特点按照题目要求自行设计教学方案或修改教学方案，但需要注意在教案撰写过程中突出板书技能的训练重点。

三、实验报告

板书技能实验报告表如表 7-6 所示。

表 7-6　板书技能实验报告表

实验目的	1. 能够恰当地将各种板书类型应用于教学中； 2. 能够根据具体的教学情况灵活地板书教学内容； 3. 通过板书能够帮助学生更好地理解、掌握、应用知识			
实验用具				
实验过程	课题名称		授课对象	
	实验地点		授课总时	
	教学目标			
	【此处可以粘贴微格教案】			
实验结论				

第三节　教学技能评价与反馈

一、板书技能评价量表

板书技能评价量表如表 7-7 所示。

表 7-7　板书技能评价量表

评价项目	评价等级			权重
	好	中	差	
1. 板书的内容是教学的重点和难点	□	□	□	0.20
2. 板书设计条理清楚，脉络分明	□	□	□	0.15
3. 板书有启发性，并指明学生观察的方向	□	□	□	0.10
4. 板书配合讲解，富有表达力	□	□	□	0.15
5. 板书大小合适便于观看	□	□	□	0.10
6. 能激发学生的思维和兴趣	□	□	□	0.10
7. 应用了强化手段，突出重点（如彩笔）	□	□	□	0.20
对整段微格教学片断的评价：				

二、板书技能训练反思

板书技能训练反思表如表 7-8 所示。

表 7-8 板书技能训练反思表

课后自评	
同组评议	
教师评价（2+2 评价法）	
问题思考	1. 请根据自己的理解，用自己的话给板书技能下一个定义； 2. 请你谈谈板书技能的特点和意义； 3. 请你谈谈板书技能可分为哪些类型； 4. 请你谈谈板书技能的作用； 5. 请你谈谈如何把板书技能很好地应用在信息技术教学中

◀知识链接

板书简史①

板书的确切的起源，已无从查考，我们所能知道的是中国板书的历史应该晚于西方。尽管中国的教育史可追溯到先秦，甚至更早，但在中国古代，无论私学还是官学，都没有使用黑板和板书的记载，即使到了近代，也没有这方面的文字记录。例如，鲁迅就读的“三味书屋”就不设黑板，当然也不可能有板书。中国出现黑板和使用板书，应当是在 20 世纪初班级授课制在中国建立以后。相对而言，西方一些发达国家出现黑板和使用板书的时间要比中国早得多，在 19 世纪初就有了明确的记载。1809 年在费拉德尔菲亚（即今费城）出现的算术书中说：“三英尺见方的板，涂上墨水，放挂在适当的地方。班级里的学生，围在它的周围学习。”亨利·巴纳德于 1813 年在波士顿的算术学校里首次看到黑板的实物，他作了如下的描述：“一进入教室，使我吃惊的是，墙上挂着一块巨大的黑板。在黑板下方的槽里，摆着一束粉笔。我过去从未听过有这样的东西。”

中国有黑板与板书的记载最早见于 1902 年的《钦定学堂章程》，其中就有“应备黑板”的规定。1912 年教育部公布的《师范学校规程》及《师范学校课程标准》都明确规定要学生掌握“黑板写法”，并于 1914 年在《视察京师公私立各学校通告书》中对雏形的板书予以嘉许：“提示生字于是黑板，俾各生轮认以引其注意，尚属得要。”鲁迅先生把板书比作活的电影，认为“用活电影来教学，一定比教员的讲义好”。鲁迅不但说，而且身体力行，其在绍兴府中学堂工作时就“有时使用图表”来教学。此后，有诸多的语文教育研究者提到板书，有的还作了较为详尽的阐释，如 1929 年陈柱尊的《高中以上国文讲授》、1941 年 8 月蒋伯潜的《中学国文教学法》、黎锦熙的《新国文教学法》等。图 7-5 和图 7-6 分别展示的是陈柱尊《高中以上国文讲授》和蒋伯潜在《中学国文教学法》中设计的两幅图表。

① 引自：潇湘婉儿（2011）。

杜甫《前出塞》九首

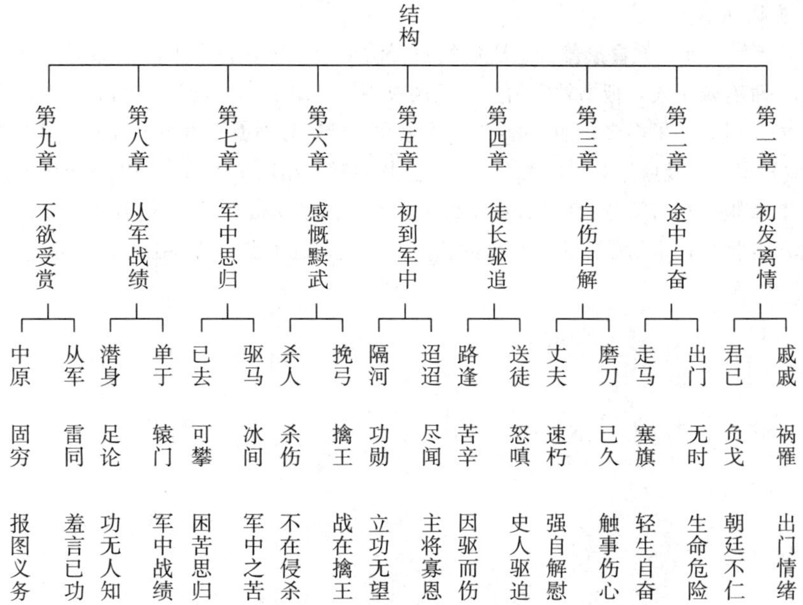

图 7-5　高中以上国文讲授板书示意图

韩愈《画记》结构图表

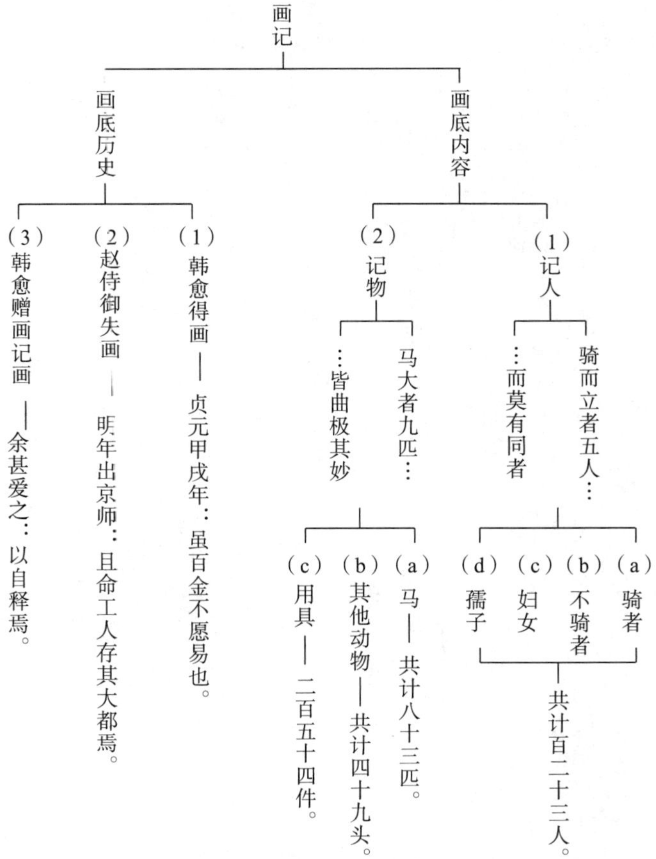

图 7-6　中学国文教学法板书示意图

很显然，这两则图表式板书已基本具备现代板书的基本要素，但与现代板书要求相比，显得机械刻板了一点，趣味性不足。

20 世纪 50 年代，苏联教育家普希金所创的教授法传入中国，各中小学教师更进一步认识到板书是进行教学的一种有效手段，板书教学引起广泛的重视。20 世纪 80 年代后期到 90 年代中期，板书研究达到一个高潮，研究成果颇多，如 1985 年钟为永和王世臻分别编写出版了《中学语文板书设计》和《小学语文课堂板书设计及应用》。到了 1990 年，王松泉教授出版了国内第一本系统研究板书艺术的理论专著《语文教育板书学》，1995 年他在此基础上，又写出了《板书学》。这两本专著是对我国板书发展史的一个总结与概括，也为后来板书教学的研究与实践奠定了良好的基础。

第八章　变化技能

有经验的教师经常会提到“教无定法，教有佳法”的说法，他们总是根据变化的环境和条件，因材施教、因势而导、因情而变。其实这里教师强调的就是变化的作用，而变化技能无论在国内还是国外的课堂教学活动中，都是非常重要的一项教学技能。

第一节　变化技能介绍

一、什么是变化技能

教学方式的多样化使教学效果更良好，多样化教学与教学活动的变化有关，即教师在自身教态、教学媒体、师生活动三个方面的变化。变化技能在上述三个方面交织在一起，其优点在于认真而有目地把这些组成部分综合运用，对保持学生的注意力，激发学生的兴趣及提高学生认知水平有很大作用。所以微格教学中的变化技能是指在课堂教学中，教师利用个人动作、声音、眼神的变化以及教学媒体和师生活动的变化，达到减轻学生疲劳，引起学生的注意和兴趣，维持正常的教学秩序以及提高教学效率的一种教学技术能力。

美国斯坦福大学的德怀特·艾伦（D. W. Allen）教授和伊芙（W. Eve）根据经验和对教师行为的分析，将教学技能分为十四种，“变化刺激”即变化技能位居首位；英国学者特罗特（Trott）在进行微格教学的研究和实践时，将教学技能分为六种，其中变化技能也位居第一；日本东京大学教学技能九种分类中包含变化技能且位居第三；澳大利亚悉尼大学教学技能十种分类中含有变化技能且位居第三。原国家教委在1994年下发的《高等师范学校学生的教师职业技能训练大纲》中，把教学工作技能分为五类：教学设计技能、使用教学媒体技能、课堂教学技能、组织和指导课外活动技能、教学研究技能。其中在课堂教学技能中，又设定了包含变化技能在内的九项教学技能。北京教育学院微格教学课题组划分的十项教学技能中，变化技能位居第五。从上面的数据可以看出，变化技能在国内外的课堂教学技能中都被认定为是一种必修的基本技能，也是一项十分重要的技能。

二、变化技能的作用

(1)激发并保持学生对教学活动的注意。注意力是学生学习的一个比较重要的决定因素。因此，教师在课堂上使学生注意是教学成功的重要条件之一。学生的注意力是在学习过程中形成的。教师给教学内容增加一些刺激因素，可以起到指导和控制学生注意的作用。在引起学生无意注意、唤起他们的有意注意时往往需要教师动用变化技能来实现。比如，教师讲课声调的抑扬顿挫、演示操作的技巧、教学活动方式的灵活多样、板书的独特新奇等，都可以引起学生的无意注意，使学生的注意力集中稳定。当讲到重点、难点或关键点时，教师采用一定方式进行强调和提醒，可以唤起学生的有意注意，使他们的注意有明确的指向。

在课堂上，学生只靠无意注意学习，难以完成学习任务；若过分要求他们依靠有意注意来学习，则易引起疲劳，导致涣散。在教学中，教师应考虑使学生的上述两种注意有节奏地交替转换。在引导学生的注意做交替转换时，常常需要运用变化技能。

(2)激起学生的学习兴趣。多样化的教学方式和学习活动能够激起学生的学习兴趣，使他们精神振作。学生学习各类知识，在很多情况下是从感知开始的。在教学活动中，教师按照感知规律提高学习的感知效果是非常重要的。一般来说，人在几种感官协同活动下，才能获得对客观事物的全面了解。从信息传输理论上看，各种信息传输通道传递的信息效率是不同的，产生疲劳的程度也不同。在教学中，教师运用变化技能适当地变换信息传输通道，可以有效、全面地向学生传递清晰而有意义的教学信息，使学生较好地领会和理解知识。

(3)为不同水平的学生创造参与教学活动的条件。教师引导学生主动参与教学，是启发式教学的特点。而引导学生主动参与教学的前提，是教师呈现给学生的教学内容必须能引起学生的思考和反应。由于学生在认识水平和学习能力上存在着差异，不同的学生对各种信息传递方式的接受程度是不相同的。教师在向学生呈现教学内容时，运用变化技能有针对性地对不同水平的学生采取不同的表述方式，就能使学生比较顺利地接受信息、进行思考并做出反应。采用灵活变化的方式进行教学，可以调动更多的学生积极主动地参与课堂教学活动。

(4)有助于形成生动、愉快、和谐的课堂气氛。教师运用变化技能可以把课堂变得充满生气，既能显示出教师的学识和能力，又能体现循循善诱、诲人不倦的师德，还有利于师生间的感情交流，形成愉快、和谐的课堂气氛。可以说，变化技能的运用是形成教师教学个性与风格的主要因素之一。

三、变化技能的分类

被广泛认可的变化技能分类方式即按照其组成部分进行分类。第一部分涉及教师的教态，包括声音、眼神和动作的变化。

1. 声音的变化

课堂教学声音的变化主要指教师在课堂教学中口头语言的变化，通过音量、语调、音色、语气、节奏等的变化来实现。这些变化对吸引学生的注意力有显著效果，可使教师的讲述更加生动、富有感染力。还可以突出重点、引起重视、加深印象。有经验的教师教学时声音时而洪亮如钟，时而娓娓道来，时而声调上扬，时而低沉凝重，时而欢快，时而悲切，让学生沉浸在教学知识中，被教师吸引。

声音变化案例描述：与鼠标交朋友（小学三年级）

师："大家安静，大家安静哦！（声音洪亮，吸引学生注意力）我来考考谁的耳朵最灵敏，听听这是什么动物的叫声？（音调降低）如果还有同学没有听清我现在说的悄悄话，那么一定听不到这个叫声！（语速变慢，观察学生反应）"

生：状态嘈杂，在老师的引导下，逐渐恢复安静。

师：播放老鼠的叫声的媒体素材，然后问大家这是什么动物。

生："是老鼠，开始有讨论老鼠的主题，课堂开始嘈杂。"

师："这是什么叫声啊？'吱吱吱，唧唧唧'是什么啊？（音色变化，模仿老鼠叫声）我知道，在平时生活中，老鼠是很不招惹大家喜欢的，大家听过：'老鼠过街，人人喊打'，老鼠都干过什么坏事啊！（气愤的语气）"

生：回答老师提问。

师："张伟同学回答得非常不错，杨瑞同学也说得很好（满意的语气），但是老师今天要让大家和一个像老鼠的部件做朋友！就是鼠标。鼠标是一个好帮手，可以帮我们告诉计算机想让它做什么，这样计算机就可以乖乖地听我们的话了。（声音洪亮，快乐）"

生："怎么做呢。"

师："要和一个人做朋友，我们必须熟悉他的想法，习惯，对不对？那我们先来了解一下我们身边的这个小朋友，鼠标！（语言舒缓）"

【案例点评】

本片段以教师声音大小吸引学生注意力，以老鼠叫声引出老鼠的恶习，而抛出和老鼠做朋友的话题，引发学生的情感冲突，从而新课题展现出来。教学过程中音量、语调、音色、语气、节奏等的变化为新课题的展现做好了铺垫。

2. 眼神的变化

意大利艺术家达·芬奇说过，"眼睛是心灵的窗户。"而眼神则是透过窗户传递出的内心世界的本质，它是面部表情中最富有表现力的部位。在教学过程中，眼神是一种更为复杂、深刻、微妙、更富有表现力的课堂非语言表达。有效运用眼神能弥补口头语言的不足，能够表达许多用有声语言不易表达的复杂、微妙的信息和情感，眼神具有神奇的力量，能激发学生的爱憎，能使学生产生振奋，给学生以希望。讲课时教师要面对全班学生，运用注视全班和注视部分学生、个别学生相结合的方法，要与每个学生都有目光接触。目光接触可以表达教师对学生的期待、鼓励、唤醒、探询、肯定、赞许等情感，也可以表达对学生的暗示、警告、批评或提示等。从目光接触中教师还可以获取信息，了解学生的兴趣和理解程度。

眼神变化案例描述：

师："用一种柔和而期待的眼神环视全体学生，这时候学生能从我的眼神里读懂老师是期待他们安静下来的，迅速进入上课状态。当教学过程中发现有学生违反课堂纪律时，教师的一个眼神有时要比说上一句话更起作用。有一次我在上课的时候发现有个同学在拨弄手机，没有立刻点名批评，只是用眼睛告诉他违反课堂纪律了。他发现我看他，不好意思地把手机放进衣兜里，开始认真听讲了。"

师："在讲授知识点时，设定与课本感情色彩一致的眼神，并且适时适当地变化，收到事半功倍的效果。"

师："上课时总会有一些不能够大胆回答问题的学生，我总是用一种比较温馨期待的目光去鼓励他们，经过多次的鼓励和肯定，他们的胆量变得渐渐地大了，使我的课堂气氛变得活跃起来。学生问问题时，很可能会存在这样或那样的不足，对此我采取以肯定的眼光去看待他们，给予他门鼓励，为他们树立信心和勇气，去面对学习上的种种困难。"

师："询问的眼神有利于反馈、调节教学。教师在授课时，可以用询问的眼神引导学生。"

【案例点评】

本片段是教师回顾自己用眼神维持课堂秩序，交流师生情感，鼓励赞许学生的例子，通过眼神的变化达到普通口头语言无法达到的效果。在使用眼神时，正视表示庄重、诚恳；斜视表示轻蔑；环视是与学生交流；点视具有针对性和示意性；仰视表示崇敬和傲慢；俯视表示关心和忧伤；虚视可以清除紧张心理等。

3. 动作的变化

动作的变化包括面部肌肉、双手、身体距离等的变化。面部肌肉的变化即俗称的面部表情。面部表情是人类社会的一种"世界语"，一个人的喜、忧、怒、悲、恐、惊全部可从面部表情上反映出来。著名作家罗曼·罗兰说过，面部表情是多少世纪培养成功的语言，是比嘴里讲的复杂千百倍的语言。所以，教师在课堂上如能针对出现的不同情况，运用好面部表情，就可能有效地调节课堂气氛，提高教学效果。例如用伴随点头的微笑鼓励学生再接再厉。

双手的动作变化又俗称手势。在课堂教学中准确适度地运用手势，既可以传递思想，又可以表达感情，还可以增加有声语言的说服力和感染力。例如教师在课堂中讲述内存大小时，可以用手比划的方式直观地让学生想象。教师在课堂教学中应把手势运用的简练、适当、自然、协调、多样。

人际间的距离也有信息意义，也是一种无声的体态语言。在课堂教学中，教师在课堂所处的位置不同，与学生的远近不一，会给学生不同的心理感觉，产生不同的效应。有研究表明，当教师站在距离学生 2～3.5 米的地方，就会产生一种控制效应。如果某个学生不注意听讲或出现行为不当的时候，对待这种行为，教师表露出开始向这个学生走去的意向，就会使该学生不当的行为迅速改变。在课堂上，教师讲解重点内容时，可以走入学生的空间领域，对学生是一个很好的督促作用。教师身体位置的变化，走动要轻而缓，姿态大方自然，以不分散学生注意力为宜。

变化技能的第二部分涉及教学媒介的变化，要求学生把不同的感觉器官作为交流的主渠道，包括视觉、听觉、触觉的变换。

(1)从教师的个人讲解法变化到视听法。视觉通道和视觉教学媒体是多种多样的，有板书、图表、照片、幻灯片、模型、实物、演示实验、录像及电视、电脑软件等。视觉媒体具有直观、形象、生动的特点，很能吸引学生注意力，激发其兴趣。当然，只使用视觉媒体，或仅使用一种视觉媒体，容易使学生感到疲劳，应注意科学合理地变化。运用视觉媒体的变化配合教师的讲解、演示，对学生理解知识有很大的帮助和促进。

听觉通道和媒体听觉通道传递教学信息的效率虽不如视觉高，但学生不易疲劳，且能为学生思考、想象留有余地。听觉通道通常占课堂教学的70%。听觉多样化也可以采用变化教学材料和教学手段来达到效果，在教学过程中，教师可以有目的地采用真实的或录制的声音来使学生产生听觉多样化的感受。当前使用的许多教学媒体都是视听结合的，在教学中，将一些视听媒体与教师的讲解、提问交替使用是完成教学任务的主要方式。视听结合的多样化也可以采用视听手段例如多媒体电脑中播放的视频信息来引入，早期的教师也会采用电影、电视等手段达到。例如教师利用电视手段复习课程中的重要内容。

在教学过程中凡是采用了图表、图片、照片等实物的变化活动都会使学生受益匪浅。早期的视觉多样化可以采取运用投影、幻灯片等手段达到，但现在教师一般会使用数字展示台或者视频展示台来帮助学生视觉上捕获真实的影像。

(2)从教师的个人讲解法变化到触觉法。触觉变化是教师给学生提供接触和操作教学实物、材料的机会，其中包括让孩子们制作某种东西。这些通常和视听多样化同步进行，这些多样化包括单个学生或学生小组。在小学里运用触觉多样化的机会极多，例如在学习计算机硬件系统中，有条件的中学会让学生分组，每个小组拆卸一台计算机，每个同学就可以仔细观察计算机内部的组成部件；在Word排版的授课过程中可以安排学生做电子板报的实验，给学生提供机会自己制作并讲述电子板报的特点。

多样化技巧的最后一个组成部分是变化交流方式，即师生间相互作用的变化和学生活动的变化。在课堂上，教师、学生、教学内容三者之间存在着相互作用。在教学过程中进行着一系列活动，每个活动都可能以教师与全体学生、教师与个别学生、学生与教师、学生与教学内容、学生与学生之间相互作用的方式进行。相互作用的变化主要有师生交流方式的变化和学生活动方式的变化，相互作用的变化可以促进学生的学习。

在教学中，教师应采用多种方式与学生交流，如让学生回答问题、发表意见、提出疑问等，都是为了解学生的想法和存在的问题。教师还应根据需要安排学生小组讨论、个别自学、实验操作等，激发学生的学习主动性，让学生练习、讨论问题和听取别人的意见。

师生相互作用的变化可以通过若干途径达到：一种方法是学生脱离教师，独立进行活动；另一种是教师掌握整个局面，学生只是被动听讲。这两种极端的方式之间存在多种可能性，比如教师可以采用提问的方式和一组学生交流，或者和个别学生进行对话，也可以采用说明、演示的方式让学生相互交换意见。例如：在三年级的信息技术课中讲画图，教师先和全班同学交流，然后学生分成若干小组，学生在组内相互交流，并分别单独和教师交流。教师运用启发性教学材料来鼓励学生开展小组讨论以变化交流方式。除了变换师生交流方式，教师还应该变换学生从事的活动，例如在一节课里可以让学生听讲、讨论、思考、表演、写作、构图、绘画。

四、典型案例介绍

1. 变化技能案例方案

图形变化真奇妙教学教案一

教学对象：小学三年级学生

科目：信息技术教育

课题：图形变化真奇妙——画图软件入门

主要的教学技能：变化技能

教学目标：

(1)知识与技能。进一步掌握“编辑”菜单中的“复制（C）”和“粘贴（P）”命令；了解“图像”菜单中“拉伸、扭曲”的使用方法；掌握“图像”菜单中“翻转/旋转”命令的使用方法。

(2)过程与方法。培养学生观察问题、分析问题和解决问题的能力；培养学生自主学习、互相协作的能力。

(3)情感态度与价值观。与美术学科相结合，利用电脑绘画的优势，鼓励学生创作具有个性和想象力的作品；认识到学习中的技巧，培养学生认真思考的意识；提高学生的审美情趣，激发学生学习计算机的兴趣；发展学生的创新思维。

教学重点：学会翻转或旋转图形；学会拉伸和扭曲图形。

教学难点：在实践中合理运用“翻转和旋转”、“拉伸和扭曲”图形的方法。

教学过程：如表 8-1 所示。

表 8-1　图形变化真奇妙教学教案一①

分配时间	教学环节	教师的教学行为	学生的学习行为	教学技能
3 分钟	导入	**师**：“同学们好，从前有一个眼睛先生，他有一个绝活，‘变脸’，同学们请看（计算机展示 86 页图片），你们看有意思吗？你们想不想也试一试？”	**答**：“这些作品，它们有着相同的形状，但颜色、大小或方向不同。”	导入技能
		问：“请你们仔细观察一下，这三幅画有什么相同特点和什么不同地方？”	**答**：“长得一样……” **答**：“对称……” **答**：“翻了一面……”等等	变化技能之教师声音、语言变化
		问：“我们怎样来得到其他的图片呢？你有什么想法？”	同学找到复制，粘贴的办法	
		问：“你怎样可以把‘眼睛先生’请到你的电脑中。”	**练习**：在教学光盘中找到图片，然后复制到自己程序中	
10 分钟	内容讲解	（1）翻转、旋转 **师**：“请同学们看一看第二幅图，它用翻转旋转画出来的。”	学生观看教师演示后操作	

① 引自：侯艳忠（2011）。

续表

分配时间	教学环节	教师的教学行为	学生的学习行为	教学技能
		师："老师给大家演示一遍图形的翻转，同学们要仔细地观察。待会老师要同学们自己操作哦。" 演示完成之后、学生操作 （2）拉伸、扭曲 **师**："请同学们看一看第三幅图，它用拉伸和扭曲旋转画出来的。" **师**："老师给大家演示一遍图形的拉伸和扭曲，同学们要仔细地观察。待会老师要同学们自己操作哦。" 演示完成后，学生操作 教师总结：同学们画得很好，我们在生活中也要多观察，勤思考	学生观看教师操作，然后自己操作	
6 分钟	练习	试一试： 打开《飞翔》，对小鸟进行操作，使其变换各种姿势飞翔。并起一个好听的名字保存	学生进行操作，老师进行指导 学生汇报自己的学习成果(先在小组内进行，然后每组选出一人向全班介绍)，同学间互相比较，取长补短，修改自己的图画	
3 分钟	总结提升	**师**："同学们，在这节课中，你学到了那些知识。" **总结**："同学们的想象力可真丰富，这节课我们学习了'翻转和旋转'、'拉伸和扭曲'的方法。它能帮助我们快速创作出许多漂亮的图案比如风车，小猫钓鱼。今后我们可以用这些方法创作出更多的图画。大家想想该如何画呢?"	学生进行汇报，小结 学生观察，并说出怎样画	

图形变化真奇妙教学教案二

教学对象：小学三年级学生

科目：信息技术教育

课题：图形变化真奇妙

主要的教学技能：变化技能

教学目标：

(1)知识与技能。进一步掌握"编辑"菜单中的"复制（C)"和"粘贴（P)"命令；了解"图像"菜单中"拉伸、扭曲"的使用方法；掌握"图像"菜单中"翻转/旋转"命令的使用方法。

(2)过程与方法。培养学生观察问题、分析问题和解决问题的能力；培养学生自主学习、互相协作的能力。

(3)情感态度与价值观。与美术学科相结合，利用电脑绘画的优势，鼓励学生创作具有个性和想象力的作品；认识到学习中的技巧，培养学生认真思考的意识；提高学生的审美情趣，激发学生学习计算机的兴趣；发展学生的创新思维。

教学重点：学会翻转或旋转图形；学会拉伸和扭曲图形

教学难点：在时间中合理运用"翻转和旋转"、"拉伸和扭曲"图形的方法。

教学过程：如表 8-2 所示。

表 8-2 图形变化真奇妙教学教案二[①]

分配时间	教学环节	教师的教学行为	学生的学习行为	教学技能
3 分钟	导入	**师**：“同学们好，从前有一个眼睛先生，他有一个绝活‘变脸’，同学们请看（计算机展示 86 页图片），你们看有意思吗？你们想不想也试一试？”	**答**：“这些作品，它们有着相同的形状，但颜色、大小或方向不同。”	导入技能
		问：“请你们仔细观察一下，这三幅画有什么相同特点和什么不同地方？”	**答**：“长得一样……” **答**：“对称……” **答**：“翻下面……”等等	变化技能之教师声音、语言变化
		问：“我们怎样来得到其他的图片呢？你有什么想法？”	同学找到复制，粘贴的办法	变化技能之师生互动变化
		问：“你怎样可以把“眼睛先生”请到你的电脑中。”	**练习**：在教学光盘中找到图片，然后复制到自己程序中	
10 分钟	小组协作	(1) 翻转、旋转	学生自学、实践	
		师：“请同学们看一看第二幅图，它用翻转旋转画出来的。”	在书中找到相应的内容。个人自学，实践	
		师：“今天老师想请同学们自学用“翻转、旋转”的办法快速画出来。”		
		师：“如果你们在画的过程中遇到问题，怎么办呢？老师教给你们几种方法：①问书本；②问同学；③问老师；④多探索。”	然后小组讨论	
		师：“同学们，谁来向大家展示你的学习成果。”	由学生来利用教师机，通过育典教学系统来进行操作一的演示（翻转）	
		师：“谁来完成操作二旋转？” 指导学生注意选项	学生独立来进行操作二的演示（旋转）	
		(2) 拉伸、扭曲 请同学们看一看教材里拉伸、扭曲这部分内容，完成操作 3 和操作 4	学生通过书本，自己学习拉伸扭曲	
		师：“同学们学得真好，那咱们来比一比，看谁学的快，学得好。” 教师总结：“同学们画得很好，我们在生活中也要多观察，勤思考。”	学生汇报自己的学习成果（先在小组内进行，然后每组选出一人向全班介绍）	
		试一试： 打开《飞翔》，对小鸟进行操作，使其变换各种姿势飞翔。并起一个好听的名字保存	学生进行操作，老师进行指导。 同学间互相比较，取长补短，修改自己的图画	变化技能之学生视听及触觉变化
3 分钟		**师**：“同学们，在这节课中，你学到了哪些知识。在这节课中，你觉得谁值得你学习？学习什么？”	学生进行汇报，小结 学生观察，并说出怎样画 完成课后读一读	
		总结：“同学们的想象力可真丰富，这节课我们学习了‘翻转和旋转’、‘拉伸和扭曲’的方法。它能帮助我们快速创作出许多漂亮的图案比如风车，小猫钓鱼。今后我们可以用这些方法创作出更多的图画。大家想想如何画呢？”	学生自主操作	

2. 案例点评

(1)教师教态变化方面，案例二中，教师声音、动作变化比起案例一中更加丰富。能够抓住小学生的兴趣，激发学习热情。

---

① 引自：侯艳忠（2011）。

(2)教学媒介变化方面，案例二中更注重学生的自主学习能力。学生能够通过自己的触觉感知不同的学习过程与方法，更能体现学生的自主性。而在案例一中，主要是教师讲解演示之后学生操作，学习形式比较单一，学生不容易集中注意力。

第二节　变化技能训练

一、技能应用须知

在变化技能训练过程中，利用各种多样化程序时，教师必须考虑以下五个特性。

(1)目的性。所有的变化必须达到教育目的而谨慎采用，大量令人迷惑不解的变化与教学内容或与教学目的若即若离的花架子会导致思维混乱，把学习引入歧路。在变化技能训练的教学设计中，应该在备注中注明变化的目的，帮助训练者明确是否能够达到效果。

(2)意义性。在考虑学生的能力和兴趣的前提下，受训者应该挑选富有意义和挑战性的变化，即变化的效果明显并能达到积极意义。要针对学生的认识水平、能力、兴趣以及教学内容和学习任务的特点选择恰当的变化方式。

(3)连贯性。多样化手段的采用必须具有连续性，以保证教学顺畅进行。在变化的开始和结束应该有承上启下的关键步骤做衔接，既让学生觉得过渡自然又让学生很快明白教师的意图，迅速进入下一环节的教学活动。

(4)计划性。多样化手段必须在课前尽可能精心设计，而且根据学生的反馈灵活采用，即预先备课。虽然说教无定法，但是一个好的教师是有备而来，对不同的课堂情况作出周到的预测并设想相应的对策，在教学中采取的主要变化方式要在课前做好计划，但有时还需要根据课上的具体情况，及时、灵活、自然地运用变化技能，帮助学生理解知识或解决疑难。

(5)适度性。教师运用变化技能要适度、有分寸，不宜夸张。授课不同于表演，尤其是教师教态变化的强度和幅度都要恰当，否则会喧宾夺主，产生消极作用。

二、训练可选题目

1. 题目 1：Windows 窗口变变变

可选教学设计如表 8-3 所示。

表 8-3 Windows 窗口变变变教案①

分配时间	教师的教学行为	应用教学技能要素	学生的学习行为	应用教学媒体、板书
3 分钟	导入："同学们，我们在第二课时已经学习了 Windows 桌面，那有没有同学知道 Windows 是什么意思呢?"	引起注意	集中注意力，认真听讲	自制 PPT 演示文件
	师："Windows 的中文意思是'窗口'，在我们使用画图程序、玩纸牌游戏时，屏幕上会出现一些方框，我们把这些方框叫做'窗口'，我们通过这些'窗口'同电脑交流。为了更好地与电脑打交道，我们需要同'窗口'交个朋友，学会指挥'窗口'，只要你掌握了正确的方法，'窗口'会很听话的。让我们先和'窗口'认识一下吧。"	声音、眼神的变化。教师互动变化		Windows 窗口展示
5 分钟	课堂讲解："同学们，老师要考考你们的自学能力了，你们先对着课本认识窗口的名称，接下来我们要对大家进行反应速度测试，看哪个小朋友又快又准。"	师生互动变化，教学媒体变化，学生自主探究	学生自主学习	
	反应速度测试：教师说窗口部件名称，学生试用鼠标指针指向各部件，观察有什么现象发生。然后教师讲解并演示最大化和最小化、关闭的操作	教师声音变化、师生互动变化	集中注意力根据教师的口述指出各部件	
3 分钟	**师**："我们认识了窗口这个朋友，可不能忘了他的伙伴呀，我们一起来认识窗口的伙伴——任务栏。"	教师声音变化，教学媒体变化	认真听讲	PPT 切换
	(1) 介绍"任务栏" (2) 让学生打开一个窗口，观察任务栏变化，理解任务栏和窗口的联系。介绍任务栏"窗口按钮" (3) 让学生同时打开纸牌和扫雷窗口，在任务栏交替单击"纸牌"和"扫雷"窗口按钮，观察任务栏窗口变化和桌面上窗口变化。	引起注意声音、眼神的变化。师生互动变化	动手操作	
3 分钟	巩固练习：根据第 43 页"窗口变化练习"的要求进行探究活动		学生练习	

2. 题目 2："小老鼠"画图

可选教学设计如表 8-4 所示。

表 8-4 "小老鼠"画图教案②

分配时间	教师的教学行为	应用教学技能要素	学生的学习行为	应用教学媒体、板书
3 分钟	**师**："同学们，喜欢画画吗?" **师**："老师给大家看看你们的哥哥姐姐画的画，你们看好看吗?（展示作品，学生欣赏）你们想不想自己也画这么好看或者更好的画?" **师**："大家看这些这么好看的画，其实它们都是我们的'小老鼠'画出来的。今天我们就来学习用小老鼠画图。"	引起注意 声音、眼神的变化。师生互动变化	集中注意力，认真听讲。 **学生**："喜欢。" 学生欣赏 **学生**："想。"	自制 PPT 演示文件

① 引自：刘东宇（2011）。

② 引自：梁鹏（2011）。

续表

分配时间	教师的教学行为	应用教学技能要素	学生的学习行为	应用教学媒体、板书
3 分钟	1. 打开“画图”程序 (1) 师：“Windows 系统中已经有一个可以画图的软件，它的名字叫‘画图’，隐藏在‘附件’当中，你能找到它、打开它吗?” (2) 教师巡回检查； (3) 提问找到并打开“画图”程序的过程、方法	师生互动变化，教学媒体变化，学生自主探究	学生自主学习 学生自己尝试找出并打开“画图”程序 学生自主探究，师生沟通	
3 分钟	2. 了解“画图”窗口 (1) 让学生自由观察打开的“画图”窗口，交流自己的发现； (2) 让学生结合课本插图，重点观察“画图”窗口中的工具箱、颜料盒、工作区。把书上相关语句勾画出来； (3) 抽生交流：工具箱、颜料盒、工作区在我们画图的时候分别有什么作用?	教师声音变化，师生互动变化	学生观察 学生回答	PPT 切换
3 分钟	3. 认识工具箱 (1) 让学生观察工具箱，数一数，一共有多少种工具，猜猜它们的名字； (2) 让学生自由读课本 29 页 1、2 两段文字，利用图 5-2，看书上告诉我们用什么办法知道工具的名字； (3) 教师考学生几个常用工具的名字。想想它们各有什么作用?	教学媒体变化	学生练习 学生阅读 两人一组，合作完成“试一试”，用书上的方法试探各按钮的名称，并写在括号里	PPT 切换 画图软件界面
3 分钟 3 分钟	4. 尝试选择工具 (1) 师：“电脑给我们提供了这么多的工具，我们首先要选择一个适合的工具，我们先来尝试用铅笔画图。” (2) 师生一起明确：用鼠标点击“铅笔”按钮，按钮仿佛凹下去了，鼠标指针变成了铅笔，并且可以用它在“纸”上画图 教师总结：选择“用颜色填充”“取色”“铅笔”工具时，只是按钮发生变化，选择其他工具时，工具栏下面的灰色小块中会出现更多的东西，这是这些工具的辅助选项。画图时，结合使用，功能更多	师生互动变化，教学媒体变化	学生看书，分步尝试选择铅笔画图，边尝试边说自己的发现 学生练习 学生用铅笔在“纸”上模仿画走路的人、小鹿；尝试选择、使用其他工具，观察工具栏中的变化，注意体会其他工具的不同作用	切换画图软件界面 PPT 切换

请根据上述教案建议准备变化技能的训练，在训练时也可根据自身特点按照题目要求自行设计教学方案或修改教学方案，但需要注意在教案撰写过程中突出变化技能的训练重点。例如，教师眼神变化、教师互动变化、教学媒体变化、教师声音变化等。

三、实验报告

变化技能实验报告表如表 8-5 所示。

表 8-5　变化技能实验报告表

<table>
<tr><td>实验目的</td><td colspan="4">1. 能够合适地把教态的变化，如声音、眼神、动作等变化应用在教学中；
2. 能够恰当地变换教学媒体和手段；
3. 课堂教学形式有恰当的变化激发学生学习兴趣</td></tr>
<tr><td>实验用具</td><td colspan="4"></td></tr>
<tr><td rowspan="4">实验过程</td><td>课题名称</td><td></td><td>授课对象</td><td></td></tr>
<tr><td>实验地点</td><td></td><td>授课总时</td><td></td></tr>
<tr><td>教学目标</td><td colspan="3"></td></tr>
<tr><td colspan="4">【此处可以粘贴微格教案】</td></tr>
<tr><td>实验结论</td><td colspan="4"></td></tr>
</table>

第三节　教学技能评价与反馈

一、变化技能评价量表

变化技能评价表如表 8-6 所示。

表 8-6　变化技能评价表

评价项目	评价等级			权重
	好	中	差	
1. 能引起注意，有导向性	□	□	□	0.10
2. 能强化教学信息传递	□	□	□	0.10
3. 能有效激发学生兴趣	□	□	□	0.10
4. 声音节奏、强弱变化适当	□	□	□	0.15
5. 手势、动作变化自然适当	□	□	□	0.15
6. 变化教学媒体、课堂生动活泼	□	□	□	0.15
7. 师生相互作用变化	□	□	□	0.15
8. 面对突发情况，能应变自如	□	□	□	0.10
对整段微格教学片断的评价：				

二、变化技能训练反思

变化技能训练反思表如表 8-7 所示。

表 8-7　变化技能训练反思表

课后自评	
同组评议	
教师评价（2+2 评价法）	
问题思考	1. 根据自己的理解，请用自己的话给变化技能下一个定义； 2. 请你谈谈变化技能的特点和意义； 3. 请你谈谈变化技能可分为哪些类型； 4. 请你谈谈变化技能的作用； 5. 请你谈谈如何把变化技能很好地应用在信息技术教学中

◀知识链接

教学媒介①

教学媒介（teaching medium）一词，最初仅仅是指美国 20 世纪 60 年代出现的教学机器。现在，它泛指任何用来传播知识的通讯手段，包括教材、教学参考资料等印刷材料，还包括模型、图片、幻灯片、录音机、录像机、电影、电视等视听辅助设备。

关于教学媒介，有很多不同的分类方法。《美国教育大百科全书》中将教学媒介分为四种类型：①印刷材料，如书、杂志、小册子等；②图示媒介，包括图表、地图、公告牌显示和投影器；③照片媒介，如照片、幻灯片、电影等；④电子媒介，包括录音和录像设备等。

也有人将教学媒介分成五类，如乔拉奇（V. S. Gerlach）等著的《教学与媒介》中将教学媒介分成：①实物和人；②投影视觉材料；③听觉材料；④印刷材料；⑤演示材料。

我们根据教学媒介作用的感觉通道，将教材之外的教学媒介分成如下四类：①非投影视觉辅助，包括黑板、模型、实物等；②投影视觉辅助，包括幻灯机、投影器及其辅助设备等；③听觉辅助，如录音机、放音机、收音机等；④视听辅助，包括电影、电视和录像等。

① 引自：Ccc62383232（2011）。

第九章　结束技能

结束在课堂教学中处于十分重要的位置，可以说是一堂课的点睛之笔。恰当地设计课堂的结束，不仅可以达到纵览全课要领，完善知识体系，巩固课堂所学知识的目的，还可为后续知识学习埋下伏笔，激发学生进一步探索学习的兴趣，产生强烈学习愿望。如果不注意设计课堂的结束，就等于只顾耕耘，不管收获，不仅反映了教师的教学虎头蛇尾，更重要的是降低了教学效果、影响教学质量。所以，对结束环节要认真研究和探讨，其技能的培养尤为重要。

第一节　结束技能介绍

一、什么是结束技能

结束，是课堂教学活动进行的终端，是师生间在一堂课中情感共鸣的最后一个音符。它是一种在教学将要结束时教师引导学生对所学知识与技能进行及时地总结、巩固、扩展、延伸与迁移的教学活动方式。其技能体现在归纳总结、领悟主题、设计实践活动、转化升华和设置悬念的技巧和能力上。结束技能运用得当，可使学生对所学知识和技能及时地进行巩固和运用，使新知识有效地纳入学生的认知结构，其心理学任务是使学生保持旺盛的求知欲和浓厚的学习兴趣，从而取得课虽尽而趣无穷的教学效果。

一个巧妙合理的结束被人们称为结束的艺术，能使学生对全课的教学内容获得明晰的印象，并能起到开拓学生视野，引起联想和思索以及产生画龙点睛、巩固知识、启迪智慧的结果。好的结束方式正像高妙的琴师，一曲虽终却余音绕梁，不绝于耳。正如袁微子先生所说："成功的结尾教学，不仅能体现教师的技巧，而且学生会主题更明，意味犹存，情趣还生。"

结束技能常用于一节课的结尾。但是，课堂教学中任何相对独立的教学阶段都需要应用它，小到讲授某个概念、某个新问题的完结，大到一个单元或一章教学任务的终了。结束阐述的一般形式和内容如下所示。

(1)重述课堂中提到重要的事实、概念和规律，概括、比较相关的知识，使新知识能够和学生的认知结构建立新的联系，形成知识网络。强调课堂中所学新知识的重要性和重点，使学生学到的新知识更加清晰、简明、准确和系统。

(2)总结教学过程中的思维过程和解决问题的思路，使学生理解学科思维方式的特点和学习的方法，促进学生思维能力和自学能力的发展。

(3)在教师的引导下学生参与评价活动，使学生领悟所学内容的思想性，做到情理的统一，并将这些知识、体验转化为指导学生思想行为的准则。

(4)加深新知识的教学效果，帮助学生对所学知识及时复习、巩固和运用。

二、结束技能的作用

结束技能的主要功能有以下五方面。

1. 系统概括、归纳所学内容，使之系统化

布鲁纳在《教学过程》一书中曾指出：不论我们教什么学科，务必使学生理解该学科的基本结构。在信息技术教学中也应使学生对一节、一章、一个单元的结构有所理解，并掌握该结构中知识之间的关联。学生对知识的学习是在对教学内容的展开、分析过程中进行的，在这一过程中，不可能对知识形成系统、明确的认识。当学习过程进行一阶段后，需要通过归纳、总结形成系统的认识。

结束技能的运用，通过强调教学中某段内容的重要事实和规律，以及信息技术的学习思维方式使学得的新知识系统化；通过概括、比较相关知识，使新知识与原有的认知结构形成系统化和牢固的知识体系。

2. 强化巩固知识，加深对知识重点、难点和关键知识的理解

概括一单元、一节课的知识结构和内容。使学生对所学重点、关键内容在头脑中重复、理解和记忆，也是对学生学过的知识的强化过程。对操作性很强的信息技术内容，也是不断深化的，这种转化过程的实现，较基本的手段就是及时小结，周期性复习总结。显然，在课堂结束时，通过归纳、类比，一方面使知识系统化，另一方面还可加强对知识的深化理解。

3. 帮助学生理清思路，提炼信息技术思想方法

由于信息技术课程着重的是学生信息素养的培养，因此，在结束课堂时，应注意帮助学生理清思路。如学生在学习网站的规划时需要确定网站主题，教师可以应用结束技能引导学生理解如何确定网站的主题，促进学生对信息素养及信息技术方法的重视，提高和发展学生的创新思维能力，形成学生对信息技术的深层认识。

4. 设疑生趣，承前启后

信息技术课堂教学中经常出现几个课时才讲完一个完整教学内容的情况，这就要求教师在安排教学时格外注意结束的设计。既要使结束起到对本节课的教学内容进行概括总结的作用，又要使结束为下一节或是以后的教学内容作好铺垫。较好的方法是教师通过设置疑问，引起学生对后续学习材料产生兴趣。典型的作法是教师在结束时，安排一些用旧知识解决新问题的练习来激发学生学习兴趣。这种作法不仅帮助学生归纳整理所学的知识，而且培养学生独立思考的能力以及提高学生思维的灵活性和创造性。

5. 检查学生学习效果，为改进教学提供依据

在课堂教学的结束环节，教师引导学生回忆、归纳、系统总结，还可针对这些内容设计问题、实验、讨论和检查学生对所学知识的理解程度，及时得到反馈，以便改进教学。

(1)强调重要事实、概念和规律，概括、比较相关的知识，形成知识网络，使学生所学到的新知识更加清晰、准确和系统。

(2)承前启后。在课堂小结时，既要概括一个问题的主要内容，又要巧妙地引出下一个问题的讲解；在全课的总结中，要为讲授以后的新课题创设教学意境，埋下伏笔，促使学生的思维活动不断深化，诱发继续学习的积极性。

(3)引导学生总结自己的思维过程和解决问题的方法，促进学生智力的发展。

(4)使学生领悟所学内容主题的情感基调，做到情与理的统一，并使这些知识、体验转化为指导学生思想、行为的准则。

(5)检查或自我检测学习的效果，经常以完成各种类型的练习、实验操作、回答问题、进行小结、改错和评价等方式进行。以训练行为技能为目标的教学结束部分，一般为自主练习阶段。把单一的简单技能逐步形成综合技能，能独立做出整套动作，并通过实践，使技能更加熟练。

(6)布置思考题和练习题，对所学知识及时复习、巩固和运用。

三、结束技能的分类

结束有不同的方式，所需要的结束技能也不尽相同。在课堂结束部分，恰当安排学生的实践活动，既可使学生所学的基础知识与基本技能得到强化和应用，又可使课堂教学效果及时得到反馈，获得调整下面教案的信息。结束的方法通常有以下几种。

1. 以结束课堂的方法分类

1)归纳总结结束法

每节课一般都有相对独立的教学任务，在教学结束阶段，教师利用归纳和总结引导学生回顾教学过程中的有关内容，有助于对所学知识的理解和巩固。回顾不是按照一节课的教学程序复述一遍，而是对重点知识进行回顾，帮助学生记忆、储存。

运用简洁、准确的语言概述本堂内容的课堂结尾方法是一种常用的教学方法。这种方法着眼于复述和强调本课的教学重点和难点，使学生明确教学重难点，增强学生的记忆能力，从而使所学的知识得到升华。本节课应用总结式结束技能的目的是：复习本课的重点难点，起到画龙点睛的作用；概括本课所学的知识，重点突出，引起学生注意，加深记忆力；增强学生的总结、分析能力；拓展思维，开拓学生的思维能力，丰富学生的想象力，增强学生的实际应用能力。

新课结束之后，把全课内容作一概括全貌式的总结。例如，总结大意、强化重点、明确关键、揭示规律。归纳总结必须体现提纲挈领、全面准确、简明扼要和生动有力，意在巩固和运用新知识。归纳总结可以由教师来做，也可以由教师引导学生来做或师生共同讨论来做。

概括总结类型的结束，是指教师引导学生动脑、动手和动口，用简明的评议或文字、专业用语、图示和列表等形式概括所学新知识的规律、结构或主线，突出重点、关键和本质，提示知识内在联系或逻辑关系的结束方式。

回顾的内容主要有如下三种：①对重要概念、操作方法等的回顾；②对主要操作过程的回顾；③归纳和总结分析解决问题的思路和方法。引导学生对分析和解决问题的全过程作总体认识。把握分析解决问题的思路，有助于培养学生思维的连贯性，使思路通畅。归纳总结式结束可分为集中小结和系统归类两种方式。

(1)集中小结是教师或在教师指导下学生归纳总结所学知识的规律、结构和主线，及时地强化教学重点，明确问题的关键，掌握解决问题的思想方法。这种方式多用于教学结束时，针对某一个或几个知识点所进行的画龙点睛式的总结。在概念教学或运算法则教学中经常得到运用。对学生学习中的疑难问题，可采取集中小结的办法。

集中小结案例描述：文件的查找

师："我们可以把今天学习文件的查找不同的方法归纳整理成如下形式，文件的查找包括：

①按名称查找。查找文件或文件夹的方法可以在'开始'菜单中，按照'开始'/'查找'/'文件或文件夹'的步骤进行。

②按日期查找。在'查找'对话框中单击'日期'标签，从'查找所有文件'框中选择日期类型：'创建时间'、'修改时间'、'上次访问时间'，在'介于'框中限定查找时间范围。单击'开始查找'按钮开始查找。

③按照文件大小和类型查找。在'查找'对话框中，单击'高级'标签。点击'所属类型'的下拉按钮，在出现的下拉菜单中选择文件类型。在'大小'框中可以限定文件大小范围，完成对话框的输入后，单击'开始查找'按钮，计算机就可以按照选定的文件大小和类型进行查找。"

【案例点评】

本片段是在教师的指导下，指导学生归纳"文件的查找"的内容，针对教学知识点进行了一个画龙点睛式的总结，理清了学生在学习中遇到的难题。

(2)系统归类是把在不同章节中，循序渐进学习的同一类事物的属性和变化进行归纳小结，从而掌握某一知识的全貌，概括出零散知识的规律，使学生对所学的知识有一个整体性和系统性的了解。这种结束方式多适用于对一章或一个单元性知识复习或总结。

系统归纳案例描述：计算机系统的组成

师："这节课我们学习了计算机系统的组成，我们一起来回顾一下计算机系统的组成部分。"

师："谁来说说计算机系统分为哪两大部分？"

(学生回答，教师复述，板书或者 PPT 展示。)

师："我知道计算机系统分为两大部分，即硬件系统和软件系统。其中硬件系统又分了几大部分。我们一起来回顾一下。”

教师和学生一起复述，板书或 PPT 展示如下：

- 计算机系统组成
  - 硬件系统
    - 输入设备：鼠标、键盘、麦克风、摄像、扫描仪、条形码阅读器等
    - 输出设备：显示器、音箱、打印机等
    - 存储器
      - 内存储器：只读存储器 ROM
      - 外存储器：随机存储器 RAM
    - 运算器、控制器 —— 中央处理器
  - 软件系统
    - 系统软件
      - 操作系统
      - 数据库管理系统
    - 应用软件：文件处理软件、办公软件、动画制作软件等

【案例点评】

这样的结束，不仅通过与学生共同系统地归纳计算机系统的组成，而且把课堂中零散的知识点综合起来，对学生系统全面地认识计算机起到了良好的作用。

2)质疑结束法

即在课堂教学活动结束时，让学生结合课文提出自己在学习中还没有弄懂的问题，由学生讨论或教师讲解，从而解决学习中的疑难。这种方法能准确掌握反馈信息，及时查漏补缺，使教学工作不留后遗症，还能培养学生质疑问难的能力和创造性思维能力。

质疑结束法案例描述：小小单元格（初中八年级）

师：“同学们，《小小单元格》这篇课文已经学完了，还有哪些问题不懂，可以提出来。”

生：“怎样选取多个不相邻的行？”

生：“怎样选取多行多个不相邻的区域？”

师：“同学们提出了两个问题，提得好，我们学习就是要这样，这两个问题请同学们在小组中讨论，我相信大家能解决。”

小组讨论，结束后几名学生回答。

师：“我们解决了这两个问题，同学们在以后的学习中也要这样多多思考，提出问题去解决问题。”

【案例点评】

本片段在课堂活动中，让学生提出自己在学习中没有弄懂的问题，由教师引导学生在小组讨论中进行解决，既丰富了课堂氛围，又培养了学生质疑问题的能力和解决问题的能力。

3)延伸结束法

即在课堂教学结束时，教师利用教学的某些契机，把课尾作为联系课内外的纽带，

把课堂教学向课外延伸的方法。这种方法推动第二课堂的开展，能开拓学生的视野，丰富学生的知识，激发学生的学习兴趣，甚至于会影响到日后学生职业的选择，决定他们的终身事业。

延伸结束法案例描述：计算机病毒

生：“老师，既然病毒对社会造成那么大的危害，为什么有些黑客还是要制造病毒呢？他们难道不知道对我们的社会危害很大吗？”

师：“这个问题提得好。那些黑客制造病毒是有原因的，有些是因为想窃取他人重要的信息牟取利益，有些是破坏他人有价值的东西，满足自己的虚荣心，等等。我们都知道制造病毒是对社会有很大危害的。同学们以后掌握计算机知识了，不管是什么缘故都不能去制造病毒危害社会，知道吗？”

【案例点评】

本片段教师在结束课堂时以学生的提问——计算机病毒对社会的危害作为契机，引导学生正确地对待计算机病毒，形成正确的价值观。

4)悬念结束法

在课堂教学结束时，教师结合课文内容提出一些富有启发性的问题，但不作答复，造成悬念，学生根据内容去展开合理的想象，思考并学会创新的方法。这种方法能激发学生的求知欲，能以此课之尾为彼课之头，使整个教学过程联系起来，新旧知识衔接起来。

悬念结束法案例描述：插入剪贴画，美化文章版面

师：“今天，我们学习了《插入剪贴画，美化文章版面》，知道了我们可以在Word中插入好看的剪贴画，美化我们的文章版面。老师知道同学们在语文课上已经写了作文《我的家乡成都》。那同学们想不想给自己的作文插入美丽的图片美化你们的作文呢？我们将在下节课进行学习。”

【案例点评】

本片段在学生学习完课堂内容之后把课程内容与语文课程进行有机的结合，以学生自己的作文作为下节课学习的内容，留下悬念，并且把整个教学过程联系了起来，激发了学生的求知欲，这样的结课方式很能调动学生的积极性。

5)复述结束法

即对教材中概念较多的课文，在教师的教学活动结束时，要求学生对课文内容通过板书或提纲进行复述。这种方法能加深学生对课文内容的理解，也能提高学生的表达能力。

复述结束法案例描述：计算机病毒

师：“今天，我们学完了《计算机病毒》这篇课文，请同学们思考一下，根据老师的板书，把防治计算机病毒的方法复述一遍。”

生："……"

师："对，计算机病毒的防治方法主要是：

(1)隔离来源。控制外来磁盘，避免交错使用软盘。有硬盘的计算机不要用软盘启动系统。对于外来磁盘，一定要经过杀毒软件检测，确实无毒或杀毒后才能使用。对连网计算机，如果发现某台计算机有病毒，应该立刻从网上切断，以防止病毒蔓延。

(2)静态检查。定期用几种不同的杀毒软件（如360、瑞星、金山毒霸等）对磁盘进行检测，以便发现病毒及时清除。对于一些常用的命令文件，应记住文件的长度，一旦文件改变，则有可能传染上了病毒。

(3)动态检查。在操作过程中，要注意种种异常现象，发现情况要立即检查，以判别是否有病毒。常见的异常有：异常启动或经常死机、运行速度减慢、内存空间减少、屏幕出现紊乱、文件或数据丢失、驱动器的读盘操作无法进行等。"

【案例点评】

本片段主讲教师在结束课堂时要求学生复述计算机病毒的防治方法，加深了学生对内容的理解，起到了强化作用，学生能够加强防治病毒的意识，复述结束法也提升了学生的表达能力。

6)鉴赏结束法

即教师在教学活动结束时，组织学生对课程内容进行赏析，根据学生对艺术的感知，能够形成对自己设计的作品如贺卡或者网站有深层次的理解和鉴赏能力。

鉴赏结束法案例描述：图文混排——学制贺卡

师："这节课老师和大家一起制作了一张好看的春节祝福的贺卡，下节课同学们就可以自己动手做一张好看的贺卡啦。那么这节课，请大家先来欣赏一下老师这张贺卡，大家来说说老师这张贺卡做得怎么样？哪里做得好，是怎样实现的，哪里做得不好，又该怎样修改呢？请大家都踊跃地给老师提意见，老师会虚心接受的。"

生："……"

师："同学们提的意见都很好，老师这张贺卡应用到了绘图工具栏里的阴影、三维效果等，比平面的看起来真实了很多，这是不错的地方。同学们也帮老师指出了不足之处，有一些地方的图形位置不是很协调，老师会回去修改的。"

师："看来同学们已经懂得如何欣赏贺卡啦，那么下节课就请同学们自己做一张好看的贺卡吧！"

【案例点评】

本片段在学生学会技能操作的感性认知基础上，由教师组织进行作品的欣赏和评判，既可以巩固开始所学知识，又可以为下节课学生制作作品开阔眼界，是一种不错的结束方式。

7)练习结束法

即在教学活动结束时，教师抓住教材中的关键性问题和主要训练任务，精心设计练习题，让学生当堂完成。这种方法既能巩固所学知识，促使技能的形成，又能加深对课文的理解，还能及时给教师提供教学反馈信息。

练习结束法案例描述：计算机中数的表示

师："学习了《计算机中数的表示》，我们一起来看下面的习题大家是否真正掌握了。"

老师展示习题：

①声音、文字、图形、图像、动画、视频等信息在计算机内部最终都要被转换为（　　）。

A. 二进制　　B. 八进制　　C. 十进制　　D. 十六进制

②"川师附属中学"7个汉字在计算机中占用（　　）个字节的位置。

A. 6　　8. 12　　C. 512　　D. 1024

【案例点评】

在信息技术课程中，计算机中数的表示是为数不多的需要计算及理解的内容。本片段以典型的练习结束的方式结束课堂，通过练习法巩固所学知识，加深学生对课文的理解。教师也因此能够了解学生的学习情况，对教学及时做出调整。

8)传道结束法

即在课堂教学活动结束时，教师从课文实际出发，发掘思想教育因素，深化思想教育。这种结束方法不是进行空洞的说教，而是体现信息技术教学的寓道于文、文道结合原则，使学生以文悟道，动情达理。

传道结束法案例描述：信息技术的应用与影响（高中一年级）

师："《信息技术的应用与影响》这篇课文我们学完了。同学们，请想一想，你们该怎样利用信息技术带来的积极影响并且很好地应对信息技术带来的消极影响。"

【案例点评】

本片段在学生学习了信息技术的应用与影响之后，让学生自己去体会信息技术带来的积极影响及消极影响。学生在这样的过程中能够深化思想教育，寓道于课堂教学中。

9)表演结束法

即在课堂教学活动结束时，教师组织学生朗读，或将课文内容编成文艺节目的形式进行表演的办法。这种方法既加深对课文内容的理解，也能提高学生的语言表达能力，还能激发学生的学习兴趣，培养学生的表演能力。

表演结束法案例描述：计算机系统组成及其工作原理。

师："今天我们主要讲的是计算机的硬件系统及其工作原理，为了便于同学们更深的了解和记忆，现在老师把五大部件功能及其工作原理给大家形象地描述一下。我们需要六个同学分别表演一个仓库，一个商店，商店内部一个小型的储物柜，店长，收银员，运输车，店员。每个同学把老师事先画好的代表不同形象的纸张贴在额头上，以便其他同学看到。”（在他们额头上贴上仓库、商店、储物柜、收银员、店长、运输车和店员。）

师：“现在大家看，我们的商店就是一个显示器，相当于输出设备，把我们需要的商品陈列出来；而我们的仓库就是硬盘，外存储器，容量大可以存很多货物；储物柜就相当于内存储器，容量小，只能存储定量的货物；而运输车就是一个输入设备；收银员就是运算器，进行逻辑运算和算术运算；店长就是控制器，控制整个店面的运作。当我们需要一种物品时，如果是商店储物柜有，那么我们就直接从储物柜调用，如果没有那么我们就从仓库调用，如果仓库也没有，那么我们就通过运输车来把需要的物品输入，这时候店长就调配所有的操作，收银员就好好地计算进出货物量。这也就和我们计算机的运作很相似，比如说当我们需要在显示器上看到画图时，我们需要从内存储器中调用程序，倘若内存储器里没有那么我们就在从外存储器中调用，再倒霉点我们的外存储中也没有，那我们就只好用键盘鼠标把我们需要的程序输入计算机，整个过程肯定少不了运算器和控制器的指挥，所以这个简单的过程就完成了。”

【案例点评】

本片段是教师在讲解完了计算机系统组成之后，应用课堂内容请同学上来表演并再次阐述，吸引了学生的兴趣，强化了教学的内容，是非常不错的结课方式。

10)迁移结束法

课堂教学结束时，教师以教材知识为出发点，启发引导学生把学到的知识用于实践或其他方面的方法。这种方法既能使学生把知识学得扎实灵活，又能培养学生的迁移能力，从而形成创造性思维能力。

迁移结束法案例：美化我的文字

师：“今天我们学完了《美化我的文字》的内容。老师喜欢《静夜思》这首诗，老师把它美化了一番，是不是比原来的好看、舒服多了？老师知道同学们很喜欢看课外书，比如科学奥秘、趣味作文等。你们能不能把自己喜欢的文字也美化美化，跟大家分享呢？同学们课后来完成这个作业，发挥你们的想象力和创造力好不好？”

【案例点评】

本片段教师结束课堂时，既丰富了课堂总结的形式，又把课堂的内容迁移到课外知识，引导学生关注更多课外的知识，培养了学生的迁移能力。

2. 以结束课堂的形式分类

结束技能的方式除了以结束课堂的方法进行分类，还可以以结束的形式进行分类。按照结束的形式，可分为封闭型、开放型、综合型。

1)封闭型

教师采用多种方式引导学生对课堂所学知识、技能进行总结巩固而结束教学的方法。

(1)讨论总结。学习了……内容，教师进行简要总结，然后给出讨论题目让学生个别发言，然后教师给出自己观点并强调教学重点。或者教师简单总结，提出问题，让学生自由讨论，然后个别发言，教师鼓励。

(2)板书总结。老师用一句话简要提出学习的主要内容，提出问题，然后让学生根据板书提示回答。老师再总结提升授课意义，边复习边指引黑板上的关键字，引导学生念出。

(3)借鉴总结。先提出问题，然后请学生自由回答，然后提出教师的经典回答，请同学思考，体会。或者提出名人的语句来总结课堂中心内容，让学生体会，边提问边让学生思考。

(4)作业练习巩固。通过练习把知识重点巩固，提出问题，同桌讨论，然后发言表述，教师点评，从而纠正不正确的想法，并再重温重点（适用于年龄层次低的学习者)。

2)开放型

教师采用多种方式引导学生对课堂所学知识、技能进行扩展、延伸和迁移而结束教学的方法。

(1)想象联想扩展：教师总结重点难点，然后教师提出想象型联想问题，请学生回答，通过联想再巩固重点。

(2)阅读扩展：教师总结重点难点，然后提供阅读材料的信息，让学生课后阅读，并提出问题，边读边思考。

(3)过渡延伸：总结这节课的重点，然后引出下节课的内容。

(4)系统延伸：把几个有联系的课程一起总结，对比知识点之间的联系和差别。

(5)联系生活迁移：联系生活实例进行举例，升华学习的知识点。

(6)情节表演迁移：根据主题内容让学生扮演不同角色体会重要内容。

(7)游戏迁移：学生按照课堂主要内容玩教师设计的游戏活动。

3)综合型

教师运用两种或两种以上结束形式结束教学的方法。

四、典型案例介绍

1. 结束技能案例方案

文件的删除或回收教案

教学对象：七年级学生

科目：信息技术教育

课题：文件的删除或回收

主要的教学技能：结束技能

教学目标：

(1)知识与技能。能够掌握删除文件或回收文件的技巧。

(2)过程与方法。能够掌握删除文件或回收文件的方法。

(3)情感态度与价值观。培养学生正确删除和回收文件的意识。

教学重点：文件的删除与回收的操作方法。

教学难点：文件的删除与回收的操作方法。

教学过程：如表 9-1 所示。

表 9-1　文件的删除或回收教案

分配时间	教师的教学行为	应用教学技能要素	学生的学习行为	应用教学媒体、板书
2 分钟	**师**：“同学们，这节课我们学习了文件删除或回收。老师这里在 D 盘有成绩单一和成绩单二两个文件想要删除，不知道哪位同学能够上来帮老师的忙呢？我们先请一个同学上来把成绩单一删除到回收站。”	引起注意	集中精力，认真听讲	自制 PPT 演示文件
6 分钟	请一个同学上台操作，请他边操作边陈述操作方式		同学踊跃举手，一位同学上台操作	
	师：“这位同学是用的老师课上说的第一种方法，右击删除，把文件进行删除的。我知道肯定还有其他同学有其他的方法进行删除，哪个同学来一展身手，把成绩单二删除到回收站？”	回顾，总结，加强记忆		
	请一个同学上台操作，请他边操作边陈述操作方式		同学踊跃举手，一位同学上台操作	
	师：“这位同学是用的老师课上说的第二种方法，用的快捷键 Delete 删除文件。”			
	问：“同学们都掌握了删除文件的方法了吗？可是老师突然发现，成绩单二是还有用的文件，可是都到回收站，怎么办呢？哪位同学帮帮老师好吗？”			
	请一个同学上台操作，请他边操作边陈述操作方式		同学踊跃举手，一位同学上台操作	
	师：“同学们都很棒，能帮老师解决难题，现在我们就解决最后一个我们的知识点吧，那就是清空回收站，我们一起来操作吧。打开回收站，点击清空回收站，即可清空。这节课的内容就是这么多了。下节课我们一起学习资源管理器吧。”			

2. 案例点评

在这个案例中，教师组织学生共同对本堂课的内容进行总结。既可以调动学生的积极性，又可以通过学生的操作获得反馈信息，及时地给学生讲解他们操作有误或者不清晰的地方，对整个教学活动非常有帮助。这个案例在结束方面对整个课堂起到了画龙点睛的作用。

第二节 结束技能训练

一、技能应用须知

在讲授新知识接近尾声时，应及时总结和复习巩固。心理学研究表明，记忆是一个不断巩固的过程，由瞬时记忆到短期记忆再到长期记忆，有一个转化过程。实现这个转化的最基本的手段是及时总结，周期性复习、巩固。因此在讲授新知识接受尾声时，要及时总结和复习巩固。尤其是讲那些逻辑性很强的规律性知识，更应加强归纳总结。

课堂总结要紧扣教学目标，抓住教学重点和知识结构，针对学生掌握知识的情况，以及课堂教学情境，采用恰当方式总结。总结要精要，能有利于学生回忆、检索和运用。

课堂结束，应概括本单元或本节课的知识结构，深化重要事实、概念和规律。经过精心加工而得出的系统、有效的知识网络，能帮助学生把零散孤立的知识“串联”和“并联”起来，了解概念、规律的来龙去脉。安排恰当的学生实践活动，如练习、口答、讨论、小结和实践等。适当采用开放型的结束，鼓励学生继续探索，运用发展思维，培养学生丰富的想象力。布置作业要求明确，数量适当。结束环节的安排要紧凑，不要拖堂。使用结束技能时注意以下几个基本原则。

(1)总结性原则。这条原则要求教师对讲授的新知识做到及时总结和复习巩固。记忆是一个不断巩固的过程，要完成这个过程，需要对所学知识及时归纳，概括总结，使学生获得规律的东西，以加深理解和记忆。

(2)针对性原则。这条原则要求教师在教学结束时的总结要紧扣教学目标，抓住教学重点，针对学生实际，使所做的总结有利于学生回忆、检索和运用。

(3)系统性原则。这条原则要求教师在教学结束时应概括本课的知识结构，深化重要事实、概念和规律，使之经过加工而形成系统、有效的知识网络，帮助学生把零散、孤立的知识进行归纳，使学生了解概念和规律的来龙去脉。

(4)实践性原则。这条原则要求教师在教学结束时安排恰当的学生实践活动，如练习、问答、对话、小结和实验等，从而实现技能的转化。

(5)迁移性原则。这条原则要求教师在教学结束时引导学生根据课堂教学的内容，通过联系实际或创设情境，对所学的知识进行迁移教学，使其形成灵活的学习技巧和能力。

(6)刺激性原则。这条原则要求教师在教学结束时设计一些比较有趣的教学形式，使学生在生动活泼的教学形式中既加深对所学知识的理解和运用，又保持浓厚的学习兴趣。

二、训练可选题目

1. 题目 1：收发电子邮件

可选教学设计如表 9-2 所示。

表 9-2 收发电子邮件教案

分配时间	教师的教学行为	应用教学技能要素	学生的学习行为	应用教学媒体、板书
3 分钟	**师**："同学们，这节课我们学习完了，你们说说，这节课我们都学了些什么呢？我们请小红同学给大家说说看看吧。"	引起注意	集中精力，认真听讲 小红："这节课我们学习了如何发送电子邮件。"	自制 PPT 演示文件
	师："嗯，小红同学回答的很好。有没有同学要补充呢？请小军同学说说看。"	回顾，加强记忆	**小军**："我们还学习了将邮件抄送发给多人，知道了如何回复邮件。"	
	师："小军同学请坐，看来大家都很认真的听课了。"			
2 分钟	**布置任务**："今天我们学习的内容大家要会用才行的。你们回去之后就完成两个任务： (1) 给老师发一封邮件，可以是最想对老师说的话，或者贺卡甚至只发个你好也行，让老师知道你们是否学会了发邮件 (2) 发一封相同的邮件给班上其他的同学，要五个同学以上才行哦！"	布置任务，加深课堂内容	集中精力，认真听讲	

2. 题目 2：鼠标的使用（小学三年级）

可选教学设计如表 9-3 所示。

表 9-3 鼠标的使用教案

分配时间	教师的教学行为	应用教学技能要素	学生的学习行为	应用教学媒体、板书
1 分钟	**师**："好！同学们，下面我们来对本节课的内容做下小结。让我们一起先来回顾一下刚才老师都讲了些什么？观看板书。"	引起注意	集中精力，认真听讲	自制 PPT 演示文件
	师："今天我们学习了： (1) 认识鼠标的左键、右键、滑轮； (2) 鼠标的移动操作； (3) 鼠标的基本操作如单击、双击、右击"	回顾，总结，加强记忆	思考并与教师一起回忆鼠标的操作	

续表 1

分配时间	教师的教学行为	应用教学技能要素	学生的学习行为	应用教学媒体、板书
2 分钟	**师**：“以上这些便是我们今天课堂的主要内容，不知道同学们是不是真正掌握了呢，我们一起来见证一下。请同学们观看屏幕，老师这里有一个茄子小姐，她想出门去逛街，可是不知道怎么打扮好，你们看，老师简单的给她打扮一下（教师简单的操作一小部分）。不怎么好看是不是？那同学们能不能帮她打扮漂亮一点好让她高高兴兴地去逛街呢？同学们来试试吧！”指导学生操作，必要时讲解学生不懂的地方	激发兴趣，加强记忆	听讲，然后操作，加深记忆	

3. 题目 3：图像信息的认识与加工

可选教学设计如表 9-4 所示。

表 9-4　图像信息的认识与加工教案①

分配时间	教师的教学行为	应用教学技能要素	学生的学习行为	应用教学媒体、板书
1 分钟	**师**：“好！同学们，下面我们来对本节课的内容做下小结。首先，让我们一起先来回顾一下刚才老师都讲了些什么？”（回到课件首页） 课件内容： （1）精彩图片欣赏； （2）常见图像格式； （3）位图和矢量图的介绍； （4）PS 软件界面介绍	引起注意 回顾，总结，加强记忆	集中精力，认真听讲 思考 听讲	自制 PPT 演示文件
3 分钟	**师**：“以上这些便是我们今天课堂的主要内容，那现在老师要检验下你们都学到了什么？首先，哪位同学可以告诉老师，常见的图像格式有哪些？” **师**：“好！回答得非常正确，请坐！现在我们生活中常用的图片格式就是有这几种：JPEG、GIF、PSD、PNG、SWF，其中最常见的就是 JPEG、GIF、PSD。”	提问 总结答案	回答：“JPEG、GIF、PSD、PNG、SWF 等。” 加强记忆	
2 分钟	**师**：“而我们今天让同学们认识的软件：PS 软件，刚才通过老师演示，大家都知道它是一个图像处理软件，而它生成的图片的格式就是 PSD 格式，PS 软件是通过一些图像处理工具，对图像进行编辑、合成、校色和调色等，使图像发挥更大的作用。刚刚我们已经熟悉了它的界面和基本的操作，同学们回去要好好再自己熟悉下，下节课我们再一起对这个软件进行更深一步的认识。”	衔接 讲解	认真看演示	

① 引自：Maybe9004（2011）。

续表 1

分配时间	教师的教学行为	应用教学技能要素	学生的学习行为	应用教学媒体、板书
1 分钟	**师**："那以上便是我们这节课的内容，老师这边准备了两小题作业，同学们回去巩固一下： (1) 写出以下几种图像文件的扩展名； (2) 根据老师所给的素材，结合案例，制作自己的特色卡片	分发作业	记录	

请根据上述教案建议准备结束技能的训练，在训练时也可根据自身特点按照题目要求自行设计教学方案或修改教学方案，但需要注意在教案撰写过程中突出结束技能的训练重点和特点，如总结性、针对性、系统性、实践性、迁移性、刺激性等。

三、实验报告

结束技能实验报告表如表 9-5 所示。

表 9-5　结束技能实验报告表

<table>
<tr><td>实验目的</td><td colspan="4">1. 掌握信息技术课堂教学结尾的基本形式
2. 掌握信息技术课程结尾的常见方法
3. 掌握信息技术结尾的技巧
4. 明确教学重点，提示知识要点，形成知识系统，使学生理解升华
5. 及时巩固，强化学习，结束形式多种多样，针对学生知识及技能掌握情况进行选择</td></tr>
<tr><td>实验用具</td><td colspan="4"></td></tr>
<tr><td rowspan="4">实验过程</td><td>课题名称</td><td></td><td>授课对象</td><td></td></tr>
<tr><td>实验地点</td><td></td><td>授课总时</td><td></td></tr>
<tr><td>教学目标</td><td colspan="3"></td></tr>
<tr><td colspan="4">【此处可以粘贴微格教案】</td></tr>
<tr><td>实验结论</td><td colspan="4"></td></tr>
</table>

第三节　教学技能评价与反馈

一、结束技能评价量表

结束技能评价量表如表 9-6 所示。

表 9-6　结束技能评价量表

评价项目	评价等级			权重
	好	中	差	
1. 准确地概括知识要点，并使知识系统化	□	□	□	0.20
2. 通过适当的方式，进一步强调教学重点、难点和关键	□	□	□	0.20
3. 有效地反馈教学效果，使学生对所学内容得到巩固、深化或运用，并能激发学生进一步学习的热情	□	□	□	0.20
4. 有效地组织和调动学生积极参与总结或练习	□	□	□	0.15
5. 结束的方式与教学内容相适应	□	□	□	0.15
6. 时间紧凑、效率高、不拖沓	□	□	□	0.10
对整段微格教学片断的评价：				

二、结束技能训练反思

结束技能训练反思表如表 9-7 所示。

表 9-7　结束技能训练反思表

课后自评	
同组评议	
教师评价（2+2 评价法）	
问题思考	1. 根据自己的理解，请用自己的话给结束技能下一个定义； 2. 请你谈谈结束技能的特点和意义； 3. 请你谈谈结束技能可分为哪些类型； 4. 请你谈谈结束技能的作用； 5. 请你谈谈布置作业时应把握哪些原则； 6. 请你谈谈如何把结束技能很好地应用在信息技术教学中

◀知识链接

结束技能的教学一般模式①

结束技能的教学模式一般是：回忆—概括—巩固—拓展延伸。

回忆：通过教师的提示，同学们就所学的内容进行大体或具体的回顾，目的是重温所学的知识，为进一步概括作准备。

概括：教师与学生回忆所学的知识后，会让学生在众多的知识点面前感到压力，这时教师就要引导学生对知识进行概括、简化。对所学知识的概括就是将知识进行压缩，让学生便于记忆。

巩固：在教学过程中，教学的结束是对所学知识的回忆，特别是对重点、难点知识的再现，让学生多次温习知识，从而达到巩固知识的目的。

拓展延伸：在这个阶段，通过对以往知识的再认识，让学生产生新知识的生长点，这时，教师对

① 引自：语文教学法教研室和广西师范大学（2011）。

学生的回答给予评价反馈，同时适当延伸，加入新的材料或见解，拓展学生的知识面。

因此，教师在课堂教学中的结束，必须做到以下几点：①使学生明确本节知识的重点，便于课后复习；②把以往的知识条理化、系统化，便于学生记忆；③让学生理解知识的内涵和外延，使所学的知识结构化、网络化，以利于新旧知识的融合；④鼓励学生进一步探索研究，激发学生的发散性思维和创造性思维。

第十章　课堂组织管理技能

课堂，是教学的基本单位。课堂组织管理技能是评价教师教学水平的主要方式之一。能否成功组织课堂，形成良好的课堂氛围，让学生在和谐、民主的课堂中愉快地学习是一堂课成功与否的关键因素。在课堂教学中，教师不断地要求学生遵守纪律，引导学习，是为了建立和谐的教学环境，帮助学生达到预定教学目标的行为方式。课堂组织管理是课堂教学的“支点”，是课堂教学得以顺利进行的重要保证。因此，教师的课堂组织管理技能显得尤其重要。

第一节　课堂组织管理技能介绍

一、什么是课堂组织管理技能

课堂组织管理，是指教师在课堂教学过程中，为不断吸引学生的注意，从而完成教学任务所采取的一系列组织管理、调节控制、反馈和强化措施，是管理纪律，形成和谐的教学环境，指导学生学习，引导学生良性发展的行为方式。课堂教学组织管理技能是保证教学活动沿着预定的教学目标前进的重要心智技能。教师所具备的组织管理技能的高低，对课堂教学的效率和质量有着重要的影响。要想做一名合格的教师，必须加强学习，掌握教学组织管理的类型、方法和要求，提课堂组织管理技能，使课堂教学能取得预期的效果，保证课堂教学的质量。

课堂教学组织技能主要体现在控制教学目标、设计教学环节和方法、维护课堂纪律、营造和谐的教学氛围、加强反馈和强化、掌握课堂组织教学的要领和方法等方面。要控制教学目标，首先要处理好教学目标中突出重点与全面发展的关系，即注意从德、智、体、美全面发展的总目标出发，在备课设计时，处理好传授知识、发展能力与加强思想品德教育、发展学生智能和培养学生审美观念的关系。其次要审慎地控制课题、教学目的的达标程度，准确把握知识传授、能力训练的质量、层次、速度和难度，处理好教学内容与学科整体系统之间的关系，处理好学科教学内容与其他相关学科知识之间的关系。

教师应从教学目标出发，设计好各个教学步骤，安排多种教学形式。如在一节课内，教师适时变换讲授、讨论、问答、练习、实验等教学方式，力求从教学目标的多元性和综合性出发，做到目标明确、内容具体、方法手段合理，以收到最佳的教学效果。教师在上课前要把教案或讲稿再熟悉一下，然后专心致志地去上课。由熟练使用教案到脱离教案是备课和上课的分水岭，是基本执行教案，但又灵活运用的开始，这是防止上课机械、呆板和效果不高的必要准备工作。

教育家洛克说："教师的巨大技巧在于集中与保持学生的注意力，一旦办到了这一点，他就可以在学生力所能及的范围内迅速前进了，否则一切纷扰忙碌的结果就会很少甚至没有结果。"因此课堂组织管理中很重要的一点就是集中与保持学生的注意力，同时要注意结合教学内容使用恰当的教学方法，才能达到吸引学生注意力的效果，最终对课堂进行良好的管理和组织。教育家乌申斯基说："无论教育者怎样地研究了教学理论，如果他没有教育机智，他就不可能成为一个优秀的教育实践者。"

二、课堂组织管理的作用

课堂组织管理的作用主要体现在以下几个方面。

(1)保证课堂活动的顺利进行。因为良好的课堂环境有助于外在控制向内在控制转化，为学生形成自律心理机制和促进他人标准与自我标准的统一创造条件，因而可以减少产生矛盾与冲突的可能性，并消解许多潜在的矛盾与冲突。

(2)促进课堂活动的有效展开。课堂互动是课堂有效进行的催化剂，课堂的交流互动，不但可以增强学生的责任感、自信心和进取心，引起学生的学习兴趣，同时也可以帮助教师及时地获得反馈信息，进一步组织管理课堂。

(3)为学生的持久发展创造条件。课堂活动对于学生具有个体生命价值，蕴涵着巨大的生命活力。只有生命活力在课堂上得到有效开掘，才能有真正的课堂生活，课堂上人的成长才能真正实现。课堂管理就是要调动各种可能的因素，开掘课堂的活力，发挥其成长功能。通过人的成长功能的开掘促使课堂资源不断再生。这样，课堂便得以成长，课堂的成长又进一步为学生的持久发展奠定基石。

对课堂提问艺术功能的全面认识，有助于教师富有成效地在实践中运用教学提问手段，并逐步达到教学艺术的境地。

三、课堂组织管理技能的分类

课堂组织管理技能普遍认为可以分为以下三种。

1. 管理性组织

管理性组织是指对课堂纪律的管理，包括课堂秩序的管理和对个别学生问题的管理。对课堂纪律的管理是课堂管理的关键部分，只有全体同学都集中注意力的情况下，才能更好地实施教学。而个别学生的管理可促进并影响课堂纪律的管理，对个别学生的管理可以采取以下三种方法。

(1)作出安排，使他们不能得到奖赏，从而自行停止不良行为。如信息技术教学中，一些同学在小组合作中不参与合作，教师可宣布最终教学评价规则，如不参与合作者不能获取相应学分。其他同学表现好的可加分，通过这一举措，制止学生的不良行为。

(2)奖励与行为替换，为有不良行为的学生提供合乎要求的替换行为。如教师可指定影响课堂教学秩序的同学专门思考一个问题发言，发言较好给予表扬和鼓励。

(3)教育与惩罚相结合，惩罚不是目的，而是一种手段，帮助学生明辨事理。

2. 指导性组织

指导性组织是指教师对某些具体教学活动进行的组织，目的是指导学生学习课程的方向，可分为两个方面：对阅读、观察、实验等的指导组织；对课堂讨论的指导性组织。

3. 诱导性组织

诱导性组织是在教学过程中，教师用充满感情、富于启发的语言鼓励学生参与、引导学生积极思维的组织。其目的是充分调动学生的主观能动性，顺利完成教学任务。诱导性组织有两种方式，一种是热情鼓励，另一种是设疑激发。

四、典型案例介绍

1. 课堂组织管理技能案例方案

信息与信息社会教案一

教学对象：初中一年级学生

科目：信息技术教育

课题：信息与信息社会

主要的教学技能：课堂组织技能

教学目标：

(1)知识与技能。使学生了解信息和信息技术的含义；使学生掌握信息获取以及信息处理的过程；使学生认识信息技术的发展变化及与人类社会的关系。

(2)过程与方法。通过本课的学习，激发学生对学习计算机的兴趣，培养学生收集、获取和处理信息的能力，提高学生的信息素养。

(3)情感态度与价值观。激发学生对信息技术课的兴趣，增强自身素质，加强学生使用信息的能力和道德，让学生在学习的同时体会信息技术给人类社会带来的优越性，使其能端正学习态度，能主动学习，并培养学生的协作精神。

教学重点：信息和信息技术的概念；信息的获取、处理过程及发展。

教学难点：信息的获取、处理过程及发展。

教学过程：如表 10-1 所示。

表 10-1 信息与信息社会教案一[①]

分配时间	教师的教学行为	应用教学技能要素	学生的学习行为	应用教学媒体、板书
3 分钟	**师**："人类已跨进 21 世纪，进入了如火如荼的信息时代。现在我们如果经常看报纸，你注意到什么方面的新闻最多？ **师**："是的，计算机已经进入我们的日常生活中，掌握计算机是我们迫切的需要。"	创设良好的课堂环境。激发学生兴趣，引起学习动机	集中精力，认真听讲 **学生**："计算机、通讯、网络等。"	自制 PPT 演示文件
	师："计算机最主要的作用是用来处理一些信息的，这就是要求我们了解的一门课程：信息技术（information technology，IT）。IT 是干什么的呢？它和人类社会有什么关系？以及我们现在计算机课为什么叫"信息技术"？计算机是如何处理信息的？什么又是信息呢？这就是我们今天这节课所要解决的内容。"		集中注意力，认真听讲	PPT 切换
8 分钟	**新课讲授**：（板书：一、信息的含义） **师**："自从有了人类，在人们的生活和生产活动中，就有了大量的信息交流。信息交流的方式伴随着人类社会的发展而发展。今天人们生活在信息的汪洋大海之中。我们每时每刻都不能离开信息，都在自觉或不自觉地获取信息、处理信息和利用信息。比如上课铃声、红绿灯、广告、天气预报等。" **师**："前不久的美伊战争，大家记忆犹新，使人们更清楚地认识到，在高科技战争中，每一个军事行动都离不开信息。在'爱国者'导弹与'飞毛腿'导弹在对抗中，可以看到准确、快速处理信息的重要性。古代战争相信同学们在我们的电影、电视里看过吧，谁能快速准确地掌握信息，谁就能在战争中获得主动，当然取胜的概率就会越大。"（让学生意识到信息是一种宝贵的资源，并且体会到只有经过处理的信息，才能成为有用信息） **师**："信息简单的解释就是对人们有用的消息。而人们也通常把声音、数据、文字、图片、影像等载体中所传达的意义叫做信息。" （板书：二、什么是信息技术 ★重点）	激发学生学习兴趣，引起学习动机创设好的课堂环境	集中注意力，认真听讲，并思考	板书
	学生通过阅读书上的阅读材料讨论回答：什么是信息技术？	激发学生兴趣，引起学生学习动机	集中注意力，认真听讲，并思考	板书，PPT 切换

① 引自：何劲（2011）。

续表

分配时间	教师的教学行为	应用教学技能要素	学生的学习行为	应用教学媒体、板书
	师："人们获取信息的途径很多，计算机是获取信息的极其重要的途径。那么计算机并不能自动的获取信息，我们要利用它有目的地获取信息，并且对信息进行必要的加工处理，才能得到有用的新的信息，所以我们必须要学习和掌握信息技术。信息只有通过传递流通，才能让人们资源共享，才能发挥信息的作用。在当今信息时代单靠传统方法传递信息已不能满足人们对信息的需求，只有依靠计算机网络的传递、存储和处理信息的功能，才能高质量地处理信息、高效和可靠地传递信息、方便地使用信息。所以社会的需求，促使计算机技术和通信技术的发展以及互相渗透结合，促进了计算机网络的诞生和发展。使地球会变'小'，人们在'地球村'上方便地生活和工作。" 师："从书上很多例子可以看出，信息社会已经来临，在信息社会里，人们对信息的需求量日益增长，人们每天都要接触、处理大量信息，而计算机作为处理信息的强有力的工具，在社会的各个领域应用越来越广。信息社会是信息得到广泛应用和充分共享的社会。及时而准确地获取、处理、利用信息，能使人们在政治、经济、生产、科研、军事等活动中获得先机，从而掌握赢得胜利的主动权。"			
	本课总结："这节课我们初步了解了信息以及信息技术，明确了信息技术处理信息的过程，知道了信息技术在各个领域中的应用和信息技术飞速发展的一些情况，学习了从古至今人们获取信息的一些方法，了解了信息以及信息技术在当今社会所产生的深远影响。" 课后思考、讨论：人们获取信息有哪些主要途径？课后探索：UFO存在吗？	有效总结，巩固学习	集中注意力，认真听讲，并思考	PPT 切换

信息与信息社会教案二

教学对象：初中一年级学生

科目：信息技术教育

课题：信息与信息社会

主要的教学技能：课堂组织技能

教学目标：

(1)知识与技能。学生能够列举学习与生活中的各种信息，感受信息的丰富多彩性；理解信息的一般特征包括普遍性、载体依附性、价值的相对性、时效性、共享性、可伪性，并能举例说明；培养学生通过直接观察法获取信息的能力；培养学生分析问题、解决问题的能力。

(2)过程与方法。培养学生从日常生活、学习中发现或归纳需要利用信息和信息技术解决的问题，能通过问题分析确定信息需求。

(3)情感态度与价值观。让学生理解信息技术对日常生活和学习、对科技进步和社会发展的重要作用，激发对信息技术强烈的求知欲，养成积极主动地学习和使用信息技术、参与信息活动的态度。

教学重点：信息和信息技术的概念；信息的获取、处理过程及发展。

教学难点：信息的获取、处理过程及发展。

教学过程：如表 10-2 所示。

表 10-2　信息与信息社会教案二

分配时间	教师的教学行为	应用教学技能要素	学生的学习行为	应用教学媒体、板书
3 分钟	(1) 情景模拟，引入概念用投影显示："某海军陆战队在原始森林进行为时一个月左右的生存实验，具体要求如下：第一，每个队员除了身上穿的衣服外，随身只能带三件物品，每件物品不能超过二公斤；第二，队员都是由飞机空降到半径为 1000 公里原始森林的中心地带，要求在一个月时间内从森林里走出来。问题：队员带哪三件物品合适？请三、四名同学自由组合成探究小组，在 2 分钟内给出一个可能的答案。" 经过归纳，老师总结："人类生存的三大要素：物质、能量、信息。"	创设良好的课堂环境，引起注意，激发学生兴趣； 组织学生进行交流互动	集中精力，认真听讲； 积极参与讨论并发言	自制 PPT 演示文件
5 分钟	(2) 循序渐进，趁热打铁，推出"感觉剥夺实验" 请一个同学来做实验（未介绍感觉剥夺实验之前），等学生上来以后，让他面向墙壁静止等教师的指令才能回头和说话。这时候，教师通过投影显示："请同学们都不要出声，浏览课本第 1～3 页内容，看看他能否坚持 180 秒?"同时打开记时器程序开始记时 教师介绍通过投影显示 1954 年，加拿大麦克吉尔大学的心理学家首先进行了"感觉剥夺"实验。实验中给被试者戴上半透明的护目镜，使其难以产生视觉；用空气调节器发出的单调声音限制其听觉；手臂戴上纸筒套袖和手套，腿脚用夹板固定，限制其触觉。被试者单独呆在实验室里，几小时后开始感到恐慌，进而产生幻觉……在实验室连续呆了三四天后，被试者会产生许多病理心理现象如出现错觉幻觉、注意力涣散、思维迟钝、紧张、焦虑、恐惧等，实验后需数日方能恢复正常	教师组织、管理课堂	学生积极配合教师活动	PPT 切换

续表

分配时间	教师的教学行为	应用教学技能要素	学生的学习行为	应用教学媒体、板书
	这个实验表明：大脑的发育，人的成长成熟是建立在与外界环境广泛接触基础之上的。只有通过社会化的接触，更多地感受到和外界的联系，人才可能更多地拥有力量，更好地发展。信息是人类生存的基本条件与基本需求 **师**："刚才上来的同学，你感觉如何？"	学生回答	学生回答	
5分钟	（3）游戏引入，开始信息特征的介绍： ① 载体依附性游戏介绍： 请四位同学上来，第一位同学将我卡片上的文字用某种方法传达给第二位同学，以此类推（不允许重复使用前面同学用过的方法）。信息具有载体依附性，信息需要依附在一定的载体上存在。并且同一信息可以有不同的载体 ②价值性介绍： 用投影显示"朝鲜战争与兰德咨询公司故事。朝鲜战争前，兰德公司向美国国防部推销一份秘密报告，其主题词只有7个字，要价150万美元。美国国防部认为是敲诈，不予理睬，结果"在错误的时间，在错误的地点，与错误的敌人进行了一场错误的战争"。战争结束之后，国防部才想起那份报告，要来一看，追悔莫及。问题：那7个字是什么？"给出答案："中国将出兵朝鲜"。由此故事引出信息的价值性 ③时效性： 重提朝鲜战争与兰德咨询公司故事，说明信息的时效性。金融信息、气象信息（不测寒流之灾）、战争情报等等，都是有时效性的。信息虽然具有价值性，然而信息日新月异，甚至是稍纵即逝的，所以同学们必须要具备快速获取和判断信息的能力 ④共享性 ⑤不完全性： 用投影显示"盲人摸象"的例子（静态图片和Flash动画），点评指出信息的不完全性 ⑥真伪性： 用投影显示"空城计"，请一位同学简述"空城计"；学生观看，请学生思考信息还具有什么特征？点评答案，提出信息的真伪性	课堂活动激发学生学习兴趣，形成学习动机。教师控制整体课堂的流畅性	学生积极参与活动，之后集中注意力，认真听讲 学生积极参与活动，之后集中注意力，认真听讲	PPT切换
2分钟	（4）总结课堂：通过本课的学习，我们可以看到信息无时不在、无处不在，信息对我们的学习生活和今后的工作有深刻的影响。因此，对于信息，如何通过多种渠道获取有用的信息、如何加工成为有效的信息、如何将获得的信息进行科学的管理、如何充分准确地表达自己的信息，在信息时代如何利用工具合理、合法地开展交流，这些信息素养正是我们信息技术课程需要学习和提高的	有效总结，巩固学习	集中精力，认真听讲	PPT切换

2. 案例点评

(1)在课程设计方面，案例二中课程设计更加丰富，同样的内容，案例二中加入了更多学生的参与活动，学生的主体地位体现了出来。教师对整个课堂的组织管理也很到位，使得课堂能有效地进行下去，不至于混乱。

(2)在课堂组织管理方面，案例一中，主要是教师举例为主，对课堂的组织主要是引导学生跟着教师的思路走。而在案例二中，学生活动较多，学生占主要地位，教师组织课堂的能力就体现出来了。

总之，在案例二中，创设了良好的课堂环境，保证课堂活动的顺利进行。同时进行了师生之间、生生之间的交流与互动，促进课堂活动的有效展开，激发课堂活力和促进课堂生长，为学生的持久发展创造了条件。

第二节　课堂组织管理技能训练

一、技能应用须知

(1)全体性原则。要摆脱片面追求升学率的应试教育的影响，不能仅仅围绕少数升学有望的学生来进行，使大多数学生处于被冷落的“陪读”地位，要以提高全体学生的基本素质为根本目的，使每个学生都得到应有的发展，达到国家和社会的标准，真正做到“有教无类”。

(2)全面性原则。不能一切围绕升学，考什么，就教什么学什么，而要坚持知识、能力、觉悟的三统一。即不仅要重视知识的传授、解惑，而且要培养学生的思维能力、动手能力、创新能力和关注学生个性的发展；不仅尊重知识的传授，能力的培养和提高，而且要重视学生思想觉悟的提高，道德情操的培养。

(3)主体性原则。由于教师的“教”是为了学生的“学”，课堂教学目标是否落实，主要在学生自己认识和发展的学习活动中去体现。因此，课堂教学活动，必须以学生为主体，以教师为主导，以师生的合作为基础。只有激发了学生的主体意识，学生才能主动、活泼地去学习、思考、创新和发展。

(4)民主性原则。要建立平等、友好、相互尊重、相互信任和互相合作的师生关系，形成教学相长、民主和谐的氛围，学生的个性才能得到充分的发展。否则教师总是一副居高临下的说教架子，必然会使学生的个性受到压抑、束缚，甚至是摧残。

(5)发展性原则。要立足于学生的人格成长和学力成长，促进学生的身心健康发展，即从人格方面，激发学生的自尊、自爱、自重、自强；从学力方面，有利学生的思维、创新、发展；从身心方面，使学生在轻松与愉悦、拼搏与奋争的和谐统一中健康发展。

(6)科学而有序性的原则。每一学科的知识都有单元、章、节及层次之间的序列。学生的认知、思考和探究能力，也有一个从具体到抽象，由简单到复杂的发展过程。因此，组织教学活动，也必须遵循科学而有序的原则。既要考虑到教学知识之序，也要考虑到学生的能力培养与训练之序以及思想道德觉悟的培养和提高之序。脱离学生实际的有序性必然导致课堂组织和教学活动的失败，课堂教学目标也就无从达到，当然也就没什么艺术性可言了。

二、训练可选题目

1. 题目 1：截取屏幕上的画面

可选教学设计如表 10-3 所示。

表 10-3 截取屏幕上的画面教案[①]

分配时间	教师的教学行为	应用教学技能要素	学生的学习行为	应用教学媒体、板书
2 分钟	**师**："在使用软件或者是看 Flash 动画时，当看到了比较喜欢的画面，你想过把这些画面截取下来吗？今天，我们先来学习如何截取纸牌游戏画面，再把截下的画面做成一个游戏帮助画面。"	创设良好的课堂环境，激发学生兴趣，形成学习动机	集中精力，认真听讲	自制 PPT 演示文件
10 分钟	任务一：用屏幕拷贝键，截取纸牌游戏界面 （这个任务只要求学生会用屏幕拷贝键截取屏幕画面，再把截下的画面用画图软件显示出来。）			PPT 切换
分钟	**师**："请一个同学来当小老师，按照老师的口令操作，其他的同学操作自己的电脑。" （1）打开纸牌游戏 **师**："现在，我们要把纸牌游戏画面截取下来。请同学们在键盘上找一找屏幕拷贝键。" **师**："找到了吗？请按一下这个屏幕拷贝键。" **师讲解**："屏幕拷贝键的作用是复制屏幕原样到计算机的剪贴板上。计算机的剪贴板是一个临时存储信息的空间，我们是看不到的，只有粘贴到软件中才能显示出来。" （2）打开画图软件 （3）执行"编辑—粘贴"命令 **师**："看一看，画图窗口中是不是你刚才拷贝的屏幕画面？" （4）将粘贴的图保存在自己的文件夹中 **师**："在刚才的画面中，你发现什么问题了吗？" **师**："我们想截取的只是纸牌游戏窗口，怎样才能去掉不需要的部分呢？你有什么好的办法吗？试一试你的办法行吗？"		生讨论："……"	

① 引自：邓艺（2011a）。

续表

分配时间	教师的教学行为	应用教学技能要素	学生的学习行为	应用教学媒体、板书
	任务二：在全屏幕拷贝画面中，截取部分画面。（通过孩子的讨论引导他们使用“选定”工具，从全屏幕拷贝中，截取需要的部分画面） 总结操作步骤： （1）使用“选定”工具，框选需要的部分画面 （2）再打开一个新的画图窗口 （3）选择“编辑—粘贴”命令，选定的画面便粘贴到画图中了 （4）保存文件 **师**：“我们能不能对粘贴好的画面进行再创作呢？” 任务三：用喜欢的办法对截取的画图作适当的修饰或添加适当的文字，做成一个游戏帮助画图。（这个任务是一个开放性的任务，目的是让孩子们自主创作，培养孩子的创新能力，完成后展示作品） **师**：“有时我们希望把截取的图块作为文件先保存起来以后用，而不是直接粘贴到另一个图里。” 任务四：打开扫雷游戏，先用屏幕拷贝的方法截取屏幕画面，再用“小技巧”的方法把扫雷游戏画面截取下来，以“扫雷”为文件名，将画面保存在自己的文件夹里	任务驱动，促进交流与互动 任务驱动，促进交流与互动	集中注意力，认真听讲，完成任务 集中注意力，认真听讲，完成任务	PPT 切换
3 分钟	小结 **师**：“本节我们学习了屏幕拷贝键，利用它可以方便地截取我们所看到的屏幕画面，再利用画图软件的选定工具，我们还可以在截取下来的屏幕画面中，任意裁剪需要的部分画面，并把它另存为一个文件或粘贴到画图中进行再创作。”	课程巩固，总结	集中注意力，认真听讲	PPT 切换

2. 题目 2：创作郊游连环画

可选教学设计如表 10-4 所示。

表 10-4　创作郊游连环画教案①

分配时间	教师的教学行为	应用教学技能要素	学生的学习行为	应用教学媒体、板书
2 分钟	（1）营造氛围 本环节意图：主要是调动孩子们的兴奋点，引导孩子们将自己郊游时看到的景象表达出来 **师**：“孩子们，你们喜欢郊游吗？”	创设良好的课堂环境，激发学生兴趣，形成学习动机	集中精力，认真听讲 生：“喜欢。”（这一定能得到非常肯定的回答）	自制 PPT 演示文件

① 引自：邓艺（2011b）。

续表

分配时间	教师的教学行为	应用教学技能要素	学生的学习行为	应用教学媒体、板书
8分钟	**师**："老师知道，孩子们小脑袋里装了许多美好的郊游记忆，请同学们仔细地回忆一下，对你印象最深、兴趣最浓的一次郊游，再把它编成一个小故事，讲给大家听听。"		讨论、编故事、讲故事	
	（2）学课文 **师**："同学们讲得真好。"（注意有针对性的点评，同时注意评价的多元化和语言的艺术性，千万不能范范而谈。）			
	师："我们来看看课文，课文的小主人一次郊游后，不仅把自己所看到的用优美的语言写成了日记，而且还配上了美丽的连环画。"	激发学生兴趣，形成学习动机，促进交流互动	集中注意力，认真听讲，并且积极回答问题	
	师："下面我们请同学有感情地读一读小主人翁的日记。"		读课文	
	师："请孩子们对照小主人翁的日记和画，先看看日记中写出了他所看到的哪些景物？"		**生**："……"（提示：第一句，整体描述了作者郊游出行时所看到的景色；第二句，重点描述了游玩中的一个景点的一幅画面；第二自然段讲述了作者回家路上观察到的景色）	
	师："书上小主人翁所画的三幅图在时间顺序上有什么联系？作者描绘出了郊游的哪几个时间段？"		生回答："……"	
	师："从三幅画中，你得到了什么启示？"		**生**："……"	
	（3）画郊游 本环节意图：过程范画的分析让孩子们懂得如何找特征、抓重点并综合应用画图技巧表达大自然的美			
	师："我们郊游时，看到许多美丽的景色，不可能一一画出来，这时，我们应该抓住郊游时印象最深、最感兴趣，又比较好用画图表现大自然的美的画面。比如书上的三幅画，分别画了出行、游玩和回家的三幅典型景色。"			
	师："请与同学一起讨论，书中三幅画分别用到了哪些画图工具和操作技巧？你认为作者哪些方面做得不好？你准备如何改进？"	激发学生兴趣，形成学习动机，促进交流互动	集中注意力，认真听讲，并且认真画图。积极参与讨论 生讨论回答	PPT切换
	（4）创作连环画 本环节意图：让孩子们自由作画，表现出自己所见所闻和内心感受，画出美丽的大自然。学生创作时，老师巡视，指导			

续表

分配时间	教师的教学行为	应用教学技能要素	学生的学习行为	应用教学媒体、板书
	（5）全班展示 本环节意图：给孩子们一个舞台，让他们展示自己、表现自己，从小树立良好的自信心。展示画图时，事先让同学自我介绍自己创作了什么？主要想表达一幅什么景色？再让学生互评，评优点、评缺点，最后老师点评 **师**：“同学们创作的画都很好，想不想把自己画图设置为桌面墙纸，让其他班的老师和同学也能欣赏到你的作品。请你按照‘小知识’中的方法，用自己创作的画图装饰计算机桌面。再试一试‘设置为墙纸’中的‘居中’和‘平铺’有什么区别？课后练习是P66页的综合活动2. 编故事”	激发学生兴趣，形成学习动机，促进交流互动	集中精力，认真听讲，并且认真画图	PPT切换

3. 题目3：信息的搜索

可选教学设计如表10-5所示。

表10-5　信息的搜索教案

分配时间	教师的教学行为	应用教学技能要素	学生的学习行为	应用教学媒体、板书
2分钟	**师**：“同学们上节课我们已经学习了信息的搜索，那你们有没有搜索到自己喜欢的内容呢？” **师**：“那么如果有你们喜欢的内容，你们有没有想过办法把它们保存下来，可以随时浏览或者下载到自己的计算机上呢？” 教师对学生的回答进行反馈后，**说**：“有些同学已经掌握了保存信息的方法，有些同学还不知道怎样保存自己搜索到的信息。那么我们这节课就来探讨信息的保存与下载，看看还有没有更多的方法保存我们需要的信息。”	创设良好的课堂环境，激发学生兴趣，形成学习动机	集中精力，认真听讲 学生齐答：“有。” 学生各自阐述自己的看法 集中注意力，认真听讲	自制PPT演示文件 PPT切换

续表 1

分配时间	教师的教学行为	应用教学技能要素	学生的学习行为	应用教学媒体、板书
3 分钟	**师**：“上节课我们一起搜索了九寨沟的相关文字介绍和图片。我们想把九寨沟官方网站整个网页都保存下来，以便随时查阅，有什么方法可以保存？如果只需要关于九寨沟的文字介绍，又怎样保存？只保存网页中自己需要的图片该怎么办？这是我们这节课要探讨的话题，我们以小组的形式探讨这些问题，同学们可以参照教材，或者使用上节课学习的知识，学会信息的搜索来完成我们今天探讨的主题。①每个小组完成保存九寨沟官网的网页；②每个小组针对九寨沟的一个景点保存相应的文字和图片，并且存在一个 Word 中，最好能够做成电子板报的形式；③以小组的形式把作品交到教学展示平台上，大家共享。老师给大家十分钟的时间进行探讨，然后我们大家一起探讨信息的保存与下载，大家集思广益，一定能学会很多的方法保存我们需要的资料。”	师生互动课堂，激发学生兴趣，形成学习动机	学生认真完成认务	
10 分钟	学生分组讨论，并进行分工合作，教师在学生讨论探究的过程又引导性地加以指导，并提供建设性意见	激发课堂活力，促进学生成长	学生完成展示，认真听讲	
	师：“大家把自己搜集到的资料上传到教学平台上了，我们一起来看看同学们的杰作吧。我们首先请第一组同学来介绍一下他们是怎样保存网页的吧。”		学生回答：“在浏览器窗口中按‘文件’/‘另存为’就能保存了。”	
	教师反馈：“很好，这是我们用的保存网页的方法。可以把这个网页都保存下来。”教师随即演示网页保存操作			
	师：“我们在教学平台上可以看到各个小组有对不同景区的文字介绍，我们请第二小组给我们讲一下她们是怎样保存网页上的文字的。”		第二小组的同学回答：“选中文字复制粘贴到 Word 中。”	
5 分钟	**师**：“是否还有其他的方法?”		有些同学回答，直接全选，复制所有内容到 Word 中，然后把不是文字的内容删除。或者其他的方法	
	教师对这些方法进行总结。讲授保存网页文字常用的方法，选中文字再进行复制操作			
	师：“九寨沟是风景迷人的地方，老师都忍不住想看看那里的美丽的风景图片了，不知道同学们是用怎样的方法把这么美丽的图片保存下来的呢？我们请第三组的同学来给我们讲一下吧。”		同学起来回答：“选中图片，右击‘图片另存为’。”	

续表 2

分配时间	教师的教学行为	应用教学技能要素	学生的学习行为	应用教学媒体、板书
2 分钟	教师询问是否还有其他方法，同学起来回答，自己保存图片的方法。教师反馈，并总结：“刚刚在探讨时，老师发现有些同学保存下来的图片很小，或者很不清晰，是什么原因造成的呢？老师想请一个知道其中的原因的同学帮忙解答一下好吗？” **教师继续引导**：“那怎样保存原图呢？” **教师反馈**：“这个同学说得很对，保存图片时要注意这一点，不要保存成缩略图了，要打开这张图片，再进行保存。通过刚刚的同学的阐述，大家都知道怎样保存网页、网页中的文字及图片了吧。同学们下课后可以把教师平台上同学上传上来的资料保存下来，阅读相应文字，增长自己对九寨沟的了解，以后去那里旅游可以更好的欣赏了。” **师**：“这节课我们一起探讨了怎样保存网页、网页中的文字及图片，同学们以后就可以自己搜索资料并保存了，可以搜索自己感兴趣的知识，自主学习哦！下节课我们再来学习怎样下载自己需要的软件吧！”	巩固课堂学习	同学起来回答：“是因为他保存的是缩略图，不是他的原图。” 学生回答，要单击图片，链接到该图片，才能保存原图，保证图片清晰 学生集中注意力认真听讲	PPT 切换

请根据上述教案建议准备课堂组织管理技能的训练，在训练时也可根据自身特点按照题目要求自行设计教学方案或修改教学方案，但需要注意在教案撰写过程中突出课堂组织管理技能的训练重点，如全体性、全面性、主体性、民主性、发展性、科学而有序等。

三、实验报告

课堂组织管理技能实验报告表如表 10-6 所示。

表 10-6　课堂组织管理技能实验报告表

<table>
<tr><td>实验目的</td><td colspan="4">1. 掌握信息技术课堂组织管理的基本形式；
2. 掌握信息技术课堂组织管理的常用方法；
3. 掌握信息技术课堂管理的技巧；
4. 把握课堂组织管理原则，使课堂效果达到最佳状态；
5. 能够及时应用反馈、调整，使教学进程自然活跃</td></tr>
<tr><td>实验用具</td><td colspan="4"></td></tr>
<tr><td rowspan="4">实验过程</td><td>课题名称</td><td></td><td>授课对象</td><td></td></tr>
<tr><td>实验地点</td><td></td><td>授课总时</td><td></td></tr>
<tr><td>教学目标</td><td colspan="3"></td></tr>
<tr><td colspan="4">【此处可以粘贴微格教案】</td></tr>
<tr><td>实验结论</td><td colspan="4"></td></tr>
</table>

第三节　教学技能评价与反馈

一、课堂组织管理技能评价量表

课堂组织管理技能评价量表如表 10-7 所示。

表 10-7　课堂组织管理技能评价量表

评价项目	评价等级			权重
	好	中	差	
1. 提出要求的合理性	□	□	□	0.10
2. 组织方式与时机的适宜性	□	□	□	0.10
3. 学生的活动范围和参与程度	□	□	□	0.10
4. 课堂组织能够照应到全体学生	□	□	□	0.10
5. 教师行为的规范性	□	□	□	0.15
6. 课堂秩序和教学环境的和谐稳定	□	□	□	0.15
7. 课堂内容组织科学有序性	□	□	□	0.15
8. 课程教学充满激情，调动学生的主动性	□	□	□	0.15
对整段微格教学片断的评价：				

二、课堂组织管理技能教学反思

课堂组织管理技能训练反思表如表 10-8 所示。

表 10-8　课堂组织管理技能训练反思表

课后自评	
同组评议	
教师评价（2+2 评价法）	
问题思考	1. 根据自己的理解，请用自己的话给课堂组织管理下一个定义； 2. 请你谈谈课堂组织技能分类； 3. 请你谈谈课堂组织技能应注意的原则有哪些； 4. 请你谈谈变化技能的作用； 5. 请你谈谈如何把课堂组织技能很好地应用在信息技术教学中

◀知识链接

如何提升教学组织管理[①]

在课堂教学中，组织管理技能如此重要，那么我们应该怎样提升教学组织管理技能呢？笔者认为可以从以下几个方面着手。

1)培养良好的学习习惯

有的教师片面地认为，只要课堂纪律管得严，让学生不敢“轻举妄动”，就可以取得良好的教学效果。其实，过分强调纪律只会造成沉闷、呆板的课堂气氛，学生会因过度的压抑感而失去对学习的兴趣。教学活动的组织管理，需要教师调节和控制好学生的兴奋中心。实用主义教育家杜威认为：“我们主张必须有一个实际的经验情境，作为思维的开始阶段。”因此，教师在课首应尽可能从学生的生活经验出发，创设教学情境，对学生形成新的刺激，集中学生注意力，引发学生思维。在课尾要创设情境引导学生把所学的知识运用到实践中去，让学生感悟到学习的价值，从而增强学习的兴趣，形成良好的学习习惯。

2)设置有价值的问题

课堂提问作为一种有效的教学组织形式已经在教学实践中广泛运用。一个好的问题，不但是教学活动的契机，而且能通过问题的解决给学生带来极大的乐趣和享受。恰当而富有艺术性的提问应体现“实、新、巧、精”四个特点。所谓“实”就是提出的问题要切合学生实际，能紧扣即将展开或正在进行的教学活动的实际需要，能活跃学生的思维，触及学生的兴奋点，起到切中肯綮、点击关键、活跃学生思维的积极效果。所谓“新”就是提问的角度新，能够开阔学生的思路，促使学生多渠道、多角度考虑问题。实践表明，同一个问题，由于问的角度不同，效果也不一样。因此，教师提问应力求新颖，引起学生的兴趣和注意，并且能层层深入提出新问题，激活学生的思维。所谓“巧”就是问题设计巧妙，设置在学生有疑欲问之时，起到“抛砖引玉”的作用，能为学习活动带来刺激和娱乐，诱导学生自觉去思索、去探寻，使问题的提出、思考、解答处于积极活跃的状态之中，使课堂变得兴趣盎然，让学生学得轻松，学得主动。所谓“精”就是问题简明扼要，触及核心，能够升华思想，提高认识。

3)营造自由活动的“空间”

给学生表现自己的机会。学生都有表现自己获得教师、同学重视的需要。如果学生在课堂上长时间得不到表现和交流的机会，就有可能采取恶作剧的形式引起别人的注意。所以，教师要重视学生的心理倾向，合理组织课堂教学活动，给学生提供更多的自由活动空间和表现自我的机会。一是鼓励学生自由尝试。安静不是课堂秩序的标志，在课堂上，应允许出现学生积极探索和尝试带来的“喧闹”和“混乱”，放飞学生的求异思维，鼓励学生动手实验、一题多解，获得创新的灵感，使课堂在学生展示才艺、迸发智慧火花的过程中“动”起来，让教学更加精彩、更富生气。二是引导学生充分参与。学生是教学活动的主体。一堂好课，不在于它是否有条不紊或流畅顺达，而在于它是否真正让学生动脑、动手和动口。教师必须营造宽松和谐的氛围，调动学生参与的积极性，与教师和同伴互动学习。三是启发学生沟通、交流。师生之间情感沟通与智慧交流是课堂教学成功的基础，教师要正视学生思想、情感和个性的存在，给予尊重、理解和爱护，用亲切的语言、和蔼的笑容去感染学生，营造欢乐、合作、温馨和健康的课堂氛围。

---

① 引自：小放（2011）。

第十一章　说课技能

说课可以提高教师素质，增强教师之间交流以不断学习改进教学设计，是教学研究的一种重要方式。这要求教师对课堂内容、授课对象、教学过程等全面而熟练的把握，同时要求教师具备良好的沟通能力，对课堂全局能够准确把控并清楚地表达。

第一节　说课技能介绍

一、什么是说课技能

1. 什么是说课

说课是教师在教育教学的相关理论指导下，依照课程标准和教材，根据学习者的实际情况，面对教师和其他听众，针对某一课题和某一观点，运用语言表达和有关辅助方式，阐述教学设计以及相应的理论依据，并与听课人员进行交流、探讨，进一步改进教学设计的一种研究活动。

2. 说课的特点

(1)条件限制少。在说课中，教师一般使用语言表达来展示自己的教学设计和相关理论，不会像讲课那样，需要多种教学媒体来加以辅助。说课没有时间、地点和教学设施的限制，也没有听课对象和听课人数的约束，比较容易操作。

(2)说课效率高。说课时间一般为 15～20 分钟，在较短的时间内，教师阐述自己的教学方案和理论依据，效率高。由于说课所用的时间比较短，因此，一方面说课常常作为学校对教师教学情况的考评方式之一；另一方面学校或其他部门组织也采用说课比赛的形式，用以增进教师之间的交流，提升教师素质。

(3)重在交流，共同进步。说课是教师之间重要的交流方式之一，通过说课，教师之间相互讨论，对说课内容提出各自的观点，改进和优化教学设计。说课教师通过精心准备说课内容，不断学习相关知识和技能，努力提升自身水平；听课教师对说课内容进行分析，展开讨论，学习其中的优点。通过说课，说课教师和听课教师都能从中各有所获，达到共同进步。

3. 说课的意义

说课活动的意义主要有以下几个方面。

(1)提高教师素质，促进其教学成熟。说课需要教师具备相关教育教学知识和教师的专业知识，这就促使教师不断地学习，提升自身的理论水平，提高教师素养，促进自身专业发展。并且在说课过程中，教师将相关的教育教学理论应用于具体的教学活动中，使理论在教学实际中应用，促进教师教学能力的成熟。

(2)提高教研实效，拓展教师思维。说课活动占用时间少，使用教学设施少，对听课对象和人数没有约束，使得教研活动的效率提高。在教师的说课之后，教师和听课人员相互讨论，探讨教学设计，使教研活动更加有效。就具体的某一说课课题，教师讨论的针对性强，重点突出，很大程度上拓展了教师思维，有利于教师探究更优的教学方案。

(3)提高备课能力，增进教学质量。教师的备课中，涉及教什么，怎么教的问题。很多情况下教师用自己以往的教学经验来备课，很少思考为什么要这样教，缺乏一定的理论依据。而说课活动，能引导教师去思考这个问题，使教学内容有一系列的教育教学理论支撑，这就从更深层次提高了教师的备课能力。在说课中，教学流程的设计是用相关教学理论做依据，教师表述教学流程，使得教学思路清晰，在一定程度上有利于教学质量的提高。

二、说课技能的分类

说课的类型有很多，按照不同的标准，有不同的分类。按照学科分类，可分为语文说课、数学说课、英语说课、物理说课、化学说课、生物说课、政治说课、历史说课、地理说课、信息技术说课、音体美说课等；按照用途分类，可以分为教研说课、示范说课、考评说课等；按照时间顺序分类，可以分为课前说课和课后说课；按照说课内容的性质分类，可以分为实践型说课和理论型说课。由于说课的类型不同、特点不同、要求不同，对说课技能的要求也不尽相同。下面简单介绍以下 5 种类型的说课。

1. 教研说课

教研说课是由一位教师提出自己的教学设想，由各位教师进行评论、改进，把教师的智慧集中起来，提升年级组或者教研组的整体备课质量。这种形式在年级组或教研室里经常采用，有利于教师之间的交流。

教研说课案例：单片机原理与应用

如某老师的说课是结合《单片机原理与应用》课程，介绍了“有计划性互动式教学法”的基本教学环节。在教师的说课之后，专任教师们则结合自身教学实践经验，对教学中的问题进行了深入的探讨。大的层面上是从教学理念、教学目标、教学内容等方面提供教学评价意见，小的细节则是就教学态度、教学方案、教学语言、教学内容、教学态势和教学媒体等方面提出建议，甚至于一个易让学生误解的知识点究竟如何表述方可让学生清楚明了而提供自己的教学方案。

2. 示范说课

示范说课要求说课教师的综合能力较强，能对听课人员产生示范作用。示范性说课，选择综合条件较好的优秀教师进行说课，听课教师从说课、评论的过程中，可以拓展思维，提高自身的教学能力，将较好的教学设计借鉴并应用于自己日常的教学活动中。同时，示范说课可以帮助教师，特别是经验欠缺的青年教师，更加清楚地展示说课的流程、注意事项等，可以很好地提高教师的说课技能。

示范说课案例：小老师做课件——几何复习

《小老师做课件——几何复习》说课稿①

芦山县芦阳小学　陈雷

尊敬的各位评委，各位老师，大家好！

我今天说课的题目是《小老师做课件——几何复习》。下面我就教材分析、教学方法、学法指导、教学程序、板书设计这五部分阐述如下。

一、教材分析

《信息技术》四川省义务教育课改实验教科书六年级上册是以综合应用为主线，注重培养学生结合其他学科知识，综合实践、解决学习和生活中的问题，促进和提高学生主动利用信息技术和信息资源解决实际问题的能力和实际的动手操作能力。教材以培养学生创新能力为指导思想，有效地将研究式教与学的方法融入教材体系，在教材中有意识地安排大量的尝试性、探索性的活动，引导学生积极主动地完成学习任务，逐步养成自主性和研究性的学习习惯，从而更加突出学生在教学过程中的主体地位。

《小老师做课件——几何复习》是《信息技术》六年级上册第三单元第9课。它是在学生明确主题，对已有的数学几何图形问题进行分类整理后，学习怎样根据研究主题，分类、分层、分组地设计规划课件，制作相关几何图形问题的复习课件，来展示主题研究的成果。在本课时中，只要求学生通过完成对PowerPoint设计文稿版式、几何图形的绘制和页面间的链接的学习，巩固在五年级上册第7～13课和五年级下册第6～10课所学习的用PPT制作多媒体课件的知识，进一步掌握展示学习成果的方法，同时也有机地形成了学生对现有的信息进行处理和与他人进行分享的能力。

根据教材的地位及特点，我确定以下教学目标。

1. 知识目标

进一步理解PPT制作课件的作用与意义，熟练掌握版式设计、几何图形的绘制、超级链接的应用。

2. 能力目标

培养学生合作的精神和解决实际问题的能力，并能在学习中探究规律，举一反三，融会贯通。

---

① 引自：陈雷（2011）。

3. 情感目标

通过对几何图形知识的课件制作，让学生进一步提高学习数学知识的信心和兴趣。

4. 教学重点

(1)几何图形相关知识的总结。

(2)PPT 版式的设计与页面内容分布。

(3)几何图形的绘制与页面的链接跳转。

5. 教学难点

PPT 各功能模块的综合运用与灵活运用。

二、教法设计

本课采用的主要教学方法有任务驱动法和创设情境法。

1. 设计的理论根据

一方面，信息技术课程本身的特点，要求我们知识及技能的传授应以完成典型“任务”为主；另一方面，建构主义学习观认为，学习活动是发生在一定情境中的，学习要选择真实性任务，以解决学生在现实生活中遇到的实际问题为目标。

此外，在课堂上展开小组竞赛，激发学生的学习兴趣，注重学生间的相互影响，建立竞争意识。注意观察学生动向，及时鼓励表扬好的现象，挖掘学生的潜质闪光点，以好带差，树立典型。引导为主，不断树立学生学习的自信心。

本课中，根据课题设置一个总任务，然后再根据内容与特点把它分解成一个个子任务，每个子任务与 PPT 设计的各种操作有机结合，并在竞争机制的引导下，让学生自己动手，以任务驱动的方式发展能力，使教学内容合理流动，水到渠成。教学中，启发、诱导贯穿始终，创造学生自主探究学习的平台，使学生变被动学习为主动愉快地学习，提高课堂 40 分钟的战斗力与生命力。

2. 层次要求

要求学有余力的学生完成拓展性任务甚至完成挑战任务。对绝大部分同学要求完成基本任务，并尝试完成拓展性任务。个别综合能力较差的同学，只要求完成基本任务。注重个别学生指导。

3. 辅助手段

数学几何图形知识课件。

三、学法指导

本课要求学生的学习方法有主动探索法、竞赛学习法。学习流程是“分析体验—接受任务—合作探究—综合运用”。

本课教学过程中，通过精心设计，让学生带着一个个任务通过课堂讨论、相互合作、相互激励、探究实践等方式，自我探索，自主学习，培养学生善于发现问题、发挥团结互助精神和自主探究解决问题的能力，使学生在完成任务的过程中不知不觉实现知识的传递、迁移和融合，发展能力，训练思维。

在设计这节课的时候，我注重体现以下几个思想。

1. 学科整合的问题。本课整合了数学、信息技术两大学科，同时注意了信息技术教育知识的学科特点，强调了教师的引导、启发作用。

2. 改变学生的学习方式。学生变被动学习为主动愉快地学习，并且通过多种学习方式处理信息，掌握操作。

3. 情景与任务驱动的融合。在任务抛出的时候，都创设了适当的情景，以此让学生在不知不觉的情景中积极主动地接受任务。

4. 在体验感受中学习。这节课中很“放”地让学生探究软件的功能，在探究中，学生肯定会有许多失败。正是在失败中，找到成功，让学生体验成功的喜悦。

5. 分层教学的实施。怎样照顾到学生个体差异性，使得每一位学生在教学活动中都获得个体的发展。不同对象分别对待，如学习任务就分为三个层次进行评价。

四、教学程序

1. 创设情景，引入任务（3 分钟）。

由谈话引导学生整理几何图形知识，并通过课件《平面图形的面积计算》来进行复习，从而引出本课学习任务：用 PPT 制作几何复习的课件。

2. 开展讨论，谋定后动（7 分钟）。

参考课件《平面图形的面积计算》的制作方法，组织学生讨论课件制作的方法。然后再参考教材第 69 页的封面设计方案制订自己的课件制作方案。

3. 提出层次任务，展开小组竞赛（25 分钟）。

要求学生参考教材内容，完成制作课件的任务。为了区分不同层次学生的技术水平，将任务分为三级。

1)第一级（基本任务）

(1)仿照教材，有包含文字、图形的封面。

(2)仿照教材，至少完成一个几何图形的学习页面。

(3)图形、文字的大小、字体等层次分明，突出主题、排列有序。

(4)封面有正确的超级链接来跳转到几何图形的页面。

(5)按照要求的命名规则保存（课件题目、姓名、班级数字）。

2)第二级（拓展任务）

(1)有较多的多媒体元素的封面，如艺术字等。

(2)至少完成两个几何图形页面。

(3)各页面有统一和谐的色调与背景，图文排列美观。

(4)能从各页面自由跳转回封面。

3)第三级（挑战任务，不要求全部具备）

(1)页面跳转时有切换动画。

(2)图文有出场动画。

(3)由按钮来实现各页面跳转。

(4)有超出教材以外的几何图形知识。

4. 检查评定，作品展示（7 分钟）。

各小组组长在规定的操作时间结束后交叉检查其他小组完成情况，并据此评定小组成员完成的任务层次、小组完成度、最佳作品。教师汇总各组长检查结果后，展示各小组最佳作品并进行评价。

5. 归纳总结、布置课后思考（3 分钟）。

由最终确认的最佳作品的作者回顾自己的创作思路与方法（教师适时将其所述整理后板书）。

思考：在接触过的软件中，有没有也可以将学习内容展示给大家共同学习的更好方法呢？（可留作课外思考题，本节不做解答，为下一单元的网站设计制作的导入埋下伏笔。）

五、板书设计

做“几何复习”课件。

（根据学生口述内容而定。）

【案例点评】

本说课曾获芦山县信息技术说课竞赛一等奖，此案例结构完整，从教材分析、教学方法、学法指导、教学程序、板书设计这五部分进行阐述，能够体现扎实的课程理论功底，详略得当，安排合理，以“引导学生积极主动地完成学习任务，逐步养成自主性和研究性的学习习惯”为指导，能够起到示范说课的效果。

3. 考评说课

一方面，因为说课具有条件限制少、效率高的特点，所以这种类型的说课适用于学校对教师的教学情况进行考核，或者作为教师教学水平的参考之一。采用说课的形式，对教师的考核，占用资源少，操作简单，效率高。另一方面，这种类型的说课广泛应用于教师间的竞赛，属于比赛性质的活动。通过此类型的说课，教师按照相关内容做准备，然后由组委会安排时间进行比赛。评委依照相关的评分标准打分，决定比赛名次，达到交流的作用，推动着教师对教学活动的不断探究。如全国“小学信息技术与学科整合”说课比赛。

考评说课案例：认识计算机

《认识计算机》说课稿①

大家好！我是铜陵市实验小学的信息技术教师，很荣幸与大家共同交流使用新教材的思路和具体做法。今天我汇报的内容是电子工业出版社出版的《信息技术》小学版第 4 册第 26 课《认识计算机》的教学设计。本节课我将以教什么、怎样教、为什么这样教为深入点，从教学内容、教学对象、教学目标、教法和学法以及教学过程等六个方面进行说明。

---

① 引自：佚名（2011a）。

一、教学内容及对象分析

《认识计算机》是教材第4册第二单元教学内容。本单元主要是介绍计算机硬件知识，主要包括计算机的发展、系统组成、计算机主机、存储设备和输入、输出设备等内容。通过学习，教师让学生了解和认识常见的计算机硬件设备，深入理解硬件与软件之间的关系。本节课的主要内容是介绍计算机发展史、计算机的分类及计算机软、硬件系统的组成。

本节课授课对象是六年级学生，在这之前学生已经对计算机有了一定的了解，他们认识电脑鼠标、键盘等硬件设备，还掌握了常用的应用软件操作。但孩子们对计算机的发展及计算机的系统组成认识不是很清晰。通过本节课学习孩子们将进一步了解计算机的历史和发展趋势以及认识计算机的系统组成。经过本课学习之后，对学生进一步了解计算机主机的外观及内部组成，以及了解存储设备和输入、输出设备有很大帮助。这个年龄段的学生对电脑有着很强的好奇心，并且对学习电脑有很大的兴趣。

但是由于以往我们只注重软件的应用，对计算机的系统组成却不十分了解。因此，认识计算机的系统组成及如何区分系统软件和应用软件就成为本节课的重难点内容。为了突破本课的重难点，在教学过程中我寻求让学生多观察问题、发现问题，多与同学间进行合作交流，努力培养学生的探索精神，充分发挥他们的聪明才智。

二、教学目标

本课学习材料贴近学生生活实际，操作性强，适合学生进行自主探索、自主发现式学习。根据教材特点与学生实际，我制订以下4个学习目标。

1. 了解计算机的历史和发展趋势。
2. 认识计算机的系统组成。
3. 激发学生学习计算机硬件知识的兴趣。
4. 提高学生学习、使用计算机的兴趣和互相合作意识品质。

三、教学环境

本课需要教师通过传奇或腾图软件进行演示操作，在进行评价时也需要展示学生作品，因此要求在局域网环境中进行教学。

四、教法阐述

依据考虑到学生年龄特点，设计本课时，在学生学习基础知识，训练运用技能的基础上，着重考虑了兴趣和能力的培养。具体表现为以下两方面。

1. 情境设计——乐学、想学。

自己用电脑演示：由于小学生在机房的注意力难以长时间集中，多讲无益，对于简单知识干脆就不讲，让学生自己掌握，老师将给予适当点拨。教师将基本的操作规则告诉学生，就让他们自己去做了，因此，最后在总结时，学生对于刚才自己的劳动一定很在意，无论是发言的同学，还是听讲的同学，都会十分认真，可以很好的达到学习的目的。

2.任务设计——使学生会学。

知识及技能的传授应以完成典型“任务”为主。在这堂课中，每个小组的学生都有自己的任务，学生通过对所担任的任务进行思考、分析、完成。在教师的演示操作过程中，也只是点到为止，给学生留下很大的操作空间。由学生被动听，而变为主动完成任务的过程。因为是主动的做，将枯燥的知识练习暗藏于生动有趣的任务之中，不但使学生情绪饱满，而且将学到的知识用于实际操作中，有利于对新知识的理解、掌握和熟练运用。

五、学法指导

本课教给学生的学法是“接受任务—思考讨论—合作操练—总结巩固”。

建构主义学习理论强调以学生为中心，要求学生由知识的灌输对象转变为信息加工的主体。故此本课教学过程中，巧妙设计，让学生带着一个个任务通过上网搜索、课堂讨论、相互合作、实际操作等方式，自我探索，自主学习，使学生在完成任务的过程中不知不觉实现知识的传递、迁移和融合。

六、教学过程

根据本课教学内容以及信息技术课程学科特点，结合六年级学生的实际认知水平和生活情感，设计教学流程如下：

(1)任务驱动，激趣导入；

(2)初步尝试，探究新知；

(3)教师引导，巩固新知；

(4)强化练习，形成技能；

(5)课外实践，拓展延伸。

具体阐述如下：

1.激趣导入，讲授新知

首先，教师开门见山直接问学生你喜欢电脑吗？会用电脑干什么？同学们会这么多呀！现在我可要考考你们了：“看，知道这是什么吗?”（课件出示埃尼阿克）根据学生回答，教师加以简单的总结：“它是世界上第一台计算机，名为埃尼阿克，它于1946年生于美国，它的主要元件是电子管。”

此环节设计目的是创设美好的学习情境，调动学生的积极性，利用学生的爱心，乐于助人的精神有对美好事物的向往，激发学生的学习兴趣，使学生在情景中主动、积极地接受任务，激发了学生学习兴趣，为全课奠定轻松愉悦的学习氛围。同时复习已经掌握的操作技巧，为后面的教学打下铺垫。

2.教师引导，探究新知

同学们，随着第一台计算机的产生，计算机就得到了不断的发展，你们能通过自己的能力找到答案吗?

(1)任务一：电脑发展史。

计算机发展经历了几个阶段：

时期	组成器件	时间
第一代	电子管计算机	(1945～1955 年)
第二代	晶体管计算机	(1955～1965 年)
第三代	集成电路计算机	(1965～1980 年)
第四代	大规模集成电路	(1980 年～至今)

这一环节我把学生分成 4 人 1 小组，1 位组长，1 位搜索资料（不仅仅只有网上搜索），1 位加工整理，1 位负责汇报。这个环节我放手让学生看教材、或上网找资料自己完成任务。孩子们都有很强探索欲和表现欲，教师正是抓住了孩子们这一心理特点，让学生亲自体验，在探究中学习到蕴含在其中的技能。在这种情境中，就有可能使学生充分发挥潜能。可能有人会担心这一环节放手让学生去做，有的孩子完不成任务会挫伤他的积极性，我认为孩子都有很强的好胜心，这一环节他没有完成任务反而会促使他带着问题更好地学习。

讲解完后教师出示几幅现代微型机的图片。让学生认一认，说一说，再出示任务二。

(2)任务二：计算机的分类（看书、老师课件）。

(3)任务三：想象未来的电脑会是什么样的？

当学生完成任务后教师让学生想象未来的电脑会是什么样的？你的未来电脑都有些什么？学生会说有键盘、鼠标等。这时教师引出计算机中能看的见得和摸得着的叫做硬件。如鼠标、键盘、显示器等。

教师举例："音乐、画图我们能摸得着吗？那么这些看不见摸不着的东西我们就把它叫做'软件'。计算机中也是一样的，你能举例说明吗？（学生回答画图、Word、电子报刊等）同学们说得都很好，这些都是软件。可是我有个问题了，我想听音乐，可是连计算机都打不开了，我还能听吗？那么，这些能管理计算机的软件就是系统软件。因此，我们又将软件分为系统软件和应用软件。"

这一环节，学生在教师的讲解演示以生活中的事物为例子来说明计算机系统的组成，使学生很容易就区分出了系统软件和应用软件；很好地突破了本课的重难点。

3.强化练习，形成技能

测试 1：继续收集你们小组探究的问题。

测试 2：你能想象出未来计算机会发展成什么样吗？能把它画出来或描写出来吗？

测试 3：小组间互相出题测试，看看谁的新知掌握的好。

根据学生的年龄特征和心理特点，让学生自己选择喜爱的内容进行巩固练习，使原来枯燥乏味的机械练习充满了生机，学生在亢奋的思维状态下进一步巩固新知，也促使学生乐学、善学。

因此，本课中我采用师评、生评、互评、自评等多元化的评价方法，如教师在学生作业中找出有特点作品，让学生自己进行评价或让同学对作品进行评价，这样在评价的过程中学生也可以进一步巩固所学内容。同时，也加强了小学生口头表达的能力。

4.课外实践，拓展延伸

让学生把本节课收集到的内容回家后制作成电子报刊或小动画，然后当小老师讲解给自己的亲人和朋友听。

给学生一个开放的思维空间，培养学生应用信息技术的实践能力，激发学生课外收集信息、加工整理信息的欲望，同时也是一次很好的反馈机会。

总体思路：

本节课的教学设计，力求体现新课程改革的理念，给学生自主探索的空间，为学生营造宽松和谐的氛围，让他们学得更主动、更轻松；力求在探索知识的过程中，培养学生的实践能力、创造能力、合作精神，鼓励学生大胆发表自己的意见，最大限度地调动学生学习信息技术的积极性、主动性和创造性，达成教学目标。

【案例点评】

《认识计算机》从教什么、怎样教、为什么这样教为基本点，从教学内容、教学对象、教学目标、教法和学法及教学过程六个方面进行说明。此案例的特点是教给学生“接受任务—思考讨论—合作操练—总结巩固”的学法。该说课设计，内容较完整，教学目标较为恰当，教学流程详细清晰。

4. 实践型说课

这种类型的说课，是教师根据具体的某一课题而开展的说课，主要是教材中某课时的内容。

实践型说课案例：遨游因特网

《遨游因特网》说课稿——认识 Internet①

澄迈县中兴中心学校　蒙绪烽

一、说教材

1. 教材分析：《遨游因特网》是小学信息技术教材，教学对象是小学五年级学生。它是通过教学使学生认识浏览器，初步了解 Internet 的应用，并掌握上网浏览的基本操作方法，提高对 Internet 的吸引力。新的教育理论告诉我们，学生的需要就是我们教学的动力，基于此点，我设计了这一课时，让学生认识浏览器，同时培养学生的自主学习、小组合作、自我创新能力。

2. 教学目标：

(1)认知目标：学生认识浏览器，初步了解 Internet 的应用，并掌握上网浏览的基本操作方法，提高对 Internet 的吸引力。

(2)能力目标：培养学生借助网站进行自主学习，浏览资料等探究新知识的能力；培养学生小组合作、自我创新的能力，以及提出问题、分析问题、解决问题的能力.

(3)情感目标：培养学生相互协作的意识，养成属于学生自己的科学精神、科学态度；让学生在自我展示、自我激励、体验成功中激发求知欲，在不断探索中陶冶情操。

---

① 引自：蒙绪烽（2011－4－10）。

3. 教学重难点：重点是上网浏览的基本操作；难点是网络环境下的研究性学习，浏览器的基本操作。

二、说教法、学法

1. 教法：本课采用的主要教学方法有任务驱动法、创设情境法、展示法分层教学法、赏识教学法等教学方法。信息技术教学大纲指出知识及技能的传授应以完成典型“任务”为主。因此，让学生通过自学、运用已学知识，自己动手或小组合作，完成任务，使教学内容合理流动，水到渠成。教学中，启发、诱导贯穿始终，充分调动学生的学习积极性，培养学生的信息素养。

2. 学法：本课在教学过程中，学生带着任务通过自主学习、在线讨论、合作操作等方式，自主探究学习、交流，让学生在完成任务的过程中不知不觉实现知识的传递、迁移和融合。

三、说学情

1. 状态方面：五年级小学生有特定的心理特征：好玩、好问、好奇，他们对理论性强的知识点不易理解，对信息技术课的兴趣很高，具有极强的操作性。天才学生和一般学生及后进生的认知能力、思维能力、基础知识等的不同会对教学效果、学生学习进度和掌握程度产生不同影响。

2. 操作方面：五年级的学生已会较熟练地操作鼠标，经过教学能具备一定的网上浏览和资料下载能力。

四、说教学过程

根据本课教学内容以及信息技术课程学科的特点，结合五年级学生的实际认知水平和生活情感，设计教学流程如下。

1. 课前交流：展示动画片，告诉我们只满足于做井底之蛙是不行的。在信息时代，人们把拥有丰富信息的网络比作海洋，我们可不要做“井底之蛙”，要做能在网络海洋冲浪的好少年。刚才的动画片就是老师从网络下载的，只要你们学会了浏览因特网，你们也可以找到自己感兴趣的信息的。还等到什么呢，一起去遨游因特网。

2. 教学过程：

1)创设情境，激趣导入

计算机网络是计算机与通信技术相结合的产物，它将多台计算机联系在一起，实现资源共享。按其覆盖的范围，可分为局域网和广域网。我们教室里的这么多台电脑联在一起组成的就是局域网，而 Internet 则是世界上最大的广域网。

2)协作学习，探究新知

(1) 任务一：网络快车——认识浏览器。①指导学生阅读课文，引导发现“IE”浏览器图标特征，图标是蓝色的字母“e”；②让学生通过打开 PowerPoint 的方法，尝试启动“IE 浏览器”；③简单地介绍浏览器的小知识，尤其是一些常用的按钮，如地址栏、停止、刷新等；④竞技场：用最快的方法打开浏览器。

打开浏览器是学生学会上网的基本操作，是本节课的重要环节，本任务主要采用了演示法，让学生主动探究，发现浏览器的图标特征，并掌握打开方法。这样，就克服了学生厌恶的心理，调动了学生主动探究的欲望。通过“竞技场”的设计，引导学生发现操作的捷径，由此培养学生探究未知世界，寻求处理问题最佳途径的意识。

（2）任务二：虚拟驿站——认识网址。①认识地址栏，通过举例说明，让学生自主学习网址的知识；②打开“浏览器”，带领学生在地址栏中输入网址（http://www.sina.com.cn/），注意插入点的位置；③学生自己尝试输入网址，尝试浏览打开如中央电视台（http://www.cctv.com/）。

我在课堂教学中充分利用“任务驱动法”，提供学习支持材料，培养学生自学、协作和创新能力。通过“比一比、试一试、练一练”，让学生在质疑、自学中认识网址，并学会运用。

（3）任务三：超级链接——认识链接。①你看到了中央电视台网站的哪些精彩内容；②学生上台展示浏览页面，引导观察指针的变化，认识“超级链接”的相关知识；③交流总结学习成果，练习游览儿童园地（http://www.21child.com/）等网站。

超级链接是网络技术的核心所在，也是本节课的难点之一。从知识的角度看，对学生来说，是非常抽象与深奥的。我在教学设计中，合理避免了枯燥的简单讲授，而是让学生尝试后自主发现。当鼠标指向一些文字或图片时，指针会发生变化，并且通过这些文字或图片又能进入另一个精彩的世界。

（4）任务四：网络搜捕——认识“搜索引擎”。①通过我们的学习，已经基本掌握了网络浏览的方法，下面将进入家乡的有关网站；②学生尝试进入，激发疑问，明确网址；③师生共同讨论，探索解决途径，揭示“搜索引擎”，举例介绍利用“百度”网站，搜索资料；④小组合作，练习进入“有关澄迈的网站”，讨论交流澄迈值得你自豪的地方，总结搜索方法。介绍其他搜索引擎，如网易、google 等。

现代教学论认为学生是学习活动的主人，如果能让学生通过自己的努力去发现知识，创造更美的东西，那将是信息技术课教学孜孜以求的最高境界，因此，我在本环节教学中采用“尝试—讨论—再尝试”。变被动学习为主动学习。还与思想品德进行学科整合，激发学生的爱乡之情。

3. 教师总结：网络带给我们许多方便之处，我们一方面要把上网的方法牢牢地学到手，以使网络更好地为我们的生活和学习服务。但另一方面，网上也不可避免的有一些有害信息，对于这些信息，我们还是要加以防范，上网要注意网德。

教师介绍全国青少年网络文明公约。

4. 实践运用、巩固方法：比一比，谁找得快？要求搜索有关旅游景点或 2008 年北京奥运会的资料。

5. 归纳总结、完成建构：

(1)让学生说一说上网的一般步骤。上网时鼠标指针的变化情况。

(2)老师介绍网址，说明什么是搜索引擎。

6. 总结提炼、课外延伸：请到网上搜索关于神舟六号的资料，并与班中同学交流搜索方法。

五、说设计理念

对于这一节课的设计，我着重考虑了这样的几点。

1. 学科整合的问题。本课整合了信息技术、美术和思想品德三大学科，同时注意了信息技术教育知识的内部整合。

2. 改变学生的学习方式。学生由被动学习转为主动学习，并且通过多种学习方式（如自主学习、协作学习、自我创新等）获取信息，掌握操作。

3. 情景与任务驱动的融合。在任务抛出的时候，都创设了适当的情景。

4. 加强学生的网络道德教育。

5. 讲练结合。单就内容而言，对五年级学生来说是非常感兴趣的东西，因此在课堂上只需坚持精讲多练的原则。

六、说板书设计

《遨游因特网》
浏览器
四个认识　　网址《全国青少年网络文明公约》
链 接
搜索引擎

【案例点评】

《遨游因特网》是小学信息技术教材中的内容，此案例分析了教学内容的特点之后，确定了教学目标。并在分析了学法和教法之后，详细阐述了教学过程。

5. 理论型说课

这种类型的说课，是教师根据某一理论或某一观点而开展的说课，包括对某一学法、某一教法的说课等。

理论型说课案例：建设节约型社会，走循环经济之路
建设节约型社会，走循环经济之路①

各位评委、专家、教师们：

早上好！我今天说课的课题是《建设节约型社会，走循环经济之路》，是人教版，适用于高三第一轮复习课。

一、说教学设计

以构建主义理论为指导，从“如何发挥信息技术优势为高三政治复习课服务和如何体现新课标‘体验学习’‘协作学习’‘个性化学习’”精神出发，把教学目标定位为通过“自主学习”“协作学习”，在人机互动、生生互动、师生互动的过程中，使学生理解

① 引自：沈河教育网（2011）。

“建设节约型社会，走循环经济之路”的必要性和重要性，并作理论上的解析，为努力建设节约型社会奠定理论基础。

二、知识与技能

利用信息技术优势，通过在线帮助等，使学生轻松疏理政治学科相关知识；通过协作学习、BBS论坛，帮助学生理解知识。

三、过程与方法

通过搜集、整合信息，提高学生信息技术素养；通过协作学习、BBS论坛，培养学生团队协作精神和自主学习精神。

四、情感态度与价值观

学生在理解“建设节约型社会，走循环经济之路”的基础上，提高对中国共产党执政能力的信任度，树立科学发展观，树立科学的世界观、人生观、价值观。

五、教学重点、难点

重点是利用网络技术，理解“建设节约型社会，走循环经济之路”对中国经济可持续发展的意义；难点是处于第一轮复习阶段的学生，知识网络正在构建中，思维拓展存在一定的困难。学生对在网络环境下自主学习的方式适应和信息技术应用存在着较大的差异，运用知识的能力有待于提高。为此网络课件通过“相关链接”“在线帮助”“协作学习”来克服。

首先进入主页，形象生动的滚动式图片新闻和Flash动画新闻，富有挑战的“环保知识大挑战”游戏，很快吸引学生进入上课状态。“学习方法”“学习目标”“重点提示”“栏目导航”使学生明确本课的教学方式、学习方式，使目标、任务明确。左边共享边框起着全课程导航作用，为学生查询、浏览、在线帮助提供服务；上方共享边框“节约之音”“节约之政”“节约之思”“节约之行”为在线课堂四个环节，便于学生根据个人实际水平进行自主学习探究。

进入在线课堂“节约之音”。本网页是经过精心筛选、组织的“建设节约型社会，走循环经济之路”的Flash动画和直观形象的图片、简明扼要的问题，为完成“建设节约型社会，走循环经济之路”的重要性、必要性作好铺垫。本网页知识层面上属于“温故知新”阶段，因此通过相关链接，如“解读节约型社会”“唯物辩证法”等知识链接，帮助学生快捷有效地提炼、整合信息。

进入“节约之思”，这是本课时的重点，也是本课时的难点。这突出重点，突破难点，本网页设计为“层层推进”，从知识层面来讲，“命题分析”“命题预测”“命题相关知识”“整合应用”循序渐进，在问题探究中由浅入深。首先，学生自主学习，领会、思考命题设计思路；其次，以小组为单位探究，在强化知识的同时，发挥同伴互助的作用，既培养学生自主学习能力，又培养学生协作学习中的团队精神。通过本环节学习，学生将“建设节约型社会，走循环经济之路”从感性认识上升到理性认识，在最后的

“整合应用”中突破难点，突出重点，拓展文科综合思维。

进入“节约之行”。本网页为三个论坛。论坛材料新颖，角度各异。论坛一突出协作学习；论坛二强调同伴互评，拓展教材；论坛三注重德育渗透，培养创新精神。本网页的温馨提示，像本网站所有温馨提示一样，提醒学生注意学习方式，强化学生转变学习方式意识。论坛下文的管理按钮，既可以便于教师与学生个别交流，体现信息技术的个性化学习优势，也可以便于教师管理，便于教师发挥引导作用。

以上“节约之音”“节约之思”“节约之行”，无论是知识层面，还是问题设计均坚持“由浅入深”，由简单到复杂，符合第一轮复习学生的认知规律，“节约之政”贯穿课堂教学始终，为学生提供时政层面的理解和应用（包括如何解题及参考答案），保证了整节课的高效率、高容量，解决了整合课时间紧张的难题。

六、说教学创新

1. 充分利用网络优势，以非线性视角，建构立体型的知识网络和“教师概念”。

(1)理论援助是解释热点概念，解读热点内涵，帮助学生构建完整的时政知识。原理援助：温故知新，整理课本原理，构建知识体系，为培养综合分析能力判定基础。

(2)“在线帮助”“相关链接”“同伴协助”“教师传授”相结合，构建全新的“教师概念”，同伴、网络都是最好的老师，促进学生转变学习方式。

2. 忠于教材，超越教材，实现新课程理念。

(1)网站知识，拓展教材。“新闻导读，时事解读，理论援助”，使学生在自主学习、体验学习中深化教材知识。

(2)动态问题，创新教材。在共享同伴协作学习成果时，将他人的问题与思考转化为自身新的思考，从而活用了教材，收获着创新的快乐。

3. 网站设计，突出高效性。以直观生动的丰富资源为依托，有利于激发学生的学习积极性；将网络课件挂在服务器上，将学生按异质分组（不同素质互补），有利于学生开展课内外学习相结合，使课前自主学习和课后延伸的个性化学习成为可能。同时本网站资源丰富，文科资源综合可以使不同的课程用同一个课件，实现教学设计的高效性。“共享边框”的快捷链接、“BBS 论坛”有效管理，展示信息技术有效为教学服务的显著优势。

【案例点评】

《建设节约型社会，走循环经济之路》是作者提出的观点，此案例先说教学设计，从而提出教学目标、教学重点和教学难点，然后详细说明了教学过程设计，最后以教学创新为结束，深化了说课观点。

三、典型案例介绍

1. 说课案例方案

《快速建立秩序册》说课稿教案一①

1)学情分析

本单元的内容与以往所学软件有所不同，是对数据的处理，要注意个别学生懒惰的思想，调动学生学习积极性。

2)教学目标

让学生掌握电子表格的使用基本技巧，掌握数据和表的修饰。

3)过程与方法

趣味运动会秩序册的制作。

4)情感态度、价值观

学生通过学习数据的统计，掌握如何处理数据，增长一门信息技术的工具。

5)重点

数据的输入，格式菜单的使用。

6)难点

填充柄的使用。

7)教学过程

(1)数据输入。①工作薄；②工作表；③单元格、单元格名称；④编辑栏；

(2)输入技巧。①单元格的选定：整行、整列、单个单元格、连续单元格、不连续单元格的选定；②单元格的移动或复制；③数据输入的技巧，包括重复数据输入和有规律数据的输入如填充柄的使用。

学生新建秩序册，练习输入，熟悉软件环境。完成后保存在硬盘中，不上传档案袋。

(3)数字格式。选中单元行或列，将单元格设为不同的数字格式，如文本、数字、日期、分数等。

(4)美化与修饰。①单元格内容的美化：对字体、字形、字号和颜色进行设置；②单元格的对齐与合并（水平、垂直）。

《快速建立秩序册》说课稿教案二②

各位领导、老师大家好！

我说课的题目是初中信息技术教育下册第七单元第一节——《快速建立秩序册》，不足之处敬请予以批评指正。

---

① 引自：培训堂—中国教师研修网（2011）。

② 引自：中国教师站（2011）。

一、说教材

1. 教材分析

《快速建立秩序册》一节是学习电子表格的基本内容，在这节课使学生了解二维数据表格的基本结构，并能够利用各种输入技巧熟练将特征信息制作成精美的二维表格，为将来的数据处理打下基础。因此，这一节课的内容是本章的基础内容，学好此节内容为以后利用电子表格进行各种处理操作，解决实际问题打下基础。

2. 教学目标

(1)知识与技能：使学生了解二维数据表格的基本结构，能够熟练的制作出精美、实用的二维数据表格。

(2)过程与方法：通过讨论趣味运动会活动方案，建立该活动的秩序册，归纳电子表格的设计和处理方法，根据需求，设计出合适的电子表格方案。

(3)情感态度与价值观：通过参与“趣味运动会”活动，树立集体主义观念和科学的价值观。并通过设计电子表格，形成积极主动的学习态度。

3. 教学重点和难点

本节的教学重点是电子表格的输入技巧与美化方法；难点是数据的输入技巧。

二、说教法、学法

1. 教法：采用任务驱动教学法和启发法。任务驱动教学法是指通过设立任务，创设情境，激发学生学习的兴趣。启发法是指通过回顾旧知识，启发学生解答不同的输入方法及美化与修饰方法，掌握各种输入技巧与修饰技巧。

2. 学法：通过创设活动，激发学生积极思维，在实践中引发学生发现问题，分析问题，解决问题。

三、说教学手段

利用网络教室现代化教学手段采用启发式教学法，使学生在操作实践中探索学习。

硬件准备：计算机网络教室

软件准备：Windows 操作系统、Microsoft Excel、LanStar VC xp 纯软件多媒体教学网络系统、电子学习档案袋。

四、说教学过程

1. 教学理念

新课程改革倡导“以学生为主体，教师为主导”的教育理念，教师在教学过程中，本着启发、引领的教学方法，使学生在学习中发现问题、提出问题、分析问题、解决问题，不断提高学生的信息素养。通过应用软件的学习不断提高学生的综合实践能力，变“要我学”为“我要学”，旨在培养学生积极探索的精神及挖掘他们的开拓创新能力。

2. 新课引入

教师提出电子表格作品的设计理念是什么呢?

为了对数据进行有效的整理、分析，并能迅速地处理数据。

为做好“趣味运动会”的报名和组织工作，根据同学们的报名参赛情况设计班级竞赛的秩序册，用电子表格形式制作出精美实用的作品。

3. 教学过程

(1)首先认识电子表格。通过分析“趣味运动会”报名工作所列项目编制秩序册表格的表头。并分析各项目的数据类型便于输入表格数据。

(2)在输入电子表格作品中学习输入技巧。通过启发学生回忆电子板报作品中的输入技巧，自己尝试输入数据。

(3)根据学生输入情况着重讲解电子表格中数据的输入技巧。

(4)学习对特殊数字格式的定制。

(5)通过启发学生回忆电子板报中的修饰方法，对输入好的电子表格作品进行美化与修饰。通过对比学习新的修饰方法。

(6)保存工作簿。

最后，教师总结电子表格作品的优势，引发学生继续学习的兴趣，为下一节的学习打下基础。

4. 重点、难点突破

以任务驱动教学方法来激发学生自主学习的热情，通过对旧知识的回顾和对比，引发学生自己发问，努力探索，激发学生的求知欲，从而对重点内容的学习印象更深刻。

五、教学反思

1. 课堂教学要以学生为主体，尽量发挥学生的主体意识，教师提供学习向导，由学生来完成操作，教师在操作过程中予以补充，做学生学习的引路人。

2. 加强探究式教学的运用，培养学生的自学能力，师生在学习过程中交流思想、方法、经验。充分利用电子学习档案袋的功能，交流一些好的学习技巧与学习方法。

2. 案例点评

(1)分析教材方面。案例二中教师将教材分析明确，确定了学习该章节的前后关系，将教材编排的目的分析清楚，分析的教学重点、难点较合理。

(2)教学目标方面。案例二中教师把教学目标按照“知识与技能、过程与方法、情感态度和价值观”三个维度进行分析，制定得全面，比较准确。

(3)分析学情方面。案例二说课中，对于学生的年龄特征、学习方法、思维方式、学习已有的基础能力等分析欠缺。

(4)教法学法方面。案例二中，教师采用任务驱动教学法和讨论法进行教学；在学法方面，通过创设活动，激发学生积极思考，在实践中引发学生发现问题、分析问题和解决问题。

(5)教学流程。案例二中教师的教学思路清晰，教学环节的设计联系紧密。

总之，在案例二说课中，说课各个环节紧紧相扣，逻辑性强。该案例中，最大的特点是能够体现新课改的教育理念，老师本着“以学生为主体，教师为主导”的教育理念，使得学生的学习态度由“要我学”转变为“我要学”。该说课设计，内容较完整，教学目标详细，教学流程清晰。采用任务驱动法，在导入环节创设情景，吸引学生的注意力。但是，案例二说课中有一个方面需要注意，欠缺学情分析的相关内容。

案例一中则存在较多问题，说课内容不完整，该例子更像是教案，而不是说课稿，并且内容十分简单，这是一份不好的说课稿，我们应该借鉴案例二来写说课稿。

第二节　说课技能训练

一、技能应用须知

1. 说课的设计

说课的重点是阐述教学设计以及相应的理论依据，其主要内容一般包括说教材、说目标、说学情、说教法和学法及说教学流程。

1)说教材

(1) 分析教材。说清楚教材属于哪一章节，哪一册，在本书中的作用，前后都有哪些知识，为什么要这样编排本节内容，教材的知识结构是怎样的。

(2) 确定教学重点、教学难点。①教学重点，就是教师在课堂上着重讲解的部分，是学生必须掌握的内容。②教学难点，就是对于学生目前的学习基础和学习情况，难于理解和掌握的部分。教师上课，一定要重点、难点突出，引导学生学好本章节的内容。在重点、难点的制定上，除了要熟悉教材和大纲要求，还要考虑学生的学习情况、年龄特征、接受能力等因素。

2)说目标

教学目标在教学活动中占据重要位置。制定教学目标，一要目标全面，推行新课改后，教学目标应是三维目标，包括知识与技能，过程与方法，情感态度与价值观；二要目标准确，教学目标的制定之前要充分分析学生的实际情况，了解大纲，熟悉教材；三要目标易实现，教学目标不能空谈，一定是要能在实际的教学中直接操作，是学生测评结果的重要指标。

3)说学情

学情是指学生的学习情况，包括学生的年龄特征、学习方法、思维方式、学习已有的基础能力等。按照维果茨基的最近发展区理论，认为学生的发展有两种水平：一种是学生的现有水平，指独立活动时所能达到的解决问题的水平；另一种是学生可能的发展水平，也就是通过教学所获得的潜力。两者之间的差异就是最近发展区。教师就是要在教学活动中引导学生从已有水平达到潜在的水平。说学情，就是要充分、全面、客观地分析出学生的学习情况，以便于教师制定出恰当的教学目标，使得教学活动顺利进行。

4)说教法和学法

（1）说教法。教法与教师的自身特点、学生的心理特点、教学内容和教学条件等有关。教师在一节课中一般以一种教学方法为主，融合其他教学方法，达到丰富课堂内容和利于学生学习相关知识的目的。在教师教学中，教学手段的选择也很必要。教学手段主要是指教学中教具的选择和使用。随着现代科学技术的发展，越来越多的教辅手段应用在教学中。为了教学活动效果更好，教师应该尽量多使用现代的教学手段，恰当地选择教学手段，这样可以使课堂更加生动、活跃，调动学生的学习积极性。

（2）说学法。学法主要指学生学习课程知识的方法。教师在教学中有必要对学生的学法进行指导。主要指导学生针对不同的学习内容采取合适的方法，针对不同年龄阶段的学生采取恰当地方法，从而提高学生的学习效率。

5)说教学流程

教学流程主要是指教学思路，教学步骤以及相应的理论依据。一方面，教师应说明这堂课的导入环节是怎么设计的；讲授新课分哪几个板块来进行；有没有课堂讨论环节，如何进行强化训练等等。这些教学环节一定要过渡自然，前后联系紧密，层层深入，启发学生不断探究。另一方面，教师应该说明这些教学环节所占用的时间，并从教材、学生特点等因素来说明为什么要这样分配时间。同时，在说清教学思路时，教师还应说明这堂课的板书设计。板书设计涉及板书的时间，板书的形式，板书的内容等。板书设计要求具有科学性，简洁性，能引导学生建立该教学内容的框架结构。

2. 说课应注意的几个问题

1)处理好课程标准与教材的关系

课程标准具有指导作用，是制定教学目标、选择教学内容，确定教法和学法的重要依据。教材是相关专业人员根据课程标准而编写的，是师生的主要知识载体。教师在说课之前应当认真学习课程标准，将教材的内容进行处理，使教材和课程标准相结合，提高说课质量。

2)把握说课与备课的关系

备课，是教师个人或教研组在上课之前将教学思路和教学流程用文字和图表形式表现出来的思维活动。而说课是针对某一课题或某一观点，阐述教学设计以及相应的理论依据，达到教师间交流的一种研究活动。备课所写的教案，是帮助教师完成课堂教学活动，理清教学的思路。说课所写的讲稿，是帮助教师完成说课活动，提前准备好要阐述的内容。备课主要是应用于具体的课堂教学，包含教师活动和学生活动，课堂教学大致按照备课的内容来进行；而说课除了要说明教学思路和教学流程，还要重点说明这样设计教学活动的理论依据，使教师相互交流，进一步改进教学设计。

3)把握说课与上课的关系

说课和上课都以课程标准、教材、学生的学习情况为依据，指导学生更高效地学习两者所不同如下所示。

（1）对象不同。上课的对象是学生，而说课的对象是教师、专家或者其他听众。

（2）时间不同。上课的时间为一整堂课的时间，40 分钟左右，而说课的时间一般为 15～20 分钟。

（3）目的不同。上课主要是教师向学生传授知识和技能，而说课主要是说课人员和听课人员进行交流，改进教学设计的一种研究活动。

（4）内容不同。上课的主要内容是按照教学目标和教材而选择的、让学生掌握或了解的知识和技能等，但说课的内容是教学设计以及理论依据。

4)说课要详略得当

教师在说课时应该详略得当，对于教材分析、教法学法分析、教学流程和理论依据等一定要详细讲述，其余部分应该简略。教师在说课中要把握语气语调，重要内容应当突出，特征鲜明，展示出说课内容中的闪光点，体现自己的教学思想，以供教师之间交流。

二、训练可选题目

1. 题目 1：认识垃圾邮件①

1)教学思想与理念

《认识垃圾邮件》这一教学设计是一个基于互联网环境下，采用 Webquest（基于网络的研究性学习）模式，并利用 Blog（Blog，是 Weblog 的简称。Weblog，是 Web 和 Log 的组合词。Weblog 是在网络上的一种流水记录形式，也称为“网络日志”）工具进行交流、讨论的教学设计。这个教学设计是运用自主建构模式的学习方式。建构模式就是要强调必须以学生为主体，在教师为学生创设的“底基”基础上，慢慢通过自己的研究学习，把学到的东西“构建”起来。而在整个教学过程中教师就只是担任主导的角色，帮助和促进学生建构知识。

在教学设计中，也采用了“任务驱动法”。当然，提出的这个任务，也需要细心的研究。首先，提出的任务必须能激起学生的兴趣，能与学生的日常生活密切相关。这样，在教学中就能充分地调动学生的学习积极性，以“解决日常问题”的这样一种心态去完成任务。另外，提出的任务也必须是切实可行的。太容易或太难的任务都会减少学生学习的兴趣。老师向学生提出的第一方面的问题是垃圾邮件的影响及危害；第二方面的问题是如何预防和处理垃圾邮件。垃圾邮件，很多学生都已经深受其害了，带着这些

---

① 引自：老成芬（2011）。

问题去认识垃圾邮件，对他们的实际应用确实有很大的帮助，马上就能提起他们的学习兴趣。并且这些问题的答案基本上都能从网上搜索到，故难度不会很大。面对水平参差不齐的学生，老师采用了协作学习的方式，让学生在更短的时间里得到最好的学习。

采用 Webquest 的模式，为学生创设了学习的情景、任务、资源及讨论。注重学生在互联网的环境下，研究性学习、自主性学习和协作性学习能力的培养，以达到提高学生信息技术素养的目标。

另外，也充分利用了 Blog 这个工具。学生在完成老师布置的任务时，利用这个“认识垃圾邮件”Blog，把自己从网上了解到有关垃圾邮件的资料，用自己的语言在 Blog 中回答老师的问题，实现了学生与学生之间、教师与学生之间的交流和讨论。在课外，同学们也可以通过个 Blog 对自己这节课进行反思，或者是继续与同学讨论有关垃圾邮件的问题。

2)教材分析

本教学设计采用的是佛山市《信息技术》编委会编写的《信息技术》高中版第二册教材。但在教材中并没有提到过“垃圾邮件”，只在第二章的第六节中介绍电子邮箱工具的使用。在如今信息发达的社会中，电子邮件已经是使用最广泛的网络功能，而“垃圾邮件”也几乎跟病毒一样成了人们热门的计算机话题之一。如何可以更好地预防垃圾邮件已经是一个迫在眉睫的问题了。作者认为，学生除了学会怎样使用电子邮件之外，更重要的是要了解当今电子邮箱存在的一些问题。向学生提出“垃圾邮件”这个名词是很有必要的。

学习有关垃圾邮件的知识并能够尽可能地进行预防是培养学生的信息素养的重要内容，而且在垃圾邮件日益猖獗的今天，学习这部分的内容是很有现实意义的。由于这部分的内容不是操作型的学习，是理论知识型的学习。如果仅仅是教师把知识讲完的话，自然这节课就会显示单调和枯燥无味，学生也很难对这方面的知识有更深的理解，更不能达到好的学习效果。为了避免“填鸭式”的教学，作者设计一个主题为“认识垃圾邮件”的 Webquest 网站，引导学生围绕这一主题在互联网的环境下进行研究性学习，并且通过网上查找资料和协作学习，共同完成教师提出的一些问题。从而培养学生获取信息和处理信息的能力。由于垃圾邮件的知识面比较广，教师不可能把所有有关垃圾邮件的知识点都一一为学生列出来，并要求学生在规定时间内全部完成。故作者还为学生开设了一个名为“认识垃圾邮件”的 Blog，在这个 Blog 工具上，同学们既可以完成老师所提出的问题，还可以实现同学之间的交流、讨论，达到事半功倍的效果。在课外，学生还可以利用这个 Blog 继续探讨有关垃圾邮件的问题，并对这一节课的学习作一个反思，培养学生的自我反省能力和多元认知能力。这一节课的内容是作为知识的延伸，并没有考试要求，除了让学生能更深入地了解垃圾邮件外，更应注重教育学生正确使用信息技术，建立良好的信息道德观念。

3)教学对象分析

(1)学生为高二年级的学生。初中期间已掌握如何申请邮箱并利用电子邮箱。在前段时间也掌握了使用一些电子邮箱工具，如 Outlook，Foxmail 等。

(2)对计算机的操作，网上搜索和使用 Blog 已非常熟练。

(3)学生好动活泼，表现能力强。已经经过比较长的学习生活，都有较好的团体合作精神。

(4)计算机水平参差不平，有个别学生计算机的知识面比较广，对课外的知识都比较熟悉，但个别学生的知识就只局限在课本上，所以在分组讨论中要做好适当的调整。

4)教学目标

(1)知识目标。①了解一些有关垃圾邮件的数据资料；②掌握垃圾邮件的定义和历史；③了解垃圾邮件的危害；④了解目前我国垃圾邮件的状况；⑤了解目前全球垃圾邮件的状况；⑥了解一般网民处理垃圾邮件方法；⑦了解我国针对垃圾邮件的法律法规；⑧了解世界各国针对垃圾邮件的法律法规。

(2)能力目标。①培养学生获取信息并整理信息的能力；②培养学生在网络环境下，研究性学习、自主性学习和协作性学习的能力；③培养学生语言写作和口头表达的能力；④培养学生的自我反省能力和多元认知能力；⑤培养学生尊重知识产权的意识。

(3)情感目标。①培养学生正确使用信息技术，树立良好的信息道德观念；②增强学生的团体合作观念。

2. 题目 2：网页动态效果

《网页动态效果》说课稿①

铜梁县旧县初级中学　龙敏

各位领导、专家及同仁，大家上午好，很高兴和大家共同参与本次信息技术教育研讨活动。我说课的题目是：《网页动态效果》——制作有声有色的三峡网页。

一、说教材

这节课是重庆大学出版社出版的《初中信息技术》九年级第一章网页制作中的重要组成部分，是在学生初步认识并掌握了网页简单制作的基础上，指导学生给网页添加字幕、交互式按钮、插入 Flash 动画、插入背景音乐等动态效果，使网页变得有声有色。从而完成对三峡网页的装扮、修饰、美化任务，提高自身艺术修养。

二、说学生

随着互联网的普及，制作网页也成为一个附带的产物流行起来。在学习本课内容前，学生已经学会上网、Word 和 PowerPoint 软件，还会制作简单的网页，动手能力较强。初三学生有较强的逻辑思维能力，处于这个年龄段的学生思维活跃，对许多事物充满了好奇心，富有探索精神。因此在上这节课的时候，教师应充分考虑到学生的这些

① 引自：Xyjs. org (2011)。

特点。

三、教学目标分析

根据本章教学要求和本课特点，我制定了以下教学目标。

1. 知识目标：使学生掌握网页制作中添加动态效果的方法。

2. 能力目标：让学生能够熟练、灵活地美化自己的网页作品。

3. 情感目标：通过网页制作，培养学生对美的感受及创造美的能力，提高自身的艺术修养。

四、重难点分析

本节课应突出的重点是：在网页中添加字幕、交互式按钮，插入Flash动画，插入背景音乐，综合运用素材，使自己的网页更美观。

本节课教学难点是：对素材的更精细设置，对各个对话框的具体设置及其功能运用。

五、教法分析

信息技术课是以培养学生信息素养为宗旨。以培养学生的获取信息、处理信息、运用信息的能力。强调学生的自主学习和探究学习。而皮亚杰的建构主义理论指出学生获取知识不是通过教师教育，而是学习者在一定情境中，借助他人的帮助，利用必要学习资料，能通过自我建构重组的方式获得知识。因此，为实现教学目标我设计的教学方法以学生任务驱动为主线，通过自主探究、教师综合演示、效果对比、合作交流完成教学任务，培养学生的信息素养。

六、学法分析

本节课教学内容抽象，根据九年级学生心理特征，有较强的抽象逻辑思维能力，因此以形象直观思维为主，使用多媒体作为辅助教学手段，变抽象为形象，为学生提供丰富的感性材料，促进学生对知识的感知、理解，激发学习的兴趣。

为引导学生自主探究学习，培养学生良好的学习方法与学习习惯，进行小组竞赛学习，让学生看一看、想一想、练一练，以练为主，亲自实践、积极动脑动手学习新的知识。

七、教学资源准备

课前需要做好以下教学准备。

1. 硬件准备：一间拥有多媒体平台的计算机网络教室（远程教育模式的网络教室）。

2. 软件准备：电脑装有Windows XP操作系统、FrontPage2003、PowerPoint2003、多媒体电子教室、教师制作好的PPT。

3. 素材准备：

(1)准备两张不同效果的新房图片。

(2)两张内容及布局一样，但效果却不同的网页。

(3)有关长江三峡的图片、声音、动画等素材库（为了提高效率，需在课前将素材发送至每台计算机中）。

八、教学时间

本节教材安排内容较多，我计划用两个课时完成。本节课将学习前三个知识点：制作动态效果（字幕、交互式按钮）、插入 Flash 动画、背景音乐，第四个知识点插入视频以及动态网页的概念，内容较多，让学生自主探究，并在下节课详细介绍。

九、课堂教学程序

1. 创设情景，引入课题（3 分钟）。

按照心理学常识，学生对学习内容产生兴趣，就能自觉地排除内外主客观因素的干扰，集中注意力积极主动地投入学习，把学习当成愉快的事。因此，在学习新知识前，创设情景，引入课题。

(1) 首先创设情景 1：展示 PPT1（两套不同效果的新房，A 套刚修好还未进行任何装潢，而 B 套是已装潢得非常漂亮的新房）。

教师提问："你喜欢在哪套房间里生活呢？为什么？"

(2) 然后创设情景 2：出示 PPT2（两张三峡网页内容及布局一样，但网页 A 为纯静态的网页，未进行任何动态效果的设置，而网页 B 是经过精心装饰的动态网页）。

教师提问："网页 A 是小明制作的，网页 B 是小刚制作的，哪张网页更漂亮？为什么？"

(3) 最后教师引入课题："美，是道德上的善的象征，是从灵魂深处发出的，美的事物是永恒的喜悦，而充满活力则是美最好的表达方式。因此我们不仅要从生活中寻找活力美，还可以从我们的网页制作中找到真正的美，今天我们一起来设置网页动态效果，制作有声有色的三峡网页。"

(4) 板书课题：1.3 网页动态效果

(5) 然后将全班学生分成四个小组，宣布今天的小组学习竞赛正式开始，看哪些同学能为自己的小组增添活力。

2. 任务驱动，掌握新知（24 分钟）。

1)制作动态的三峡网页

(1)出示 PPT3：网页 A。

导入第一个新知识点："小明制作的网页，所有的文档内容已经输入，但缺乏动感，效果不好，你们能帮他让网页（三峡艺苑）'动起来'吗？"

(2)任务一：让网页动起来。

教师打开网页 A，引导学生回忆在 Word 或 PowerPoint 中学习过"插入"菜单中对象的设置，过渡到网页的插入"WEB 组件（C）"中"动态效果"的设置。然后和学生一起，共同探讨设置动态效果的好方法。

同时请学生注意 FrontPage 2003 插入菜单中哪些对象与 PowerPoint 中不同。

(提醒学生掌握技巧：①在文本框中输入要滚动的文字，设置文字的方向、速度、表现方式等就可以实现滚动字幕的制作；②在交互式按钮属性中可以对按钮、字体、图像3个属性进行设置，其中按钮属性框可以设置按钮的类型以及按钮上的文字和链接对象；③字体、字号、颜色的恰当搭配，可以给人留下深刻的印象。)

然后，学生亲自实践操作练习，完成任务一，灵活熟练地对网页动态效果进行设置。

(3)过程评价：强调技巧的掌握，将网页动态设置前后的效果进行对比，让学生体会哪个更美，更具活力。

2)插入Flash动画

(1)问题导入下一新知识点："我们刚才已经给网页'三峡艺苑'增添了活力，那么大家能否再给它的戴上一件'头饰'，让它看起来更漂亮些呢?"

(2)任务二：给网页"戴上头饰"。

让学生打开子网页三峡风光，自主探究练习，尝试发现新知，深入感知综合实践，完成任务二。

(3)过程评价：展示各小组优秀作品，并请小组代表介绍探究心得。比如Flash动画插入的方法、属性设置以及各小组的新发现。动画插入后，并不能够直接看到动画的效果，必须切换到预览视图才能够看到。老师进行点评。

3)插入背景音乐

(1)第三个新知识衔接："刚才大家给网站'三峡艺苑'添加动态效果、插入了Flash动画，已经够漂亮、拥有活力了，但大家能否给它再加上悦耳的音乐，让我们的网页'有声有色'呢?"

(2)任务三：让网页"有声有色"。

打开主页，以小组为单位合作学习，探索新方法，实践操作，完成任务三，感受其"有声有色"的良好听觉效果。

(3)过程评价：请优秀作品的小组代表前台展示。并由各小组介绍任务体会和新方法。指导学生学习教材"友情提醒"部分的知识，然后对插入背景音乐的前后效果进行对比。老师进行综合点评。

3. 反馈练习，熟练掌握（15分钟)。

(1)三个知识点已学完，最后让学生综合反馈练习，进行小组综合才艺大比拼。

教师提出要求：熟练掌握对素材的更精细设置，对属性对话框的具体设置及其功能运用，完成教学难点任务。

(2)课堂作业：由老师提供部分生活片断或有关铜梁龙舞、火龙表演、龙乡放歌等图、文、声、动画等素材，结合P29《思考与练习》，为"我爱家乡"主题网站或"学生个人网站"添加动态效果、动画以及背景音乐等。

教师对各小组进行个别辅导，并对各小组学生练习情况进行综合评价，展示其优秀的网页作品，鼓励同学在课外制作更精美的网页作品。

4. 归纳总结，灵活运用（3分钟)。

本节课主要学习了网页动态效果的设置，通过插入菜单、设置"网页属性"等操作，让网页活力十足，增加了观赏性。还给网页添加背景音乐，使网页“有声有色”。同学们在制作网页过程中要注意积累方法，通过装扮、修饰、美化网页，让学生从视觉听觉上感受美的愉悦，提高了学生的艺术修养。

5. 精当板书，条理清楚。

在教学过程中还配上精当的板书，揭示教材精华，让学生明确学习任务，启发学生思维，强化记忆效果，提高教学效率。

6. 网页动态效果。

(1)添加动态效果——任务一。

(2)插入 Flash——任务二。

(3)插入背景音乐——任务三。

十、教学评价

一次完整的课堂教学离不开教学评价的实施。在这节课的任务驱动下，通过创设情境激发学生兴趣，提出问题，学生自主探究，让学生在学习中感受到了美，任务中创造了美，掌握了重点知识，完成了难点任务。

1. 在整个教学过程中我穿插了学习任务、课堂作业，并设定了以下评价内容。

(1)学生能否积极主动地完成学习任务。

(2)小组间学生相互评价，探讨学习方法。

(3)学生能否独立思考，提出与他人不同的见解。

(4)对于学生的其他特殊表现和行为习惯的重要转变给予相应评价。

2. 整个教学设计中，我感觉比较有特色的是：改变学生学习方式。学生由被动接受变为愉快的学习。体现在：

(1)自主学习，教师没有把教学任务一一讲解，而是让学生自主完成任务。

(2)协作学习、交流的方式体现在教师、学生之间相互学习中。

(3)创造学习，即巩固所学的知识，用到的素材贴近生活，有利于问题的解决。

(部分学生作品欣赏)

本节课已圆满完成了教学任务。不足之处敬请各位领导、专家及同仁批评指正！谢谢！

【案例点评】

根据上述教案或分析、建议准备说课技能的训练，在训练时也可根据自身特点按照题目要求自行设计教学方案或修改教学方案，但需要注意在教案撰写过程中突出说课技能的训练重点，例如阐述教学设计以及相应的理论依据，其主要内容一般包括说教材、说目标、说学情、说教法和学法以及说教学流程等。

三、实验报告

说课技能实验报告表如表 11-1 所示。

表 11-1　说课技能实验报告表

<table>
<tr><td>实验目的</td><td colspan="4">1. 掌握信息技术说课的基本形式；
2. 掌握信息技术说课的常用方法；
3. 掌握信息技术说课的技巧；
4. 把握说课原则，使课堂效果达到最佳状态；
5. 能够及时应用反馈、调整，使教学进程自然活跃</td></tr>
<tr><td>实验用具</td><td colspan="4"></td></tr>
<tr><td rowspan="4">实验过程</td><td>课题名称</td><td></td><td>授课对象</td><td></td></tr>
<tr><td>实验地点</td><td></td><td>授课总时</td><td></td></tr>
<tr><td>教学目标</td><td colspan="3"></td></tr>
<tr><td colspan="4">【此处可以粘贴微格教案】</td></tr>
<tr><td>实验结论</td><td colspan="4"></td></tr>
</table>

第三节　教学技能评价与反馈

一、说课技能评价量表

1. 评价量表

说课技能评价量表如表 11-2 所示。

表 11-2　说课技能评价量表

指标	内容	得分
教材分析（10）	教材分析正确、透彻，说出知识的前后联系，教材所处地位及教材处理；	5
	教学目标全面、明确、具体，符合新课程标准和学生实际	5
学习方法（10）	能够学会学习方法，提高学习能力；	3
	能促进学生的高级认知能力发展；	3
	能体现学生的主体性，实现自主、协作的学习方式	4
教学方法（40）	体现教师主导、学生主体的教学思想；	10
	教学内容分清主次，抓住关键，突出重点，突破难点；	10
	导课流畅自然，体现新旧知识联系；	5
	课堂活动设计紧扣教学目标；	5
	课堂各环节衔接自然，时间分配合理；	5
	课堂小结概括性强，给学生留有继续思考的空间	5

续表 1

指标	内容	得分
教学资源（20）	综合多种媒体优势，发挥信息技术优势；	5
	资源表现形式合理，突出重点，有助于创设教学情境；	5
	学习资源内容丰富，既有直接辅助学生理解课堂内容的，又有拓展、深化课堂内容的资源；	5
	技术表现形式合理，没有无关信息，尊重知识产权	5
说课艺术（10）	普通话清晰、流利，讲述生动、形象，富于感染力；	2
	说课神态自然、举止得体；	2
	合理运用演示文稿组织说课过程，详略得当，脱稿说课，不超时；	3
	有特色	3
答辩（10）	思维敏捷，观点正确，有理有据	10
总分		

2. 定性评价

定性评价的标准主要有以下内容。

(1)分析教材。教师是否将教材分析明确，是否将教材编排的目的分析清楚；分析的教学重点、难点是否合理。

(2)教学目标。教师是否把教学目标制定得全面，是否准确和易于实现。

(3)分析学情。教师分析学生的年龄特征、学习方法、思维方式、学习已有的基础能力等是否符合实际情况。

(4)教法学法。根据教学内容、教材特点、学生的认知特点等，教师的教学方法是否合理，教学手段的选择是否恰当，教师对学生的指导方法是否合适等。

(5)教学流程。教师是否说清楚了教学思路，教学步骤和相关的理论依据；教学环节的设计是否联系紧密，是否合理，是否根据了学生的特点制定教学任务；教学中的板书设计是否简洁，是否起到引导作用等。

(6)总体评价。教师说课的整个过程是否具有逻辑性，是否层次清晰，是否有新意等。

二、说课技能训练教学反思

说课技能训练反思表如表 11-3 所示。

表 11-3　说课技能训练反思表

课后自评	
同组评议	
教师评价 （2+2 评价法）	
问题思考	1. 根据自己的理解，请用自己的话给说课下一个定义； 2. 请你谈谈说课的特点和意义； 3. 请你谈谈说课可分为哪些类型； 4. 请你谈谈说课的内容应包含什么； 5. 请你谈谈说教学程序的内容和方法； 6. 请你谈谈说课有哪些基本要求

◀知识链接

一、教学设计

1. 加涅的教学设计观

教学设计是一个系统化（systematic）规划教学系统的过程。教学系统本身是对资源和程序作出有利于学习的安排。任何组织机构，其目的是开发人的才能均可以被包括在教学系统中。

2. 帕顿的教学设计观

教学设计是设计科学大家庭的一员，设计科学各成员的共同特征是用科学原理及应用来满足人的需要。因此，教学设计是对学业业绩问题（performance problem）的解决措施进行策划的过程。

3. 赖格卢特的教学设计观

教学设计是一门涉及理解与改进教学过程的学科。任何设计活动的宗旨都是提出达到预期目的最优途径（mean），因此，教学设计主要是关于提出最优教学方法的处方的一门学科，这些最优的教学方法能使学生的知识和技能发生预期的变化。

4. 梅里尔的教学设计观

教学是一门科学，而教学设计是建立在这一科学基础上的技术，因而教学设计也可以被认为是科学型的技术（science-based technology）。

二、教案

教案，也称课时计划，教师经过备课，以课时为单位设计的具体教学方案。教案是上课的重要依据，通常包括班级、学科、课题、上课时间、课的类型、教学方法、教学目的、教学内容、课的进程和时间分配等。有的教案还列有教具和现代化教学手段（如电影、投影、录像、录音等）的使用、作业题、板书设计和课后自我分析等项目。由于学科和教材的性质、教学目的和课的类型不同，教案不必有固定的形式。

三、说课稿模板

关于__________的说课稿

各位老师：

你们好！今天我说课的题目是：____________

我将按照以下几个方面来进行分析。

1. **说教材**

(1)分析教材：

本节内容在全书和章节中的作用是：《　　　　　　　　》是____版本教材第____册第章第____节内

容。在此之前学生已学习了________基础，这为过渡到本节的学习起着铺垫作用。本节内容是在________中，占据________的地位。以及为其他学科和今后的学习打下基础。

(2)重点，难点以及确定依据：

本节内容重点是____

本节内容难点是____

2. **说目标**

根据上述分析，考虑到学生已有的认知结构心理特征，制定如下教学目标：

(1)知识目标：____

(2)能力目标：____

(3)情感目标：____

3. **说学情**

(1)学生特点分析：这个年龄段的学生具有________的心理特征，学习上多采用________学习方法。

(2)知识方面：学生已掌握________，对于所学的________已遗忘，在本章节的____内容是学生不容易理解和掌握的部分，在课堂中要多引导学生逐步深入。

4. **说教法和学法**

(1)教法：根据本章节的内容特点，采用________为主的教学方法，同时采用________为辅助教学方法。

(2)学法：根据学生的特点，教材的特点，本章节内容的特点，主要采用________的方法指导学生学习。

5. **说程序**

(1)引入部分：我将用____分钟的时间来进行该节内容的导入。在课堂开始时，以具有________特点的问题，吸引学生注意力，营造活跃的课堂气氛，让学生融入问题中，不断思考。这样可以拓展学生的思维，举一返三，学生通过这种方式获得的知识印象深刻，起到巩固提高的作用。

(2)接着，我将用____分钟时间来由具体例子引出本章节的新内容。

(3)讲解新课。通过分析上述例子，得出完成这个例子的关键步骤。采用步步深入的方式引导学生分析，得出结果。因为分析的过程，对于培养学生的思维能力很有帮助，并且也是本节课的重点，所以我将用____分钟来进行分析。

(4)能力训练。在这个环节，我将给学生____分钟时间来完成练习。学生将分析得到的关键步骤进行操作、练习，巩固强化。

(5)总结部分。我用____分钟把课堂上的重要知识点和制作关键点进行总结，可以使学生更加深刻地理解本章节内容，以及让学生在实际应用中使用本节课学到的知识。

(6)拓展部分。由于课堂时间有限，我将在下一课时让学生将分析得出的关键步骤，进行迁移、拓展，完成新的任务，达到举一返三的目的。

(7)板书。

(8)布置作业。

针对不同学习情况、不同学习基础的学生进行分层训练，满足不同学生的学习需要。

我的说课完毕，谢谢大家！

第十二章　评课技能

学生的成长是建立在教师的成长之上的。教师通过评课，找到自己教学上的优点和不足，诊断教学中存在的问题，这能够使教师尽快地总结教学经验，改进教学方式，促进教师形成自己独特的教学风格。另外在评课过程中，通过老师之间的相互学习和探讨，有利于更新教学方法，促进教师教学中的创新，提高教师在教学活动中的教研能力。

第一节　评课技能介绍

一、什么是评课技能

评课是教学、教研工作过程中一项经常开展的活动。它是指根据一定的教学思想和教学理念对课堂教学成败得失及其原因做中肯的分析和评估，并且能够从教育理论的高度对课堂上的教育行为作出正确的解释。因此，评课技能对教师而言极其重要，集中反映了教师的教学与科研能力。具体地说，这种技能体现在对照课堂教学目标对教师和学生在课堂教学中的活动以及由此所引起的变化进行价值的判断上。信息技术微格训练中使用评课，可以起到以下作用。

(1)教学诊断与反思。在微格训练中，对于缺少教学经验的师范生，评课就好像临床指导。教师有针对性地对课堂教学进行评析、诊断，肯定教学中的优点、提出并分析缺点，改进教学，促进新教师专业技能经验的积累。

(2)激励与促进教学。在教学过程中，教师无法知道自己上课的实际效果，或者无法看到自己在教学过程中的表现是怎么样的。而评课就好像一面镜子，能够将老师在教学中的优缺点反应给老师，老师能够及时看到自己的不足，在其他评课者的帮助和建议下，积极主动的调整教学方式方法，提高教学效果。

(3)教研科研。微格训练中，评课的作用不仅仅是对教学中的成败进行分析和评估，更多的是在评课过程中对该堂课中各因素的研究和分析，以及对于课堂中的问题进行探讨和分析，这是一个验证理论、指导实践的过程，也是一个实践操作、升华为理论的过程。在评课中不论评课者和授课者，都能够通过讨论得到技能的提高。

二、评课技能的分类

1. 整体评析

一节课是一个整体，评课者可以从整体入手，宏观的对课程做出全面、综合性的评价。整体评析就是纵观全局，对整堂课把握和理解。整体评析可从以下几方面入手。

1)评析教学理念

教学理念是建立在授课者对教学活动的理解之上的，基于不同教育理念的教学者在教学目标的制定、教学过程和教学方式方法设计上都是不一样的。一堂课，也是授课者教学理念的完整反映。对教学者的教学理念进行评析，是对一节课的整体把握和总结。

评析教学理念案例：曲线工具（小学三年级）

从整节课的教学设计与课堂教学实践来看，该课突出了学生的主体作用和教师的辅导作用；执教者采用了以学生上台展示并归纳总结的做法来代替信息技术课中的传统做法，即“教学演示—学生观看—学生模仿操作”，充分调动和发挥了学生的主动性和创造性；整节课围绕曲线绘制方法这一重点，在师生不断的交互中层层展开、循序渐进。

【案例点评】

评课人从整节课的教学设计与课堂教学实践进行评论，整体地抓住了大局进行分析。教学理念评析可以从教学设计、教学过程与教学目标的制定中找到点评的突破口。

2)评析教学目标

教学目标是贯穿于整堂课的，既是一节课开始的目标也是结束时的目标。教学中的所有环节都是为教学目标服务的。对于教学目标的评析，主要分析教学目标的设定是否正确，难易程度是否相当，最后是看教学目标是否能够有效完成。

评析教学目标案例：使用收藏夹（初中七年级）

本次课中，教师的教学目标设定全面合理。教学环节充分围绕教学目标进行设计，知识与技能、过程与方法、情感态度三维目标始终贯穿于任务的设计中。学生在教师设计的任务中，对收藏夹的使用和管理方法进行探索，培养了学生对资料进行分类整理的能力。同时，教师在要求学生对网址进行分类时给学生提供的大多数都是与环保有关的网址，学生在浏览和分类网址时，也完成了教学情感目标——培养学生注意环境保护意识。

【案例点评】

对于教学目标的点评，可以先关注教师对于教学目标的分类是否正确，目标设定是否合适。再从整节课中看教学目标在教学过程中的作用，最后分析教学目标的完成情况。

3)评析教学思路

对于一节课中教学策略选择和方式方法的设计评析，在此评析中主要看教学思路是否清晰合理、环环相扣。能够根据教学目标进行合理的教学设计，层层递进，完成教学目标。

评析教学思路设计案例：使用图片修饰网页（初中九年级）

教师在介绍使用图片修饰网页时通过 3 个例子：网页中添加图片—设置网页背景颜色—设置网页背景图片，由浅入深地完成了网页中添加图片的操作介绍。同时 3 个例子有一定的关联性，教学思路清晰，层层递进。

【案例点评】

对于教学思路的点评，主要看教师在教学设计时，教学活动是否能够连贯畅通，看教学思路是否清晰合理。

4)评析教学内容

教学内容应该是围绕教学目标来选择和确定的。教学内容的选取与整堂课的成败与否息息相关。对教学内容的评析主要看是否选取了合适、优质的教学内容。在评课中可以分析教学内容是否科学、准确，是否把握重点难点，是否为教学目标服务，是否充实多样和是否实用。

评析教学内容案例：信息的搜索（初中八年级）

任务四（用 Google 搜索歌曲“We are ready”的非 RM 格式的信息）旨在引出“—”（减号）的作用（减掉无关信息的搜索），教学意图基本能达到。但是，该任务本身脱离实际，没有人会采用这种方法去查找特定格式的歌曲文件，因为有更简单和合理的办法。换言之，任务的设计仅仅是为了满足知识教学的需要，为任务而任务。

【案例点评】

在案例中，教师的教学能够达到教学目标，但是对于教学内容进行分析可以发现，该教师在教学内容的选择上却并不实用。

5)评析教学氛围

课堂中，教学氛围是很关键的。教师是否能够张弛有度地完成教学过程，对于学生的引导是否有效和直接都能够促进教学的良好氛围。师生平等的对话，良好的互动才能促进教学的实施与开展。在整节课中，可以从教师是否为学生营造一个民主平等的课堂、与学生保持良好互动等方面进行评析。

评析教学氛围案例：计算机网络的基本知识（高中一年级）

在本节课中，操作技能比较少，主要的知识要点由教师传授。在本节课中教师与学生互动较少，没有充分调动学生的积极性，形成良好的教学氛围。教师可以通过举一些学生们比较熟悉的例子或者采取一些形象的比喻来促进他们理解抽象的内容，同时让学生感到学习的东西与自己息息相关，提高大家的积极性。

【案例点评】

在本案例中，评课者关注了教学氛围，提出在教师授课中互动性较少，没有将授课内容和学生的实际经验相互结合，导致学生积极性降低。此外，也为老师提出了较为中肯的意见和建议。

6)评析教学基本功

教学基本功主要包括教师在教学过程中的教态、语言、板书以及教学设备的操作等。教师教态是否良好，对突发事件的处理是否得当；教师语言是否清晰，对知识点的陈述是否明了；教师板书书写和设计是否合理整齐，以及在操作过程中对教学设备和教具的使用是否熟练，都包含在教学基本功的评析中。

评析教学基本功案例：浏览器的基本操作（初中八年级）

在本次授课过程中，教师将使用浏览器的基本步骤使用板书的形式写在了黑板上，同时配以相应的插图，使板书易于理解，学生在操作过程中可以观看板书，使操作流程更加清晰。总体教态比较好，唯一的缺点是教师在陈述内容的时候语气比较平和，稍显平淡，可以在重点部分加重语气，或者使用重复、放慢等方式引起学生的注意。

【案例点评】

比较全面地对教师在整节课中所体现的教学基本功进行了评述，指导新教师熟练运用基本功。

2. 单项评析

单项评析是针对于整体评析来说的。整体评析是从整体入手，有高度概括性。但是这样做不容易突出重点。特别对于一些新手老师，对课堂的整体把握不够，在评析时容易片面地评价教学。而采用单项评析，即针对教学中的某一模块进行单独的评析，以小见大，有着很好的效果。

1)评析仪态技能

对教师仪态技能的评价包括教师的穿着、神态、手势、姿势等。要求教师在授课过程中仪态稳重、协调、大方得体。

评析仪态技能案例：画图软件（小学三年级）

在本次课程中，教师的穿着大方、自然。但是，在教学过程中肢体过于拘束，在给小学生授课过程中可以适当的穿插一些肢体语言，能够提高学生的关注度。

【案例点评】

在教学过程中，教师的仪态需要大方、得体、自然。在评课过程中，可以根据不同性格的教师以及不同的授课对象给予教师不同的点评及建议。

2)评析语言技能

对教师言语技能的评价包括评价教师在授课过程中的语音语调、语速和节奏以及词汇语法等。评价教师在授课过程中语言的语音语调和语速是否合适，言语组织是否恰当。

评析言语技能案例：Excel中数据的运算（初中八年级）

教师在讲解过程中普通话标准，发音清晰，语速合适。语言也比较生动，在教学过程中通过语音语调的变化来强调重难点，增强了口头言语的表达功能，给学生留下了深刻的印象。

【案例点评】

对于语言技能的评价，主要应该结合该授课教师的个人特点进行评价和建议。

3)评析讲授技能

讲授技能的评价主要包括教师授课时思路是否清晰，用比较通俗易懂的语言，完成重难点的阐述。

评析讲授技能案例：

教师在本堂课中，使用比较生动易懂的语言来完成了课堂的讲授，在难点部分通过形象的例子为大家进行讲解，通过语言的表述让学生能够得到比较直观的认识。同时在授课中，教师的几个提问层层递进，引发学生思考、归纳、总结，以达到教学目标。

【案例点评】

着重评析了教师讲授课程中的优缺点，对授课者在讲授过程中的引例和提问予以肯定。

4)评析导入技能

对导入技能进行评价是对教师在导入阶段的情景创设、导入方式设计进行点评。评教师的导入是否能够激发学生兴趣，调动学习动机，为正常的授课进行铺垫。

评析导入技能案例：文件和文件夹的管理（初中七年级）

教师在导入时，从具体的实物入手，再过渡到抽象的文件夹概念。导入的内容和学习的内容有很紧密的联系，让学生更容易理解计算机中文件夹的概念。同时，老师在导入的时候是邀请学生一起看看自己的文件夹里有些什么内容，让学生感到自然、亲切。有一点建议就是，老师可以再具体阐述日常生活中使用文件夹的好处，例如方便保存和整理，这样引导学生们能够更好地理解在电脑中创建文件夹的作用。

【案例点评】

结合内容对授课者的导入技能进行了详细分析，关注导入部分是否能够激发学生的积极性，以及导入部分与教学的内在联系进行了点评，指出了优劣所在，并且提出了建议。

5)评析提问技能

对提问技能进行评价包括教师是否能够顺利地引出问题，同时明确地向学生进行提问；提问的内容是否能够引起学生的思考，启发思维等。

评析提问技能案例：图形的选定和移动（小学三年级）

教师在本次课堂中的提问非常精彩，使用提问技能充分发挥了教师的主导作用。在课堂开始阶段，使用提问引发了学生的思考，激发了学生的积极性。在授课阶段，通过一些简单的提问引导学生解决问题和困难。在结束部分通过问题帮助学生进行总结和反思。

【案例点评】

关注教师提问技能的运用，总结了教师提问中的不同作用和优点。

6)评析演示技能

对演示技能的评价包括，教师的演示是否选取了适当的素材进行演示，演示的内容与讲解是否相互结合，引导学生仔细观察与学习。

评析演示技能案例：画图软件（小学三年级）

在教师本次授课中，选取了一幅图画进行演示，这幅图画中的配色比较杂乱，不是很美观。同时，教师在进行讲解的时候，使用了快捷键，并没有给大家说明，这样容易让学生产生一定的误解。

【案例点评】

抓住了教师在演示时的两个问题进行点评，帮助授课者进行反思与改进。

7)评析板书（电子文稿技能）

对板书进行评价包括板书（电子文稿）的设计是否简洁、合理、思路清晰。同时对板书的（电子文稿）书写、配色等问题进行评价。

评析板书（电子文稿）技能案例：接入因特网（初中九年级）

在本次课中，教师同时使用了板书和电子文稿为学生进行讲解，使用板书，写明关键步骤名称，而使用电子文稿显示相应的具体操作方法。两者结合后，效果更好。不足之处在于电子文稿中每个页面字数太多，字号太小，影响学生观看。

【案例点评】

以板书和电子文稿为重点进行评析，使授课者在板书（电子文稿）技能中有所提高和发展。

8)评析变化技能

对变化技能的评析分为两种：一种是针对课前已经设计好的变化进行评论，要看变化是否过渡流畅自然，能够起到积极的效果；另一种是针对课堂实际情况进行临时变化，这就需评论教师在课堂变化中的灵活性。

评析变化技能案例：Word 的综合运用（初中八年级）

在本次授课中出现了一点小的失误，就是教师本来要上 Word 的使用，结果 Word 软件却损坏了，无法打开。教师只能使用金山 WPS 软件进行授课。教师在这种突发情况下，依然能够稳定情绪，指导学生使用金山软件来完成学习。同时，教师还“将计就计”为大家总结金山 WPS 软件和 Word 软件的共同点，分析软件的共性，促进学生知识的迁移。使得整节课不但没有受到影响，反而获得了很好的效果（学生能够在学会 Word 的基础上，操作 WPS 软件，完成了知识的迁移）。这与老师的灵机应变是分不开的。

【案例点评】

关注了教师在授课过程中突发事件的处理，对教师的变化技能进行了肯定的评价。

9)评析结束技能

对结束技能的评价主要包括教师在完成教学时概括总结所教授的内容，巩固教学成果，同时促进学生知识的扩展延伸。

评析结束技能案例：

我觉得在本堂课中教师能够进行有效的总结。特别是老师通过向学生提问的方法非常有效，学生在回答问题时就对课堂所学内容进行了反思。而且老师通过 3 个有层次且有针对性的提问帮助大家回忆和总结，既总结了本课，又包含了方法的指导。可我觉得学生对于老师问题的回答比较杂乱，如果能够让学生在回答问题后，要求学生自己对内容进行一个全面的总结，而不是老师在收集了学生答案后给大家一个总结，效果会更好些。

【案例点评】

对于教师在总结部分有很详细的点评，并且给出了一定的建议，促进学生主动反思和总结所学知识。

10)评析课堂组织管理技能

对课堂组织与管理技能的评析包括教师课堂中起到主导作用，能够顺利地驾驭课堂和学生，能够顺利地组织学生完成教学任务。

评析课堂组织管理技能案例：制作个人网页（初中九年级）

在本课中，教师要求学生相互展示自己的网页作品，初衷是比较好的，但是由于班级人数较多，学生随意走动和交谈，导致本节课后期学生纪律松散，教师的授课无法正常地进行。教师在课堂组织的时候可以通过分小组，要求学生在小组内相互参观，或者由老师带领，选取几位同学的作品统一参观的方式来促进学生的交流和学习。这样能够使课堂教学张弛有度，不至于失控。

【案例点评】

关注了教师在课堂组织与管理的技能，指出了教师在课堂管理可控性上的一些失误，并且给出了具体的操作建议。

11)评析说课技能

对说课技能的评价主要包括教师对教材的理解和分析情况，对教学策略的选择和教学方法的设计等。评教师在说课中是否思路清晰，对教材分析准确，教学策略选择合理，教学设计完善。

评析说课技能案例：使用电子邮件（初中三年级）

在本次说课中，教师详细地对教材进行了分析，并且准确分析了重点和难点的成因以及解决的方式方法。在后半部分的说课中，也很详细地说明了教学设计的思路和缘由，突出重点，突破难点。可以说是一次比较成功的说课。

【案例点评】

点评中抓住了说课中教材分析和教学设计分析两个重点进行点评，并给予了肯定。

3. 评析授课特点

每个教师都有自己的教学特点和教学风格。不同的教师对同一节课的设计和授课方式有很大的差异性，同一节课在不同的教师授课时会显出不同的风格。而这些差异正是该教师授课的特点和风格所在。从特点入手，更容易发现一堂课的优点和不足之处。同时给各老师的评价也更加的个性化。

评析授课特点案例：计算机硬件的认识和安装（初中）

该案例最大的亮点就在于教师借助游戏、比赛、表演、动手操作等多种方式引导学生认识硬件，充分考虑了学生学习的实际情况，以学生活动为主要的学习方式，让学生在学习热情的支持下，在实际动手尝试中，认识到、接触到计算机硬件。从案例中的附图来看，教学课件的设计也很有特色，体现了教师课前的精心准备。

【案例点评】

抓住教师上课的亮点进行详细的分析，使评价更具有特色。

4. 从结果找原因

从结果找原因即从一节课的效果入手，分析该节课的优劣和成败，再以此寻找导致这一结果的原因。评课者可以仔细地观察教学的效果，并且回溯分析产生此结果的原因。新教师在评课过程中很可能找不到评课的要点，但是此方式能够促进教师快速地找出原因，找到规律进行总结。

从原因找结果评课案例：画图软件（小学三年级）

在教师让学生操作“颜色填充”工具的时候，我看到很多学生都对未闭合的曲线进行了填充，结果整个画面背景都被染色了，而大家的处理方式都是使用“橡皮”工具进行擦除。这是由于教师在介绍“颜色填充”工具的时候没有有意识的给学生分析什么图案可以填充颜色，什么不行。所以教师应该给学生补充介绍“颜色填充”工具只能填充封闭曲线的知识点。同时在教学设计的时候，也可以将撤销按钮的使用加入到这节课中(使用撤销按钮比使用擦除工具要快速些)。

【案例点评】

从课堂中反映的现象出发，从结果反向来寻找原因，再思考改进方式，使得评价更加精准，效果也比较好。

三、典型案例介绍

在评课过程中，并不需要严格地按照某一种模式，可以根据实际情况进行评价和说明，也可以在评价过程中与他人进行探讨和互动，在评价过程中有条有理，阐述明确即可。同时，一般可以按照表扬两个优点，再提出两点不足的方式来进行评价。发现优点，鼓励大家相互学习的同时，指出缺点，帮助授课者改正。这样才能使评课发挥最大的功效。

1. 案例一

小学信息技术第六册：Flash 动画——《文字变形》①

叶老师上的是小学信息技术第六册 Flash 动画中《文字变形》一课，是通过制作神奇的文字变形动画，让学生掌握本课的知识要点，达到教学目的。我认为本节课有以下几个亮点之处。

1)亮点

(1)教学目的明确，重点突出。本节课有三个教学目的，一是掌握 Flash 动画背景颜色的设置，二是掌握文字工具的使用，三是学会导出 Flash 影片。叶老师在教学过程中，分成三个部分进行教学，每一部分完成一个教学目的。从时间的安排上来看，第二部分内容老师安排了较多的时间，这也是本课的重点及难点。

(2)从教学方法来看，叶老师采用的是任务驱动教学法。前面已经讲过本课要实现三个教学目的，叶老师根据教学目的的要求将本课分成三个任务进行教学，每个任务完成一个教学目的。老师将本课的内容分成每一个任务学生让进行探索、演示汇报，教师进行大面积的巡视指导，在操作中，掌握本课知识。

(3)从教学效果看，叶老师非常注重学生的主动参与，也非常注重学生的探究式学习，能关注到全体学生，保证了课堂的教学效果。本课结束，大部分学生都能做出文字变形动画。而且本课与前一课《会变色的鱼》联系很大，学生只有在掌握了上节课的知识要点中“形状动画”的基础上才能进行本节课的教学。从本课来看，学生上节课的知

① 引自：Quange (2011)。

识点掌握得非常牢，才使得本节课能够顺利进行。

2）不足

这节课我认为也存在一些不足。

(1)课堂分组，小组合作学习不够明显，小组长的作用没有充分发挥。新课程改革课堂教学中强调学生的小组合作学习，在以往的信息技术课上尤其是上机操作中，学生们只知道自己独立操作，同伴之间缺少一种合作交流，使合作学习很难达到预期的效果。在教学中教师整节课单独辅导比较多，显得比较累，也没有能充分发挥小组成员之间合作学习的作用，小组长的积极性与作用也没有能充分调动起来。

(2)教师课堂上对学生作品评价以及课文总结性评价不够。信息技术课堂评价也是课堂教学中很重要的一个教学环节，评价的好坏将直接提高学生的兴趣及参与课堂积极性，还能培养学生正确的审美观点。听了叶老师这节课，我认为教师对学生作品的评价过于简单，或者说是很少评价。

(3)要有针对性地指导学生看书。叶老师在教学文字变形动画之前，让学生自己看书，按照书上的步骤尝试着做。我看了好几个学生，没有一个学生能够动手做，主要是学生不会看书。我将操作步骤给理顺了一下，让坐我隔壁那一组学生进行操作，他们很快就做出来。如果在学生看完书后，老师能够及时进行指导，讲解，并将步骤理一下，大多数学生应该能做一些。我认为这节课尽管存在着某些不足，但无论从教学设计、教学目标、教学内容和方法手段上以及环节的把握和学生兴趣的调动上来讲都不失为一节精彩的课。但信息技术课起步较晚，没有一个特定的上课模式，具有与其他课程不同的特点，怎样去设计、实施、评价以及怎样真正从走向信息技术课到走进信息技术课。这些都是我们在实践中不断探索和研究的问题。

2. 案例二

中学信息技术：文件的常规操作以及屏幕保护程序的设置①

1）好的方面评价

(1)教师素质较高，特别是语言表达生动、活泼，有亲和力，教师形象方面比较好，也能恰当运用。

(2)上课情绪激昂、投入，能广泛调动学生学习的积极性，教师每讲授完一个知识点，便选择掌握较好的同学上台演示，让学生在观察同伴的操作中巩固所学，充分调动了他们学习的主观能动性。

(3)教师用诙谐、有趣的语言使学生的注意始终锁定在课堂学习上，并将课本知识结合学生现实生活，用形象比喻的方式诠释比较抽象的知识点，学科专业知识讲解也准确到位，体现了较高的综合业务水平。

(4)通过比喻的形式，让学生认识到在操作电脑时不应该胡乱删除系统文件，使学

---

① 引自：找教案（2011）。

生在以后上机实践中养成良好的行为习惯，这对于学校机房管理和学生在今后继续深入学习计算机知识都非常重要。

2)不足和建议

(1)缺乏板书设计，在新授阶段，教师边通过多媒体投影仪演示操作边讲解，由于知识点较多，大部分学生只看演示操作和听讲解很难记忆，建议教师设计一些有针对性的板书，讲完一个知识点就通过板书进行小结归纳，帮助学生能够系统牢固的掌握各知识点。

(2)在教学环节设计上，教师在每个知识点都穿插了小任务，通过任务的完成检验巩固学生的学习成果，但这种小任务数量较多，且过于单一，建议教师将这些小任务进行归纳整合，形成一个包含本课所有知识点的典型任务，采用任务驱动教学法，更好地完成巩固学生所学和教学回馈的任务。

(3)应让学生再尽量多地参与到学习当中，在让学生完成“将指定的四个文件放进一个文件夹中”等任务时，学生出现了错误的操作，教师马上做出了纠正，建议教师在出现这种情况时应首先引导学生发现问题、解决问题，不能让学生捡“现成”的，要培养他们自主学习的能力，“授以鱼”不如“授以渔”，让学生逐步形成质疑、解疑的能力。

第二节　评课技能训练

一、技能运用需知

(1)实事求是、公平、公正。在评课过程中，应该着眼于课堂，实事求是地对教师在课堂中的表现进行点评。实事求是即客观、公正，以课堂实际情况为基础来进行评论。同时，应该秉着公平、公正的原则对待每一位教师。只有公平、公正的对待每一次评课才能形成和谐的评课氛围，建立起良好的评课文化，促进教师的发展和成长。

(2)真诚、坦率。在评课中应该相互坦诚的评论课程，发现课堂中的优点，应该充分肯定。对于不足和缺点，可以真诚地以委婉的方式提出，不能由于怕伤面子就只评优点不提不足。评课过程中大家应该带着改进和提高的愿望，真诚坦率地说出自己的意见。先点评优点，肯定其成绩，再指出缺点，提出对授课者的期望。

(3)多元标准。一堂好的课没有唯一的标准，不同的人对一堂好课的标准也不相同。同时，不同的课程有不同的特点，不同教师也有不同的教学风格，对于不同的学生也应该有不同的教学方式，所以在评课标准上应该依据基本点，把握整体，使之多元化。

(4)整体把握、突出重点。教学是个整体过程，对课程的评议应该从整体上去评价和分析，不能在评价中拘于细节，以偏概全。主要看教学过程中的整体设计如何，总体效果是否良好。但是，整体把握并不是平淡肤浅，而要有轻重，有主次，根据每次评课的实际情况突出点评重点。

(5)相互学习，共同提高。评课的最终目的并不是肯定或否定教师的教学，而是通过评价和评比促进教师教学技能的提升。在评课过程中不论是授课教师或评课教师都应该通过互助交流，共同探讨，分享经验，相互学习，共同获得提高。

二、训练可选题目

1. 单项评析训练

可选教学设计如表 12-1 所示。以下是浙江省嘉兴市三水湾中学陆海峰老师在《程序设计——循环结构》一课中对循环结构的讲解片段。

表 12-1　循环结构的讲解片段①

教师："请同学们思考下新旧两代洗衣机在工作方式上有什么不同?"
学生："洗衣机的每次注水、漂洗、脱水都需要人工参与。给它一个指令，他就执行一步。"
教师："这个过程相当于顺序结构，给一个指令，执行一步。假如洗衣机共漂洗 4 次，如何用流程图表示?"（要求学生将流程图画在黑板上，见图一。）
学生："全自动洗衣机设定好指令'注水、漂洗、脱水'若干次后，洗衣机自动循环计数，执行操作。"
教师："由此可见，全自动洗衣机的优势在于，若干次相同的执行过程，只需制定执行次数，洗衣机会自动循环执行。"
在程序设计中也有这种方法。如果要执行若干次相同的模块，可以先设定执行的次数，然后让程序自动循环执行。这就是循环结构的程序设计思想。
让学生思考其它循环时间，如生产中的循环、自然界的水循环、年、月、星期等，加深对循环的理解。
教师："在顺序结构和分支结构中，使用流程图，可以更清晰地反映程序的结构和走向。接下来用流程图（图三）来表示循环结构。"
结合幻灯片，讲解如何用流程图表示循环结构（见图二）。
教师："自动洗衣机就是一个循环过程。那如何用流程图表示呢?"
让薛海森在黑板上画出该循环结构（在顺序结构的旁边，便于做直观比较。见图三）。

① 引自：李艺（2010）。

续表

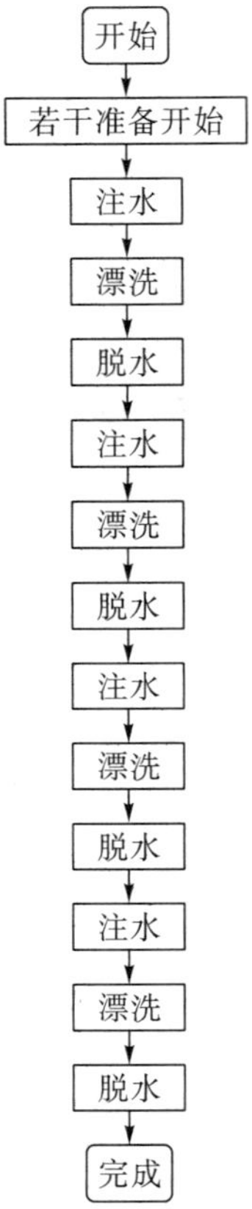

图一

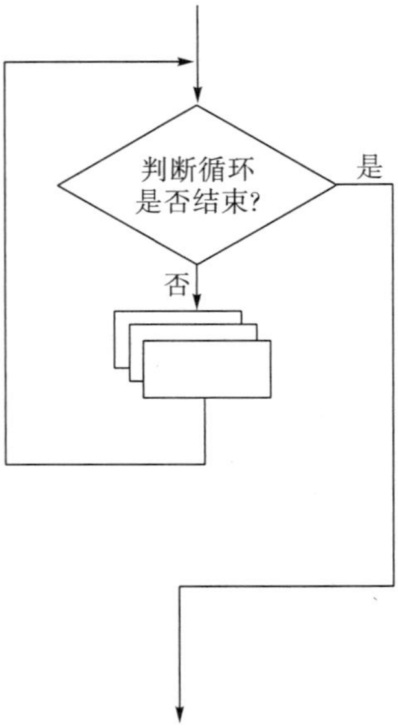

图二

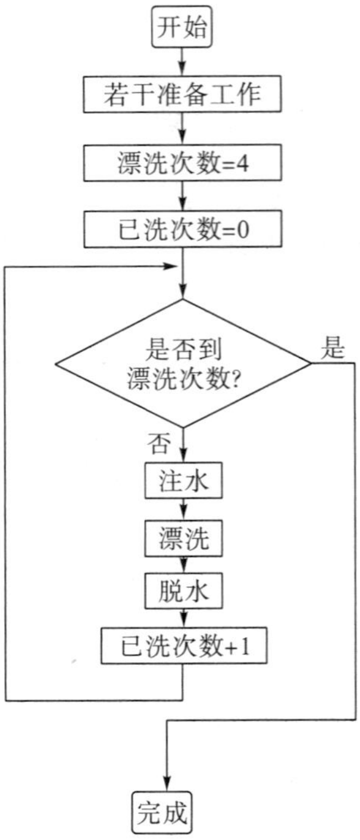

图三

教师总结：通过对比发现，使用循环结构更简洁，容易修改。如上述过程中要修改为漂洗 10 次，只需修改“漂洗次数=10”；但在顺序结构中，修改就相当复杂。
对讲授技能的评析：以生活中两代洗衣机的工作过程来阐述“循环结构”的含义，是学生易于理解。本课中流程图的绘制应用时一个亮点。通过流程图的绘制，结合学生已有的数学知识，学生很清楚地明了循环结构中循环体的位置、循环次数的设置、循环程序的结构设计等内容。（点评人：海口市教育研究培训院　徐强）

请你根据阅读陆老师介绍循环结构的案例，参考点评案例，对陆老师本节课讲授部分进行点评，说说好的地方，再补充说说不足的地方，尝试给予陆老师一点合理的改进建议。

2. 整体评析、特点评析训练

可选教学设计如表 12-2 所示。以下是成都市中和中学高一教师周建老师的一节体验信息获取实践活动的教学案例。请大家阅读后根据训练要求对其进行评价。

表 12-2　关注亲情，感受幸福——信息的获取实践活动

<table>
<tr><td colspan="2">一、内容分析</td></tr>
<tr><td colspan="2">利用网络开展开探究“关注亲情，感受幸福”的活动，是《信息技术基础》（必修）第 1 册第 2 章信息的获取的一项综合实践活动
通过本次网络主题探究活动，让学生了解现实社会生活中亲情缺失的危害性，亲情教育的重要性和紧迫性。利用网络查找相关的知识为亲情教育服务，不仅能培养学生的信息素养，而且让学生明白母爱的无私与伟大，亲情的可贵，感恩的重要性，尊敬父母，孝敬老人，以积极的心态学习</td></tr>
<tr><td colspan="2">二、学生情况分析</td></tr>
<tr><td colspan="2">高一年级学生思维活跃，善于动脑思考，有自己的主张和看法。通过前面的学习已经学会使用搜索引擎查找资料，具备基本的搜集、鉴别、处理信息的能力。虽然学生平时一起学习，但是小组协作的能力有待协调和锻炼</td></tr>
<tr><td colspan="2">三、教学目标</td></tr>
<tr><td>目标维度</td><td>行为目标</td></tr>
<tr><td>知识与技能</td><td>能够举例描述获取信息的策略和技巧</td></tr>
<tr><td>过程与方法</td><td>（1）体验网络获取信息的一般过程；
（2）能根据实际需求通过获取信息解决生活、学习中的问题</td></tr>
<tr><td>情感态度与价值观</td><td>（1）提高信息道德意识和思想道德意识；
（2）通过整个专题探究活动，培养研究探索的精神；
（3）树立亲情意识，培养感恩行为，关心身边家人；感受幸福生活</td></tr>
<tr><td colspan="2">重点难点</td></tr>
<tr><td>教学重点</td><td>网上获取信息的整个过程</td></tr>
<tr><td>教学难点</td><td>定位信息需求</td></tr>
<tr><td colspan="2">教学过程</td></tr>
<tr><td colspan="2">导入部分</td></tr>
<tr><td>**师**：“同学们都知道什么是亲情吧？”
生：“知道。”（异口同声）
师：“那你们知道吗？亲情包括哪些方面？”
生：“如父子（父女）情，母子（母女）情，手足情（兄弟姐妹），祖孙情（祖辈与孙辈），甚至朋友之情，都是可以是亲情。”
师：“它的特点是什么？”（学生一愣）
生：“无私的，互相的，立体的。”师：“既然亲情里有相互的，你关心过你的亲人吗？你关心过你的母亲吗？是谁给了你的生命，是谁养育了你，是谁供你吃穿供你读书？我相信每个同学在此刻，内心深处都有清醒的认识，我希望你们铭记于心。”
下面，我们一起来关注一件近期发生的事情，这个事情让我很震惊也很痛心：
2011 年 4 月 1 日晚，在浦东国际机场到达大厅，搭乘航班从日本返沪的男子汪某到达不久，就与前去接机的母亲发生争执，焦点是关于学费。当时，汪某从托运的行李中取出一把水果刀，对着母亲顾某连刺 9 刀，导致顾某当场倒地昏迷。汪某随即被赶来的民警抓获，同时民警迅速将顾某送至附近医院抢救。（以上内容通过视频的形式，2 分钟左右展播该事件）</td><td>设计意图：在烘托亲情重要性后，当学生满怀感恩之情时引入这个案例，让学生对该留学生的行为产生正确的认识，思考事件发生的原因，从而引出讨论。这个案例是过分的溺爱，让留学生迷失，疯狂。实质就是一种亲情的缺失，他没有爱他的母亲</td></tr>
<tr><td colspan="2">探究活动</td></tr>
<tr><td>在活动中你要经常对照评价量表中的项目，他会提示你该怎么做，把你的重要发现、精彩思想及时在论坛发表，也可以在 Moodle 论坛上提出问题</td><td></td></tr>
<tr><td>教师小组：</td><td></td></tr>
</table>

续表 1

以教师的角度看待这个事件： （1）反思中国父母教育方式（父母教育方式是否合适） （2）亲情教育如何实施 **家长小组**： （1）反思自己对子女是否一味溺爱（让子女从小感恩父母）； （2）如何对孩子从小进行感恩和责任教育 **学生小组**： （1）普通的一个高中生如何感恩父母（听听学生自己的心声）； （2）“百善孝为先”中的孝具体指什么 **心理学专家组**： （1）常见青少年心理问题（该事件可能是精神问题导致）； （2）如何排解内心压抑，享受幸福生活	设计意图：让学生学会根据不同角色来分析问题、解决，提高小组合作的效率。同时教育学生在做任何事之前都要做好充分的准备，才能做到事半功倍，对于人生的每一步也是如此
分工协作，收集信息： 小组长分配本小组成员探究的具体任务，下载“小组分工表”填写并提交。根据 Moodle 平台的提示，学生针对自己的任务进行网上信息收集，可以通过搜索引擎上网查找资料，也可以阅读老师提供的在线资源进行网络搜索，把查找到的信息（包括文字、图片、视频等）下载、保存到个人文件夹中”，老师在巡回时强调收集信息的要求	设计意图：由小组长来分配任务，培养其组织和协调能力，通过自主探究完成任务，提高收集信息的技能和创新能力。集体的力量是强大的，但离不开个人的积极参与，提高学生的合作意识
整理信息	
按照教师的设计过程，每个同学对搜索到的信息进行鉴别，去伪存真后进行整理，有条理地存储，把“个人收集文件夹”通过多媒体教学软件提交到教师机，以便全班同学共享	通过这一环节，提高学生鉴别，处理信息的综合应用能力，培养学生的信息素养
交流讨论	
（1）把你个人研究成果简单填写到“汇报交流信息表“中，小组交流研究成果； （2）以组为单位进行汇报，派代表向全班汇报研究的成果，汇报交流时加上自己的理解和感受。小组成员记录好其他同学提出的问题和本小组成员的回复； （3）认真记录好其他小组汇报的要点，在电脑上及时写下打算提出的质问问题； （4）全体学生进行网上讨论，相互交流，加深对亲情教育的理解	设计意图：边倾听边记录，使信息达到相互交流，不仅反馈了学生的探究成果，提高了表达能力，同时也引申出一些做人的道理：学会感恩，关注亲情，感受幸福
综合评价，反思总结	
根据评价给自己做一个评价，浏览小组其他成员的学习文档，给小组的其他成员也做一个评价，播放歌曲《爱的奉献》，让学生边听歌边填写评价表。教师评价各组进行的探究活动，对探究过程中存在的问题提出改正意见 评价项目包括搜索提取信息能力、参与讨论交流情况、独立完成任务能力、分工合作能力、分析解决问题能力、信息归纳整合能力。组长下载“小组评价表”填写并提交 反思： （1）研究时把重要的信息摘录下来了吗？ （2）阅读时“质疑”材料吗？ （3）你在搜索和交流这个过程中，是否感觉自我某些方面得到提升？	

续表 2

教师总结："通过这次合作探究，我们知道了什么是亲情，也明确如何去表达你的爱。回家时你能做一点小小的事情，比如给父母烧一次洗脚水，来表达你内心深处的感恩。或许长久以来我们习惯于饭来张口，衣来伸手的日子。你能以同样的方式为你父母做一次吗？古语有云'百善孝为先'，你做到没有？我们一起来听听《劝孝歌》。"	

（1）请根据我们给的资料使用 2+2 评价方式对周老师的课进行整体评析，并尝试给周老师本次课提出一些建议和意见。

（2）周老师本节课的设计特点有什么？尝试对周老师本节课的特点进行分析点评。

3. 综合评析训练

请与本微格小组成员一起分工合作，对某微格成员的一节课进行点评。在评析过程中，请注意尽量从不同的角度进行点评，并且记录下点评依据。最后统一进行总结、整理和分析。

三、实验报告

评课技能实验报告表如表 12-3 所示。

表 12-3　评课技能实验报告表

<table>
<tr><td>实验目的</td><td colspan="4">1. 能够结合教育理论对一堂课进行整体性的评析；
2. 能够为授课者提出精准的优点和缺点；
3. 能够对授课者提出确实可行的意见和建议</td></tr>
<tr><td>实验用具</td><td colspan="4"></td></tr>
<tr><td rowspan="4">实验过程</td><td>课题名称</td><td></td><td>授课对象</td><td></td></tr>
<tr><td>实验地点</td><td></td><td>授课总时</td><td></td></tr>
<tr><td>教学目标</td><td colspan="3"></td></tr>
<tr><td colspan="4">【此处可以粘贴微格教案】</td></tr>
<tr><td>实验结论</td><td colspan="4"></td></tr>
</table>

第三节　教学技能评价与反馈

一、评课技能评价量表

评课技能评价表如表 12-4 所示。

表 12-4　评课技能评价表

评价指标	评分标准	分值					实际得分
		满分	A	B	C	D	
综合评价	对教学目标是否全面、具体、适宜及达成情况有精要评析	10	10	8	6	4	
	能从教学思路设计和课堂结构安排的角度合理评析教学程序的设计和运作的成效	10	10	8	6	4	
	结合实例对教学方法选择是否适度、灵活和有效进行分析	10	10	8	6	4	
	简要评价现代化教学手段的运用	10	10	8	6	4	
	对教学技能进行评价，突出优点，对不足之处有建设性建议	10	10	8	6	4	
	教学效果评价，即从教学内容、学生主体活动的发挥、师生互动、思维训练、能力培养等方面进行评析	10	10	8	6	4	
评研结合	在评价过程中透析课堂教学主要特点及得失	10	10	8	6	4	
	借助教学理论和教学经验评价教师上课的优点	10	10	8	6	4	
	提出改进教学的意见和建议	10	10	8	6	4	
其他	用语准确、评价合理、突出重点、分析深入	10	10	8	6	4	
合计		最后得分					

二、评课技能训练反思

评课技能训练反思表如表 12-5 所示。

表 12-5　评课技能训练反思表

课后自评	
同组评议	
教师评价 （2+2 评价法）	
问题思考	1. 什么是评课技能； 2. 评课技能的分类； 3. 评课技能应用的基本原则； 4. 评课技能的作用

◀知识链接

评课前的准备及注意事项①

一、评课的准备

1.熟悉课标，掌握教材

在评课中获得发言权，关键在于精通业务，掌握课标精神，熟悉教材。因此，我们平时要善于学习，使自己具有较厚实的教学理论，了解教学改革的最新形势，吃透课标精神，这是其一。其二，还应在听课前认真阅读教材，了解这一课的教学目的，教学重点、难点、练习内容等。只有做到评课前有准备，才能在听课中看到教师的经验和找出闪光点，才能在评课中意见提得准确且具有指导意义。

2.认真听课，记好笔记

要评好课，就必须认真听好课，边听边思，随时记好听课笔记。不但要尽可能如实记录课堂教学的全过程，而且及时把自己对教者某一教学环节的感受写在听课笔记相对应的地方，为评课准备好第一手材料。

3.了解执教者的基本情况

上好一节课的决定因素在教师，教师的教学水平取决于教师的素养、能力。我们应对教者的基本情况有所了解。只有这样才能根据教师的具体情况进行具体分析，对不同层次教师的课做出有针对性的评价。如：对业务能力差的教师，用骨干教师评课标准去评议他，那他的课会毛病很多，这会挫伤了他的积极性和自尊心；对业务能力较强的教师，你用低水平的标准评议，对他的再提高就没有帮助。

4.拟好提纲

写提纲之前，应先对所听的课进行较全面的回顾，再看看教材，翻翻听课笔记，在认真分析的基础上，拟出评课的提纲，如本节课的优点或经验、主要特点、不足和需要探讨的问题、建议等。

二、评课遵循的原则

教研活动的具体目的不同，评课的内容、重点和标准也有所区别，但总体原则是一致的，要符合以下五个基本原则，评出观点、评出水平，评出实效。

1.可接受性原则

应该承认，教师上的每一节课，都是经过认真备课，精心设计，花了很大工夫的。每位教师都想把课上好，但由于教师个体的差异，不可能都十全十美。因此，我们在评课时，要多侧面地去考虑问题。评议要能让教师接受，达到肯定成绩，克服不足，鼓励奋发向上的目的。

2.实事求是的原则

在评议中既不能吹毛求疵，也不能夸大其词，只说好话、官话、套话。不能掩盖问题或蜻蜓点水。要用一分为二的观点进行评析，首先要看到教者的长处，不能说的一无是处，做到一是一，二是二，实事求是。

3.准确性原则

评课观点要鲜明，语言要准确，评析要有理有据，不能似是而非，必须用准确的语言，准确的实例，准确的尺度，去评析。

4.改革创新的原则

评课的立意应体现在“新”字上，即体现新的教学思想，新的教改尝试，新的教学手段和方法，新颖的训练形式。只要教者有一点点的创新之处，都要给予充分的肯定。

---

① 引自：上海市闵行区莘庄镇小学（2011）。

5. 因人施评的原则

在评课时，对于老教师应多帮助他们挖掘教学上的经验，让他们多年的教学经验更加完善；对于青年教师既要充分地肯定成绩，又要多帮助他们找出教学中的差距，使他们感到不奋进就有一种压力感，只有这样青年教师才能在指导下逐步提高自己。

三、评课的注意事项

1. 尊重教者，不居高临下

评课是一种教研形式，我们一定要从研讨的角度出发，对教学中的优点要充分肯定，即使是上得不够成功的课，也要善于挖掘出教者教学中的亮点，加以肯定；对教学中存在的问题或不足之处，也要以虚心的态度，商量的口气与教者共同分析研讨，善意地提出自己的建议或希望，尤其是对参加工作不久的年轻教师来说，这一点就显得更为重要，决不能以评课者自居，居高临下去评课。否则，不仅使评课的目的大打折扣，而且会挫伤了教者教学的积极性。再说，本来评无定法，对任何一堂课的评价是无法用条条框框的标准准确量化的，只能是“仁者见仁、智者见智”，决不能把自己的观点强加在别人头上。同时，还要善于倾听教者的自评，以体现对教者的尊重。

2. 要突出重点，切忌面面俱到

尽管我们在前面谈到了评课可以从十个方面去进行，但这并不意味着评课要面面俱到，评课时要依据新课标的精神，或抓住教者教学中的主要优缺点，或紧密结合研究的重点，集中主要问题进行评析和研究，做到重点突出，条分缕析，不泛泛而谈。当然，在必要的时候，也可以依据教者的教案，结合教学的主要特色，围绕一两个中心，对教学情况进行较为全面的评价，做到既有对某些教学环节或细节的评析，又有对教学总的评价看法。但，仍然要有一个很明确的重点。

3. 加强学习，勤于思考，使评课别有一番风味

要想真正评好课，必须加强学习。学习新的教学理念，学习教育学、心理学、美学、演讲与口才，学习课的模式，掌握学科特点，熟悉各种课型。还可以多看看教育杂志上评课的实例，如《小学语文教学》每期都有《优质课例点评》，这样可以从中学习借鉴，提高评课的水平，此外，还得注意在实践中学会推敲评课的语言，这样才能给优秀者锦上添花，给不足者雪中送炭，使评课别有一番风味。

第十三章　综合练习

根据布卢姆的教育结果分类理论，我们把教学内容划分为知识、技能及情感三种类型。

本章首先概要介绍布卢姆的教学目标分类，并结合教案描述如何完成这三种类型的信息技术微格教学。

第一节　知识类型

一、知识类型定义

根据布卢姆的教育结果分类理论，我们把倾向于识记、理解、运用、分析、综合和评价六个方面的内容定义为知识类型。例如，高中信息技术《信息及其特征》一课，要求学生认识、理解“信息”这一事物并通过分析、探讨，归纳获得知识。

二、案例介绍

知识类型案例：信息及其特征（高中一年级）[①]

教学过程设计如下。

师：“同学们，信息技术这门课程，我们在初中阶段就已经学习。那么下面请同学们说一说，什么是信息？在我们日常生活中，你认为哪些属于信息？”（举例）

生 1：“校园里铃声响，可以告诉我们信息：上课或下课。”

生 2：“观看校运会，可以获得很多运动会赛场上的信息。”

生 3：“从网上可以获得很多信息，如：学习资料、娱乐、新闻报道等。”

生 4：“在报纸上可以了解国内外的信息。”

（导入技能：设疑导入、事例导入，引导学生回忆、联想，通过学生生活中熟悉或关心的事例使学生产生一种亲切感，起到触类旁通的功效，并借此渗透本课学习目标。）

师：“同学们举的例子非常好。其实信息在我们日常生活周围无时不在，无处不有，当然，信息不仅存在于我们的周围，同样可以在我们身体内部找到它的影子，如医生通过听诊器来感知我们身体内部的变化以确定病因，因此我们可以说信息是用文字、数字、符号、图像、图形、声音、情景、状态等方式传播的内容。”

师：“更确切一点，信息是事物表现的一种普遍形式，人们通过信息来认识事物和

---

① 引自：朱淑云（2011）。

周围的世界。”（讲解技能：说明式，用言简意赅的语言，把事物的性质、特征、规律以及事物间关系加以说明。）

师：“古长城将士点燃的烽火是信息吗?”（提问技能：诱导提问，通过列举实例创设问题情境，将学生的注意力集中到某一特定内容；疏导提问是当学生在学习过程中思路受阻或是偏离正确方向时，教师进行点拨、疏导。）

生：“是。”

师：“其实点燃的烽火本身只是信息的载体，它里面包含的意义即有外敌入侵，这才是信息（生觉悟），引出信息与信息的载体之间有一定的关系，又指明信息和信息的载体不是同一个概念。例如：书中记载的内容属于信息，书就是信息的载体。因此，信息需要用载体来表示和传播，表达信息的载体称为信息的表示媒体简称媒体。”（讲解技能：说明式，结合现实生活中的事物，用言简意赅的语言，把事物的性质、特征、规律以及事物间关系加以说明。）

师：“信息无处不在，无时不有。信息的存在多种多样，作为万物中的一种，它们同样有着其固有的特性，也就是相同的本质。下面我们通过所获取到的信息，找出它们共同的特性。”

师：“在我们周围存在的信息中，书刊上的文字依附于纸张，颜色依附于物体的表面，老师讲课的声音依附于空气，大家的表情依附于我们的脸皮而存在。还有很多的信息，同学们能举出其他的现象吗?”（提问技能：诱导提问，通过列举实例创设问题情境，使学生形成问题意识，将学生的注意力集中到某一特定内容。）

生：“我们的体重依附于身体，CD 音乐依附于光盘……”

师：“有没有信息是不依附于任何载体而存在呢?”

生：“找不到。”

师：“这说明了什么?”

生：“信息必须依附于载体而存在，信息依附的物体多种多样。”

师：“通过前面的学习知道信息是必须依附某一媒体进行传播的，所以不能独立存在；

文字既可以印刷在书本上，也可以存储到电脑中；信息可以转换成不同的载体形式而被存储下来和传播出去，供更多的人分享，而分享的同时也说明信息可传递、可存储。”

师：（课件演示）（板书技能：提纲式，对一节课的内容，经过分析和综合，按顺序归纳出几个要点，提纲挈领地反映在板书里，条理清楚、从属关系分明，给人以清晰完整的印象，便于学生对教材内容和知识体系的理解和记忆。）

1)载体依附性

①信息不能独立存在，需要依附于一定的载体；②同一个信息可以依附于不同的媒体；③载体形式多种多样，如印刷型、机器型、声像型、网络型等；④载体的依附性具有可存储、可传递、可转换特点。

师：“老师讲课中传授的信息能增长同学们的知识，广播传出的音乐能给大家带来快乐，下课的铃声能给大家带来兴奋。还有很多的信息，他们的存在能给我们带来怎样的作用呢?”

生：“信息的存在有一定的价值性。”

师：(课件演示)

2)信息的价值性

①信息不能直接提供给人们物质需要，体现在满足人们精神生活的需要和促进物质、能量的生产和使用上；②信息可以增值；③信息只有被人们利用，才有价值。

师：“信息能提供给人们物质需要吗?”

生：“能。”

生：“当你学习累了，到操场上打球、跑步等方式放松心情。在这个锻炼的过程中，人通过锻炼从而把心情放松，说明信息能提供给人们物质需要。”

生 1：“信息可以增值，怎么理解呢?”

生 2：“人们在加工信息的过程中，经过选择、重组、分析等方式处理，可以获得更多的信息，使原有信息增值。”

师：“商场上某种产品供不应求，而厂家知道信息后他们会大量生产该产品，说明信息可以促进物质、能量的生产和使用。”(讲解技能：说明式，结合生活经验，用举例的方式把事物的性质、特征、规律以及事物间关系加以说明。)

师：“台风‘维达’给我们带来的伤痕依然存在，有关台风‘维达’的天气预报当时对我们十分有用，但是现在对我们还有用吗? 过去的流行歌曲和现在的流行歌曲，大家喜欢哪一种?”(提问技能：诱导提问，通过创设问题情境，使学生形成问题意识，将学生的注意力集中到某一特定内容。)

生：“信息的价值会随时间的变化而变化。如今天，神六的圆满成功远比神一给我们带来的兴奋多。今天的报纸总比昨日的报纸好卖……”

生：“书本中的科学知识会随时间的流失而变得贬值吗?”

师：“如果是理论知识几乎不会贬值，但如果是技术知识同样会随时间而变化，但所花的时间会比一般的信息长很多。”

师：(课件演示)

3)信息的时效性

①信息的时效性会随着时间的推移而变化(有长或短)；②信息的时效性必须与价值性联系在一起。

师：“(补充)因为信息如果不被人们利用就不会体现出它的价值，那也就谈不上所谓的时效性。也就是说信息的时效性是通过价值性来体现的。”

师：“老师讲课的声音只是一位同学听到吗? 电视台播出的新闻只会被一位观众知道吗?”(提问技能：诱导提问，通过创设问题情境，使学生形成问题意识，将学生的注意力集中到某一特定内容。)

生：“不是。”

师："大家想一想，我们的周围还有那些信息是能够被大家所共同知道的?"
生："（讨论）每位同学的相貌、教学楼的形状、树叶的颜色、汽车的形状……"
看来所有的信息都是可以共享的，除非它不为人所知。
师：（课件演示）

4)信息可以共享

①信息资源共享；②信息可以被一次、多次、同时利用；③信息共享不会丢失、改变。

师："同学们对以上的信息形态分析得很透彻、独特。下面我们一起来思考：信息除了上面的特征之外还有没有其他特征?"

生："有。"

师继续提问："你们认为还有哪一些呢?"

生："信息还可以传递、处理。"

师："对了，那么对这些特征的分析就由大家回去找其他资料对它进一步理解。"

【案例点评】

本节课教师通过举出现象，让学生进行探讨，然后归纳获得知识。有不足之处由教师或学生来补充。引导学生积极参与，活跃课堂气氛，既让学生学到知识，又培养了学生将学习与生活联系的习惯和自主学习的习惯。

知识的获取者是刚刚升入高中的学生，按照人的成长认知规律，学生对知识的获取开始由感性认识提升到理性认识。对于"信息"这一事物的认识，可以让他们从大量存在的现象中，发现并归纳出他们应该获得的知识，老师在此过程中起着引导的作用。

三、训练可选题目

1. 题目 1：电脑得了病毒

可选教学设计如表 13-1 所示。

表 13-1　电脑得了病毒教案①

分配时间	教师的教学行为	应用教学技能要素	学生的学习行为	应用教学媒体、板书
3 分钟	介绍活动的基本流程及评价方法 介绍 PBL 流程：理解问题情境—分析问题、提出问题—小组分工合作—搜集资料—得出结论—交流评价。	板书技能	听讲、思考、提问	黑板板书
20 分钟	1. 利用笑话导入问题情境。 老师讲笑话："这一天，哥哥到表妹家玩 妹妹：'哥哥，哥哥，我买了一台电脑耶!'	导入技能，故事性导入 提问技能 诱导提问	理解笑话所创设的问题情境	

① 引自：李艺和李东梅（2011）。

续表 1

分配时间	教师的教学行为	应用教学技能要素	学生的学习行为	应用教学媒体、板书
	哥哥：‘咦？我怎么没看你用过呢？’ 妹妹：‘爸爸说我的电脑得了病毒，家里又没有杀毒软件，我便想了个好主意。把电脑关起来，让电脑病毒活活饿死！’ 哥哥：‘＃￥％＊……!!!’”如果你是哥哥，你将怎样给妹妹解释？”（妹妹小学四年级，会简单的电脑操作以及浏览网页）			
	2. 分析笑话产生的原因帮助学生分析问题的实质：妹妹为什么会说“将病毒饿死”，她了解电脑病毒吗？	讲解技能	分析问题的实质：妹妹之所以这样说，是因为妹妹不了解电脑病毒和生物病毒的区别	黑板板书
	3. 分组制订计划 组织学生分组，指导学生进行小组工作 提示： （1）每个小组思考选择对妹妹讲解的内容 （2）制定研究计划，包括准备怎样获取你还不知道的知识 （3）需要注意妹妹还小，你在讲解的时候准备怎么做呢 4. 合作与问题相关的资料，整理、加工指导学生开展工作，并作为其中的一员，参与到各个小组的活动中，了解学生活动情况，并对学生研究问题进行点拨，避免不必要的时间浪费 课堂组织技能：指导性组织。	变化技能，学生活动安排的变化	1. 提出本小组准备讲解的内容，例如同学们可能会提出下面的问题：电脑病毒是什么？它是怎样产生的？它与生物病毒的区别？它是怎样攻击电脑的？病毒软件是怎样杀毒的？平常使用电脑时需要注意什么？主要有哪些电脑病毒类型？受到病毒攻击后主要有哪些症状等等 2. 确定研究计划、分工 ①查找搜集资料：通过网络、书籍或者老师搜集有关电脑病毒方面的资料 ②对搜集的资料整理，再加工 ③讨论、交流，得出本组方案	
	5. 汇报小组制定的计划 组织学生展示小组成果，其他小组同学参与讨论： （1）把你们小组制定的讲解计划和大家交流一下 （2）其他小组的同学如果有什么意见可以提问，例如你可以评价一下他们的计划，你赞成/反对他们的哪些观点等	强化技能	3. 小组汇报、其他小组同学参与提问	
	6. 总结、评价 （1）引导学生对自己所学习的新知识进行反思，对在活动中的表现进行评价 （2）对小组活动中所涉及的关于电脑病毒的新的知识进行总结	结束技能		
	（3）根据同学们搜集的病毒的危害和防范措施适时提醒学生们要养成良好的习惯，例如升级杀毒软件，判断信息的安全性等 （4）对小组和个人进行评价，鼓励同学的表现，尤其是平时不愿意发言的学生或者对信息技术不感兴趣的学生		疏理新学习的知识，反思自己的表现	

2. 题目 2：计算机网络信息安全

可选教学设计如表 13-2 所示。

表 13-2 计算机网络信息安全教案①

分配时间	教师的教学行为	应用教学技能要素	学生的学习行为	应用教学媒体、板书
3 分钟	一、引入 在教师机器上演示机器遭受病毒攻击时的状况： 1. QQ 木马病毒 2. “落雪”病毒 并提出问题：计算机为何出现这种状况？怎样解决这个问题？	导入技能：实例、设疑导入	学生观察计算机发生了什么，引发学生的旧的情感体验思考如何解决问题，带着问题继续接下来的学习	多媒体展示图片
20 分钟	二、知识点学习 1. 计算机病毒 （1）定义：计算机病毒是一种人为编制或者在计算机程序中插入的破坏计算机功能或者毁坏数据，影响计算机使用，并能自我复制的一组计算机指令或者程序代码 （2）特性：具有潜伏性、传染性、隐蔽性和破坏性 （3）传播途径：有很多种传播途径，主要通过网络和磁盘进行传播	板书技能	认真听讲、记笔记；思考并回答教师提出的提问	
	2. 计算机犯罪 （1）什么是计算机犯罪 计算机犯罪是指为了个人私利或展示个人能力，利用计算机作为犯罪工具进行的犯罪活动	讲解技能		多媒体 PPT 板书
	（2）信息污染 利用网络传播违反社会道德或所在国家法律及社会意识形态的信息，即信息垃圾。一些色情的、种族主义的或有明显意识形态倾向的信息，不仅对青少年的毒害十分严重，也对国家安全、社会稳定造成极大的危害	变化技能：学生活动安排的变化		
	三、思考与探索 任务一：学生上网查找一些计算机犯罪案例 我国以及全世界目前针对网络安全采取哪些措施	课堂组织技能：指导性组织	将搜集结果，通过 FTP 传送到服务器上所在班级文件夹中	
	四、实践操作 任务二：登陆 http：//192.168.224.13 下载毒霸并安装杀毒；登陆 http：//192.168.224.160 下载瑞星并安装杀毒 任务三：搜索并下载安装天网防火墙，观察防火墙行为	变化技能：学生活动安排变化	登陆内网下载相关软件并安装 运行杀毒程序 观察防火墙运行情况	

① 引自：Q8mhbh1hvw（2011）。

续表

分配时间	教师的教学行为	应用教学技能要素	学生的学习行为	应用教学媒体、板书
	五、讨论 将学生分为 7 个小组，每组 6 人，对于以上的学习讲讲自己的心得体会，并谈谈对于自己应该如何树立正确的网络文明行为	课堂组织技能：指导性组织	每个小组先自行讨论，然后汇总讨论结果，每组派一名代表在全班交流讨论的结果，在交流的时候，每个小组成员如果觉得代表讲的还不够全面都可以加以补充	
	六、归纳总结 教师对于如何树立正确的网络行为进行归纳： 1. 安装正版的杀毒软件和防火墙，不定期对其升级，对系统全面查杀病毒； 2. 对计算机系统打补丁，对重要数据不定期地进行备份； 3. 不登陆不健康的网站，不接收来路不明的网址，不要从网上随意下载来历不明的程序和数据资料； 4. 不制造、使用和传播计算机病毒和黑客攻击软件； 5. 遵守国家相关法律法规，不做违法的事	演示技能 板书技能	把刚才自己参与讨论的结果和教师所结合起来，总结归纳所学内容	多媒体演示课件
	七、布置任务 1. 学习《全国青少年网络文明公约》 2. 完成发放下去的《计算机安全知识调查表》(见附件)		学习《全国青少年网络文明公约》，文明上网，做遵守网络道德的模范完成调查表	

请根据上述教案建议准备对应技能的训练，在训练时也可根据自身特点按照题目要求自行设计教学方案，但需要注意各种技能类型的应用原则和使用技巧。

四、实验报告

知识类型微格教学实验报告表如表 13-3 所示。

表 13-3　知识类型微格教学实验报告表

<table>
<tr><td>实验目的</td><td colspan="4">1. 掌握对微格教学系统的操作；
2. 掌握各种教学技能在知识类型微格教学中的综合应用；
3. 能够设计知识类型微格教案并进行教学实践，通过教学录像进行教学反馈评价，以提高其教学各种技能水平</td></tr>
<tr><td>实验用具</td><td colspan="4"></td></tr>
<tr><td rowspan="4">实验过程</td><td>课题名称</td><td></td><td>授课对象</td><td></td></tr>
<tr><td>实验地点</td><td></td><td>授课总时</td><td></td></tr>
<tr><td>教学目标</td><td colspan="3"></td></tr>
<tr><td colspan="4">【此处可以粘贴微格教案】</td></tr>
<tr><td>实验结论</td><td colspan="4"></td></tr>
</table>

五、技能评价

知识类型微格教学评价表如表 13-4 所示。

表 13-4　知识类型微格教学评价表

所在系：________　　班级________　　姓名：________

项目	导入	讲解	提问	演示	语言	组织	强化	结束	板书	教态	课堂气氛
标准分	5	20	10	10	10	10	10	5	5	10	5
第一次评分											
总分											
微格教学片段评价（2+2 方法）：											
第二次评分											
微格教学片段评价（2+2 方法）：											

日期：第一次____年____月____日

第二次____年____月____日　　指导教师：________

六、教学反思

知识类型微格教学反思表如表 13-5 所示。

表 13-5　知识类型微格教学反思表

课后自评	
同组评议	
教师评价（2+2 评价法）	
问题思考	1. 知识类型课程的特点； 2. 知识类型各种教学技能综合应用原则； 3. 知识类型各种教学技能综合应用的注意问题； 4. 知识类型教学技能的综合评价内容的重点

第二节　技能类型

一、技能类型定义

技能类型内容具有可测量性、可观察性以及教学目标的可描述、可分析性的性质。如小学信息技术《文件操作》一课，要求学生掌握选定、复制、移动、删除文件的操作方法、灵活操作鼠标进行单击、右击；如中学信息技术《使用应用程序“画图”》，要求学生掌握画图工具的使用；如高中信息技术《Photoshop 图像处理》等内容都可归为技能类型。

二、典型案例介绍

技能类型内容教学案例：我为熊猫“疗伤”教学设计（小学三年级）①

1. 课前准备（课外收集信息）

(1)学生课前收集有关珍稀动物受伤害的事例，填写好《珍稀动物受伤害案例表》，了解珍稀动物受伤害的情况。

(2)学生制定保护珍稀动物的方案。

设计意图：培养学生收集信息和处理信息的能力。

2. 引入新课

师：“同学们今天教师给大家带来了一些动物朋友，你们想知道它们都是谁吗?”播放课件：一段动物世界的视频。（演示技能：展示法，提供丰富的感性材料，引发学生的好奇心，凝聚注意力。）

师：“你们喜欢这些动物吗？这些动物都是珍稀动物，是我们的朋友，可是由于多方面的原因这些动物的数量在急剧减少，珍稀动物受伤害的案件也在频繁发生。你们在课前都收集到了哪些珍稀动物受到伤害的信息?”（导入技能：直观导入，引导学生观察视频，再从观察中，提出问题，创设研究问题的情境，学生为解决疑问，产生了学习新知识的强烈要求。）

学生介绍课前收集到的有关珍稀动物受伤害的信息。（变化技能：学生活动安排的变化，学生从观看视频过渡到介绍资料，丰富学习环境，唤起学习热情。）

师：“同学们面对这么多珍稀动物受到伤害的案例，我们应该为保护有限的珍稀动物做些什么呢?”（提问技能：分析提问，要求学生能组织自己的思想，寻找相关资料，进行描述或讨论。）

学生谈如何去保护珍稀动物。

师：“同学们，你们的方案真不错，教师希望你们能把这些好的方案落实到实际行动中去。现在我们的电脑里就有一只受伤的大熊猫，需要大家的帮助。同学们你们愿意帮助它，为它‘疗伤’吗?”（“愿意。”）（提问技能：诱导提问，将学生的注意力集中到某一特定内容，引起学生的学习兴趣。）

设计意图：让学生认识到保护珍稀动物的重要性，培养他们爱护珍稀动物的意识。

师：“请同学们打开存放在‘我的文档’中的名为‘受伤的大熊猫·BMP’的文件，调出这只熊猫。”（演示技能：展示法、引奇激趣法，提供丰富的感性材料，培养学生观察和思维能力，感染打动学生。）

---

① 引自：陈华辉（2011）。

学生打开文件，迫切地想看到“受伤的大熊猫”。

师：“多可爱的大熊猫！可惜它的身体受伤了，请同学们仔细地为大熊猫‘诊断’一下，看看它身体的哪些部位受伤了？”（提问技能：诱导提问，将学生的注意力集中到某一特定内容，引起学生的学习兴趣。）

学生通过“诊断”发现熊猫左边的耳朵、眼睛、手和脚没有涂颜色。

设计意图：培养学生观察事物和发现问题的能力。

3. 主动探索

师：“同学们你们诊断的真仔细，看来这只大熊猫还真是病得不轻，它全身上下都是伤，同学们快救救它吧。”

师：“刚才我们已经找到了大熊猫的病因，下面我们就来针对它的病因‘对症下药’。针对它左边的耳朵、眼睛、手和脚没有颜色这个病，你们准备怎样给它医治？”（提问技能：诱导提问、运用提问，学生运用新获得的知识和回忆旧知识来解决新问题。）

学生回答：“用颜色填充工具给这些受伤的部位涂上颜色。”

师：“你们的想法很不错，下面就请你们试着给大熊猫‘治疗’吧，看你们的‘药方’是否能治好它的病。”

学生操作，教师巡回的看学生的操作情况。（变化技能：学生活动安排的变化，学生从观看演示、讨论问题过渡到动手操作，培养学生的动手能力同时使课堂生动活泼。）

师：“在治疗的过程你们遇到了什么困难吗？”

学生在操作中可能会遇到以下的困难：①给大熊猫涂颜色时，颜色从身体里流了出来；②找不到和右耳相同的颜色。

师：“为什么会这样呢？”（引导学生分析，颜色从身体里流出来是因为有缺口的缘故。）

师：“要想给大熊猫涂上颜色，看来必须先解决缺口的问题。”

师：“有缺口这个病应该怎样治呢？”学生很快想到要把缺口补起来。

师：“用什么工具来补缺口呢？”学生想到了用铅笔和刷子来补缺口。

师：“如果缺口很小怎样观察‘伤口’？”（提问技能：①台阶提问，由浅入深地排列得像阶梯一样，引导学生一阶一阶地攀登；②诱导提问，将学生的注意力集中到某一特定内容，引起学生的学习兴趣。）

让学生分小组讨论或从教师提供的信息卡中找到解决困难的方法，然后再操作。学生操作时教师巡视，然后请完成情况好的同学到前面来演示并讲解。（课堂组织技能：课堂讨论的指导组织，指导小组讨论。）

师：“在修补缺口的过程中，有没有遇到困难的同学？”

学生说出自己在操作时遇到的困难。学生之间相互解决，学生解决不了的教师再帮助解决。

师：“缺口堵上了，下面我们就可以放心大胆地为熊猫涂颜色了。可是我们遇到的第二个困难是找不到和右边相同的颜色。”

师："怎么办呢？我们怎样才能获得和右边相同的颜色呢？"

学生分小组讨论或从信息卡中找到解决困难的办法。

师："你们找到了解决困难的方法吗？"（提问技能：台阶提问，由浅入深地排列得像阶梯一样，引导学生一阶一阶地攀登。）

请一名同学到前面来演示，边演示边介绍："这里要用到'取色'工具，将取色工具指向熊猫的右耳，单击左键，右耳的颜色就成为当前的绘图色。再使用颜色填充工具就可以使另一只耳朵得到一样的颜色。"（讲解技能：说明式，教师用言简意赅的语言，把"取色"工具的性质、特征、功能加以说明。）

师："请同学们用取色工具让熊猫左右两边的颜色一样。"

学生操作，完成"治疗"。

4. 知识巩固

师："同学们，你们把大熊猫的伤治好了吗？"

师："你们真能干，这么快就把大熊猫的伤治好了。瞧！大熊猫现在多高兴呀！"

师："同学们，在我们的电脑里还有一些受伤的小动物，它们也想得到大家的帮助，你们愿意帮助它们吗？"

师："请同学们选择其中的一种小动物给它'治伤'。"（课堂组织技能：实验的指导组织，组织和维持学生的注意。）

学生十分高兴，很乐意为这些小动物"治伤"。

5. 自由创作

当学生给小动物治好了伤以后，鼓励学生用所学的绘画知识为这些小动物们设计一个美丽的家园，比一比看谁的作品更富有想象力和创造力。（课堂组织技能：①对实验的指导组织；②诱导性组织，热情鼓励，创立良好的课堂气氛。）

学生自由完成作品创作，教师巡回指导。

6. 作品展示、互评

在评价学生作品的过程中，首先让学生说出作品的创作意图，自己先来评价，然后交流评价。教师给予适度的表扬和鼓励。（课堂组织技能：课堂讨论的指导组织，全班讨论，引起学习兴趣和动机，创立良好的课堂气氛。）

7. 课堂小结

师："同学们，通过这节课的学习你们都有哪些收获？"

学生谈收获，然后师小结。

师："在这节课里，我们不仅学会了放大镜工具和取色工具的使用，而且还了解了如何去保护动物。教师希望课后你们能用所学的绘画工具画出更多更美的图画，同时也希望你们从小树立起保护动物的意识，人人争做爱护动物和保护动物的小卫士。"（结束技能：系统归纳，用准确简练的语言把整节课的主要内容加以总结概括，给学生以系统、完整的印象，促使学生加深对所学知识的理解和记忆。）

【案例点评】

本节课为技能类型内容，教学活动是围绕着学生给一只受伤的大熊猫治伤而展开的，教学重点和难点隐含在给大熊猫治伤的这一过程中，通过创设这样的情景激发学生的兴趣和主动探索的动机，让学生在给大熊猫治疗的过程中发现问题，然后去寻找药方解决问题，从而达到教学目的。

本节课的教学对象是小学三、四年级的学生，该年龄段的学生对电脑绘画有着浓厚的兴趣。在讲授本节课之前，学生已经通过前面的学习掌握了打开文件的方法以及铅笔、用颜色填充等工具的使用，为掌握用放大镜、取色等工具修补图画打下了基础。该年龄段的学生还具有很强的探索精神，在教学时可以大胆放手让学生自主探索和实践，让他们在探索和实践中发现问题、分析问题和解决问题，真正成为学习的主人。

三、训练可选题目

1. 题目 1：和键盘握握手

可选教学设计如表 13-6 所示。

表 13-6　和键盘握握手教案①

分配时间	教师的教学行为	应用教学技能要素	学生的学习行为	应用教学媒体、板书
3 分钟	一、导入 活动一：创设情境、激情导入	导入技能：直观导入	集中注意力，观看动画	多媒体播放动画
20 分钟	1. 小朋友，圣诞节快到了，咱们一起到电脑乐园里去逛逛吧！大家看，今天电脑乐园里可真热闹呀，我们快去瞧瞧吧 2. 播放动画——《游圣诞电脑乐园》	演示技能：展示法		
	二、新课讲解 活动二：和写字板交朋友 1. 演示课件——《找朋友》游戏，学生通过观察，初步认识写字板 2. 引导学生运用知识迁移打开写字板 师："写字板和画图是一对好邻居！，他们都是 Windows 自带的程序。你能试着打开它吗？" 3. 通过练习型课件《找朋友》，让学生在游戏中了解写字板窗口	板书技能	认真看演示	播放 PPT 课件
	活动三：自主体验键盘 1. 学生在课件中卡通键盘小导游的带领下，进一步认识键盘	课堂组织技能：指导性组织	进行键盘练习操作	PPT 课件切换

① 引自：丛琳（2011）。

续表 1

分配时间	教师的教学行为	应用教学技能要素	学生的学习行为	应用教学媒体、板书
	2. 课件出示练习内容。（10个数字、26个字母键），学生自主尝试，熟悉键盘、体验击键要领。教师巡回指导，(一是帮助学生解决在输入过程中遇到的困难，二是通过表扬法把正确的坐姿渗透给学生） 3. 师生交流总结击键要领 （1）由学生提出问题，全体学生共同参与讨论、解决问题 （2）师生共同总结出：以指尖击键，击键要轻、快 （3）教师提出更高要求：你能输入26个大写字母吗？由此引出下一环节——即本节课的重点 Shift 键和 Caps Lock 键的使用 活动四：学习 Shift 键、Caps Lock 键的使用方法	讲解技能		
	三、自主探索两键 1. 通过动态课件，让学生认识、在键盘上找到这两个键 2. 放手让学生自主探索、合作交流这两个键位的作用及使用方法，让学生对这两个键有个初步认识		动手操作并回答问题	
	四、引导学习 Caps Lock 键 学生在教师的引导下，掌握 Caps Lock 键的作用及使用方法	讲解技能		
	师：“请小朋友击一下这个键，再击字母键A，你发现了屏幕上有什么变化？键盘上的 Caps Lock 指示灯又有什么变化？” 师：“那你能再把字母再变回小写吗？快试试看！”学生尝试、交流	提问技能	回答问题	
	五、引导学习 Shift 键 1. 教师引导学生通过尝试，体会 Shift 键的使用方法 师：“Shift 键，我们叫它换档键或上档键！这个键有什么神奇的作用呢？我们一起来试试看吧！ （1）用小指按住 Shift 不放，再敲击数字键1、2、3，你发现了什么？ （2）请继续按住 Shift 键不放，再敲击字母键A，你又有什么新发现？” 2. 师生小结 Shift 键的作用及使用方法	提问技能		

续表 2

分配时间	教师的教学行为	应用教学技能要素	学生的学习行为	应用教学媒体、板书
20 分钟	六、巩固练习 活动五：小勇士智闯打字关 第一关：字符输入竞赛 “sheng dan kuai le!”（课件出示） 第二关：争当打字小勇士 “IT PC CPU CAI Help Save”（闯关内容在屏幕上滚动显示）	强化技能	观看游戏、进行字符输入竞赛	多媒体展示游戏
	第三关：播撒快乐，传递友谊。通过课件向学生展示贺卡范例，让学生运用本节课学到的本领，为亲人或朋友制作圣诞贺卡。在写贺卡的过程中主动探索字体、字号工具的使用方法，在实践中体会回车键的使用	演示技能	动手制作贺卡	
	作品完成后，通过同学自评—小组互评—全班同学一起评的方式评出“最佳创意奖”	课堂组织技能	自评、互评作品	
	课堂总结 活动六：综合评价，课堂小结 装扮圣诞树，展示成果 师：“小朋友，圣诞老人的礼物伴我们度过了愉快的课堂40分，小朋友们通过自己的努力夺得了一个又一个的圣诞礼物，下面，让我们一起来装扮圣诞树吧！”	结束技能		
2 分钟	师：“小朋友，瞧！圣诞树被你们装扮地多么漂亮！老师相信，你们在接下来的学习中，你们一定能够积极探究，互相合作，早日掌握正确的运指方法，让你们这双灵巧的双手在键盘的小天地里自由驰骋！”		装扮圣诞树	

2. 题目 2：指法训练

可选教学设计如表 13-7 所示。

表 13-7　指法训练教案①

分配时间	教师的教学行为	应用教学技能要素	学生的学习行为	应用教学媒体、板书
3 分钟	导入： 师：“同学们，你们是否经常要用电脑写一些东西呢？使用键盘输入是一种最基本的方法，而高效的键盘输入就需要有熟练的指法。本节课主要就是通过‘玩游戏’进行指法的训练。”	导入技能：悬念导入	集中注意力听讲	

① 引自：李艺和李东梅（2011）。

续表

分配时间	教师的教学行为	应用教学技能要素	学生的学习行为	应用教学媒体、板书
20分钟	新授： 1. 认识键盘 键盘是用来给电脑输入文字或控制电脑运行的主要工具。普通101/102键盘如图所示，是从英文打字机键盘衍变而来的。整个键面上有101或102个键，就其功能而言，可分为四个区域，分别是主键盘区、小键盘区、光标控制键区和功能键区。	演示技能：展示法	认真看演示	多媒体课件PPT
	2. 指法 键盘与手指的对应关系。动作要领：打字时，八个手指自然弯曲，轻轻放在基准键“A，S，D，F，J，K，L;”上，两个大拇指在空格键位置。八个负责基本键的手指，还要根据打字的需要，前后移动击其他键，但击键后自然缩回基本键位置。它们的分工如图所示。（屏幕投影手指的分工图。）	讲解技能	认真听讲	
	3. 正确的坐姿和击键的动作的讲解、演示	讲解技能	认真观察、模仿并纠正坐姿	多媒体展示图片
	“金山打字通”游戏 1. 介绍“金山打字通”游戏 2. 简单向学生介绍游戏规则 3. 学生自由游戏。让学生首先练习键位，然后试着玩其中的一个游戏，并鼓励大家练习其他的操作。如：英文打字中的单词练习等。在学生玩游戏的时候，教师巡视指导，主要是纠正学生的指法、击键动作以及坐姿等 4. 教师引导学生一起游戏。让学生打开到一个游戏，规定限时，让大家同时开始游戏，测试学生的现有水平 5. 让学生继续自由玩游戏	课堂组织技能：指导性组织、诱导性组织 变化技能：师生相互作用变化	进行打字游戏	展示游戏
	课堂小结： 1. 学生谈学习体会 2. 教师总结	结束技能：系统归纳		

3. 题目 3：文件与文件夹的基本操作

可选教学设计如表 13-8 所示。

表 13-8　文件与文件夹的基本操作教案①

分配时间	教师的教学行为	应用教学技能要素	学生的学习行为	应用教学媒体、板书
3 分钟	**课前准备**： 完成上课前的一切准备工作。如资源的复制、学生的组织等基础工作。在课前 5 分钟开始播放一段反映平阳风景风光的录像（东南风光网站提供）		按学习小组就座，开机登录教室局域网，做好上课前的准备工作。观看录像（重点是了解平阳几个大景区）	
8 分钟	一、情境创设、导入 以录像为切入点，通过提问（你所看到的场景是什么地方?），进而来介绍平阳风景，吸引学生的注意 通过教师提供的资源介绍引出主题：文件与文件夹的操作	**导入技能**：直接导入 **提问技能**：诱导提问	集中注意力，观看录像 了解的自己家乡 明确学习内容	播放录像
8 分钟	二、知识点讲解 Windows 系统中资源管理器的作用。介绍资源管理器窗口。文件的新建、移动、复制、删除、重命名。教师只讲一种方法其余的（包括文件夹）让学生自主探究。用类比的方法，告诉学生文件夹和学校、大楼、教室的共同点。发布第一个任务（个人任务）：浏览平阳风景简介网页。通过大屏幕投影指导学生补全网页内容（复制或移动）。发布第二个任务（个人任务）：找到“碧溪渡 1. gif”文件，并重命名为“碧溪渡. gif” 理解任务内容，定位处理问题知识对象。构思任务处理的初步设想	讲解技能 演示技能 板书技能	注意观察教师操作过程，初步了解各知识点的要素，为进一步探究性学习打下基础 根据页面的提示，将相关图片复制到相应的文件夹中	多媒体课件演示
10 分钟	三、自主学习 发布第三个任务（小组任务）：建立“南雁”、“南麂”、“顺溪”三个文件夹，然后打开《东南风光》网站，将“行行摄摄”栏目中的精彩图片保存在相应的文件夹中，每个文件夹的图片不少于 3 个	课堂组织技能：诱导性组织、指导性组织	认真观察教师操作	

① 引自：Bird（2011）。

续表 1

分配时间	教师的教学行为	应用教学技能要素	学生的学习行为	应用教学媒体、板书
	1. 教师演示如何在网页上保存图片； 2. 将学生按预设的小组座好，宣布该任务为小组任务，小组长负责带领组员完成； 3. 教师宣布任务开始后就巡视全体学生，对出现的问题及时指导		在前一步成功经验的激励下，学生通过实践探究、归纳总结来突破这个难点	
15 分钟	四、完善提高 问："现在'顺溪'景区已经合并在'南雁'景区中了，同学们的文件夹应该做怎样的修改?"（加深对"移动"这一操作的印象）	提问技能		
	发布第四个任务（小组任务）：创建一个文件夹以小组长的姓名来命名，在这个文件夹内再创建一个文档文件取名为"平阳风景"，然后再把自己做好的"南雁"、"南麂"两个文件夹。共享（设置为只读）新创建的文件夹，供其他同学浏览	强化技能：活动强化	观察教师演示	
	教师根据各小组完成的情况选择有代表性的作业进行点评，指出问题所在	课堂组织技能：指导性组织、诱导性组织	依据任务的要求，在小组内共同协商确定思路。小组长在目标任务的指导下和组员，收集相关资料、创建文件、文件夹，来展示自己的学习成果。吸取同学的优点，发扬自己的特长，进一步优化自己的成果	
	发布第五个任务（个人任务）：在"南雁"、"南麂"建立以景点命名的文件夹、继续在《东南风光》网站搜索关于这些景点的图片并保存在这几个文件夹中。			
	巡视全体学生，展示有代表性的作业，帮助学生参考。 要求小组长检查自己的组员的完成情况，并适时指导		从小组任务到个人任务，避免了某些水平较差的学生在小组协作中"滥竽充数"，让每一个学生得到提高。（充分发挥小组长的作用，体现协作式学习的优势所在）	
4 分钟	五、结束准备 总结本课的收获； 布置家庭作业； 继续完成任务 5，并将自己的成果介绍给亲人好友	结束技能	记下回家作业、复习巩固。关好电脑、整理座位	

请根据上述教案建议准备对应技能的训练，在训练时也可根据自身特点按照题目要求自行设计教学方案，但需要注意各种技能类型的应用原则和使用技巧。

四、实验报告

技能类型内容微格教学实验报告如表 13-9 所示。

表 13-9　技能类型内容微格教学实验报告

<table>
<tr><td>实验目的</td><td colspan="4">1. 掌握对微格教学系统的操作；
2. 掌握各种教学技能在技能类型微格教学中的综合应用；
3. 能够设计技能类型微格教案并进行教学实践，通过教学录像进行教学反馈评价，以提高其教学各种技能水平</td></tr>
<tr><td>实验用具</td><td colspan="4"></td></tr>
<tr><td rowspan="4">实验过程</td><td>课题名称</td><td></td><td>授课对象</td><td></td></tr>
<tr><td>实验地点</td><td></td><td>授课总时</td><td></td></tr>
<tr><td>教学目标</td><td colspan="3"></td></tr>
<tr><td colspan="4">【此处可以粘贴微格教案】</td></tr>
<tr><td>实验结论</td><td colspan="4"></td></tr>
</table>

五、技能评价

技能类型知识微格教学整体评价表如表 13-10 所示。

表 13-10　技能类型知识微格教学整体评价表

所在系：________　　班级________　　姓名：________

<table>
<tr><td>项目</td><td>导入</td><td>讲解</td><td>提问</td><td>演示</td><td>语言</td><td>组织</td><td>强化</td><td>结束</td><td>板书</td><td>教态</td><td>课堂气氛</td></tr>
<tr><td>标准分</td><td>5</td><td>20</td><td>10</td><td>10</td><td>10</td><td>10</td><td>10</td><td>5</td><td>5</td><td>10</td><td>5</td></tr>
<tr><td>第一次评分</td><td></td><td></td><td></td><td></td><td></td><td></td><td></td><td></td><td></td><td></td><td></td></tr>
<tr><td>总分</td><td colspan="11"></td></tr>
<tr><td>微格教学片段评价
（2+2 评价法）</td><td colspan="11"></td></tr>
<tr><td>第二次评分</td><td></td><td></td><td></td><td></td><td></td><td></td><td></td><td></td><td></td><td></td><td></td></tr>
<tr><td>微格教学片段评价
（2+2 评价法）</td><td colspan="11"></td></tr>
</table>

日期：第一次____年____月____日

第二次____年____月____日　　指导教师：________

六、技能训练反思

技能类型内容微格教学反思表如表 13-11 所示。

表 13-11　技能类型内容微格教学反思表

课后自评	
同组评议	
教师评价（2+2 评价法）	
问题思考	1. 技能类型课程的特点； 2. 技能类型各种教学技能综合应用原则； 3. 技能类型各种教学技能的综合应用的注意问题； 4. 技能类型教学技能综合评价内容的重点

第三节　情感类型

一、情感类型定义

根据布卢姆的教育结果分类理论，我们把倾向于接受或注意、反应、评价、组织、价值与价值体系的性格化这五个方面的内容定义为情感类型。如《信息社会的道德和意识》，引导学生遵守网络上的道德规范以及了解学习信息技术的意义与方法，教育学生养成计算机使用的良好习惯。高中信息技术《开放的空间——五彩斑斓的信息世界》，让学生体验信息社会既绚丽多姿又良莠并存的现状，能够辩证地认识和分析信息技术对社会发展、人类生活的影响。又如初中信息技术《上网对中学生的影响利大于弊还是弊大于利》，要求学生能充分认识到上网对中学生的正面和负面影响，克服消极因素，形成控制上网时间、浏览健康内容、积极利用网络资源的良好习惯，发挥网络的正面作用。

二、典型案例介绍

情感类型案例：上网对中学生的影响利大于弊还是弊大于利教学过程设计（初中九年级）

1. 辩论前准备（介绍辩论题目）

师："同学们，两个星期之后，我们班将要开展一次辩论会，辩论的题目是：'上网对中学生的影响利大于弊，还是弊大于利'。正方观点是上网对中学生的影响利大于弊；反方观点是上网对中学生的影响弊大于利。希望大家认真思考一下正反方的题目，确定你的观点。"（导入技能：悬念导入，提出带有悬念性的问题来导入新课或问题，能够激起学生的兴趣和求知欲。）

生：思考辩题，确立自己的观点。

2. 学生确立自己的观点，组队

师："下面请支持正方观点的同学站在我的左边，支持反方观点的同学站在我的右边。"

生：组队。

师："好，下面请同学们记住，站在我左边的辩论题目是'上网对中学生的影响弊大于利'，站在我右边的辩论题目是'上网对中学生的影响利大于弊'。"

（辩论题目与初始的选择正好相反，可以稍微调整一下人数，因为可能会出现两队的人数相差过大的情况。）

师："请大家参照《辩论大赛要求和程序》（见附录 1）进行准备。教师为你们准备了四篇文章（略，这 4 篇文章正反观点均有），同学们可以分析这 4 篇文章提出的观点，最好多查找一些资料，充实自己的观点。"

师："大家在准备的时候，一定要注意，你所持有的观点是什么？有可以支持这种观点的证据吗？对方（也就是你开始的选择）可能会从哪些角度证明自己的观点？可能会从哪些角度反驳你的观点？4 位辩手之间需要怎样配合才更具战斗力？"

3. 辩论准备、选派代表

生：查找资料，寻找论据，讨论辩论技巧，写辩辞。

生：根据《辩论大赛的要求和程序》选派辩手，确定讨论时各自的角色。（导入技能：悬念导入，在悬念中既巧妙地提出了学习任务，又创设了探求知识的良好情境。）

师：给予相关指导。

师生：选派一位同学做执行主席，两位同学做记录员，两位同学控制时间，五位同学和教师一起做评委。按照《辩论大赛辩手评分标准》（见附录 2）和《辩论大赛各队评分标准（见附录 3）对各辩手和两队进行评分。（导入技能：指明学习任务，安排学习进度。这样可以引导学生走向思维，使学生有目的、有意义地开展学习。）

生：按照辩论流程进行辩论。

评委：作为评委为辩论的各队员和各队打分。

记录员：纪录主要的发言和观点。

4. 对辩论简要总结

师："同学们进行了一次精彩的辩论。但是我们的辩论并没有结束，如果大家还有什么观点或者问题可以在班级讨论版上发表，我希望看到更多、更精彩的观点。"

师："我们还有一个小小的作业，就是请大家把对这次辩论的反思写成一篇小论文（500 字左右）。主要围绕以下几个问题：①对于这个辩题你参考过哪些证据？②对方向你的观点提出了哪些挑战？③经过辩论之后，你对这个问题有什么新的看法？④你是从根本上改变了自己原来的立场还是坚持原来的观点？"（结束技能：巩固练习、领悟主题，恰当地安排学生的课后作业，顿悟所学知识的主题，做到情与理的融合，并激励学生将这些认识转化为指导思想行为的准则，达到对学生进行思想品德培养的目的。）

5. 自由辩论规则

自由辩论时间总共为 8 分钟，每队各占 4 分钟。

(1)自由辩论必须交替进行。当自由辩论开始时，先由正方的任何一位队员起立发言完毕后，反方的任何一位队员应立即发言，双方依次轮流发言，直到双方时间用完为止。

(2)在自由辩论时间里，每一位辩论队员的发言次序、次数和时间均不受限制。

(3)当一队的发言时间只剩 30 秒时，会有铃声提示，当该队的发言时间用完时，用铃声警示，该队应立即停止发言。

(4)如果一队的发言时间已用尽，另一队还有时间，则该队的队员可以继续发言，直到该队的时间用完为止。

(5)辩论员应充分利用自由辩论这段时间，简洁明了地加强自己的论点，反驳对方论点。如进行空洞无物的进攻，有意回避对方的质询，发生言语混乱，将影响到该队成绩。（课堂组织技能：指导性组织，辩论式讨论，创立良好的课堂气氛，引起学习兴趣和动机。）

6. 辩论开始

(1)主持人（即执行主席）介绍辩题、正反双方代表队和评判团成员情况，并宣布比赛开始（2 分钟之内）。

(2)第一阶段：陈述观点阶段（4 分钟，每队各 2 分钟）。

正方第一位代表发言（陈述本方观点），时间 2 分钟。反方第一位代表发言（陈述本方观点），时间 2 分钟。

(3)第二阶段：盘问阶段（6 分钟，每队各 3 分钟）。

反方第二位、第三位代表发言，各提出 2 个问题，分别指定正方一、二、三、四位辩手中的两位回答（1 分钟之内）。

正方的两位代表分别回答反方二位代表提出的问题（2 分钟内）。

正方第二位、第三位代表发言，各提出 2 个问题，分别指定反方一、二、三、四位辩手中的两位回答（1 分钟之内）。

反方的两位代表分别回答正方二位代表提出的问题（2 分钟内）。

(4)第三阶段：自由辩论阶段（8 分钟，每队各 4 分钟）。

正反双方代表可针对对方辩友的发言提出质问，也可根据场上的情况自由辩论。

注：自由辩论阶段，台下的队友可以提出问题质问对方辩手，也可以根据对方的提问回答问题。根据提问题和回答问题的质量，酌情为本队加分。（变化技能：学生活动安排的变化，学生从陈述观点到提问或回答反方问题。）

(5)第四阶段：总结陈词阶段（4 分钟，每队各 2 分钟）。

反方第四位队员总结陈词（2 分钟）。

正方第四位队员总结陈词（2 分钟）。（变化技能：学生活动安排的变化，学生从辩论形式过渡到总结陈词。）

(6)主持人（即执行主席）请评判团评议和裁决；邀请本场评判团代表分析赛况，作评判发言。(执行主席）宣布本场比赛的“优秀辩手”和获胜代表队（5 分钟内)。(强化技能：活动强化，采用竞赛性活动，给他们提供表现的机会，提高学生参与教学活动的意识。)

附录 1：辩论大赛的要求和程序

人员组成要求：①每个参赛队由 4 名辩论员组成；②每队中要男女同学都有。

所有辩论队员在比赛中必须尊重执行主席和对方辩友。参赛时可以自备卡片、小纸条，但切忌通篇宣读。

附录 2：辩论大赛辩手评分标准如表 13-12 所示。

表 13-12　辩论大赛辩手评分标准表

每名辩手的评分标准（100 分）	辩手 1	辩手 2	辩手 3
1. 论据内容丰富，引述资料充实、恰当。满分 20 分			
2. 论证的逻辑性、说服力强。满分 20 分			
3. 普通话标准，语言的表达流畅，有文采。满分 20 分			
4. 机智、辩才、反驳和反应能力强。满分 20 分			
5. 有幽默感。满分 10 分			
6. 举止、表情大方、得体、风度佳。满分 10 分			

附录 3：辩论大赛各队评分标准如表 13-13 所示。

表 13-13　辩论大赛各队评分标准表

各队评分标准（500 分）	正方	反方
1. 每名队员满分是 100 分，四名队员相加即 400 分		
2. 鼓励全体队员整体配合，设团体协作精神 50 分		
3. 台下队友配合 50 分。原则上每提出一个问题加 5 分，回答一个问题加 5 分		

【案例点评】

本节课为情感类型内容，采用辩论式讨论的教学方法，调动了学生的积极性，激发了学生的表现欲和竞争欲，充分发挥了学生的主观能动性。让学生敢于畅所欲言，积极主动地提出问题并发表自己的意见。

本案例的新颖之处在于：在辩论中，学生被要求坚持一种自己反对的观点或立场，需要举出有力的理由支持原本自己反对的观点。通过立场转换，让学生以一种新的眼光看待问题。更为重要的是，它为学生提供了新的挑战，激发了学生的讨论激情，为讨论注入了强有力的活力。

三、训练可选题目

1. 题目 1：20 年后的电脑是什么样

可选教学设计如表 13-14 所示。

表 13-14　20 年后的电脑是什么样教案①

分配时间	教师的教学行为	应用教学技能要素	学生的学习行为	应用教学媒体、板书
3 分钟	一、创设问题情境 展示电脑发展历程中几张具有代表性的图片：第一台计算机、PC 机、笔记本、掌上电脑、手机电脑等（见附录）	导入技能		
20 分钟	**问**："第一台计算机的体积是多少？图 3 的电脑具有什么功能？你见过这样的电脑吗？每张图片中的电脑从外观上看有什么变化？那么，同学们能预测 20 年后的电脑是什么样子吗？能给出令人信服的理由吗？"	演示技能：展示法	观看图片，思考图片中电脑的变化	多媒体展示图片
	二、引导学生思考 计算机经历了哪些变化？这些变化对我们的生活有什么影响？提一些引导性的问题，如：你除了用计算机来学习，还用它来干什么？那么最初的电脑具有这个功能吗	提问技能	思考教师提出的问题	多媒体 PPT 课件
	三、分析问题 你的爷爷奶奶、爸爸妈妈在你们这个年纪主要使用什么交流工具？主要有哪些娱乐活动（引导学生使用设计调查表，见表 1） 是不是人想让计算机具有什么功能，它就能有什么？为什么不能呢？等等	变化技能：学生活动安排变化	分析计算机发展变化。如主要表现在体积、形状、运算速度、功能等方面；思考对我们生活的影响，如：为人们提供学习和娱乐的工具等	
	四、分组合作 组织学生按照兴趣分组，指导小组工作，适时点拨学生思路。例如可以从教师用电脑、学生用电脑、老人用电脑等不同人群的需求进行考虑 注：一个小组也可以有主方案和备注方案（因为一个小组可能会有很多小想法）	课堂组织技能：指导性组织	例如，是从学生需求和计算机功能的角度预测 20 年后的计算机，那么可能需要考虑以下问题：经过几十年的发展，计算机的功能主要有哪些变化？学生有什么需求？希望计算机功能是什么样的？这种功能能够帮助学生做什么？等等	
	五、搜集资料，汇集想法，展望 20 年后的计算机与学生一起进行问题的研究，并对学生的学习活动进行监控和指导 **提示**：方案可以有不同的呈现形式，如可以使用绘图工具绘制设计的计算机，也可以写成报告，等等	板书技能	调查计算机的变化，（如采访家长、老师等）；通过浏览网页（附录 2）搜集资料并归纳整理，联系自己的生活、学习需求，发挥想象，设计 20 年后的计算机	多媒体板书
	提示学生：计算机对人们生活的影响都是积极的吗	板书技能		

① 引自：李艺和李冬梅（2011）。

续表

分配时间	教师的教学行为	应用教学技能要素	学生的学习行为	应用教学媒体、板书
	六、展示成果 指导学生汇报成果，汇报的形式自由选择，并注意提示和总结	强化技能：活动强化	以各种形式展现自己的设计成果	
	七、引导学生总结 根据同学们活动过程中涉及的知识进行总结 如：计算机的发展主要经历了哪些变化？这些变化给我们带来了什么	结束技能	回顾自己学生的知识，回顾其他小组呈现的新的知识	
	八、评价反思 对成果以及活动中学生的表现进行评价，引导学生进行自我反思		评价小组其他成员，自我评价和反思	

2. 题目 2：网络与道德

可选教学设计如表 13-15 所示。

表 13-15　网络与道德教案①

课题：网络与道德			训练技能：所有技能	
教学目标	通过教师在各个环节选用适当的技能类型进行教学，掌握各种技能类型的应用原则及注意事项，以达到提高教学效果的目的			
分配时间	教师的教学行为	应用教学技能要素	学生的学习行为	应用教学媒体、板书
5 分钟	一、送礼物，巧提醒，因势利导 课前，利用机房控制软件将“礼物.exe”文件分发至学生机桌面 **师**：“圣诞节将至，同学们都在互送卡片和礼物表达祝福，老师也收到了同学们送来的鲜花和卡片，一句句的问候和关怀让我非常感动。所以今天，老师也决定送大家一份小礼物。请同学们打开桌面上的‘礼物.exe’文件。”学生纷纷打开‘礼物.exe’文件，并观察现象，展开讨论	导入技能：实验导入、悬疑导入	打开电脑，单击“礼物.exe”应用程序 思考问题	多媒体操作
20 分钟	**师**：“首先老师要感谢大家对我的信任，大家都是毫不犹豫地打开了这个文件。它会让你的电脑桌面开满鲜花，如果你想关闭这个文件该怎么办？” **生**：“只要单击鼠标左键就可以了。”	提问技能：诱导提问	认真听讲	

① 引自：佚名（2011b）。

续表 1

课题：网络与道德				训练技能：所有技能
	师：“对！但是如果这个花朵不断地盛开覆盖了整个桌面，又无法关闭，就会带来麻烦了。圣诞节临近，国家计算机病毒应急处理中心提醒计算机用户警惕‘礼物’病毒发作。名叫‘礼物’的电子邮件蠕虫病毒，感染硬盘和软盘，并逐步删除硬盘中的 exe 和 dll 文件，导致系统瘫痪。专家建议，见到“礼物”躲远点！所以老师要提醒大家，网络上分发传送的文件，要谨慎打开，以防中毒。”	讲解技能	观察图片	多媒体课件演示案例、展示图片
	二、摆事实，讲道理，明晰利弊 （一）读案例，找问题。教师展示案例：《人肉搜索》 重庆某学院旅游系大三学生，因在汶川地震发生后，在一些论坛里发表“地震为什么不来得更猛烈一点……”“死的人不够多”等言论，遭到网友的痛骂。网友们启动了人肉搜索将其真实姓名等资料信息曝光，给她的生活造成了很大麻烦，她不得不选择休学一年	演示技能		
	教师提问：“这个案例中，哪些行为是不符合社会道德的?” **生 1**：“大学生在论坛上发表不好的言论”	变化技能：师生相互作用变化	讨论并回答问题	
	生 2：“网友使用人肉搜索，侵犯隐私也是不道德的” 教师小结：“网络虽然给我们的学习和工作带来了很多的便捷，拉近了人与人之间的距离，但网络就像一把双刃剑，是有利也有弊的。”	讲解技能		
	（二）看动画，纠错误观看动画短片《网络三国》	板书技能	观看动画片	多媒体播放动画片
	教师提问：“这个动画中，请大家找出其中不文明的上网行为有哪些?”		讨论、发表观点	多媒体 PPT 课件
	生 1：“散播病毒、攻击网站。” **生 2**：“艳照上论坛、散步不良言论。” 教师归纳不文明的上网行为有： 1. 浏览不健康的网络信息； 2. 在网上谩骂、侮辱他人，借助网络欺诈他人； 3. 随意约见网友； 4. 在网上传播病毒，攻击他人网络，破坏网络秩序； 5. 无节制地上网，沉溺虚拟时空 **教师小结**：“网络是个虚拟的社会，但同样要遵守一定的社会道德规范。”		认真观看 PPT	

续表 2

课题：网络与道德				训练技能：所有技能
	三、谈感受、会归纳，学习公约 (一) 课堂任务一：找漫画，谈感受请大家在互联网上收集 1～2 张反映有关“文明上网、网络道德”的漫画，用一句话概括漫画中传递的含义，并结合自身经历谈谈你的体会和感受。如：随意约会网友很危险	强化技能：活动强化 演示技能	观察漫画 上互联网查找资料 思考、造句 朗读、领会公约	多媒体展示漫画 多媒体 PPT 课件
	(二) 课堂任务二：依句型，造句子请根据以上的案例、动画和漫画等，用“要……不……”的句型来造句，把文明和不文明上网的行为归纳成几句话。例如：要善于网上学习，不浏览不良信息。教师出示《全国青少年网络文明公约》，组织学生朗读与学习 要善于网上学习，不浏览不良信息 要诚实友好交流，不侮辱欺诈他人 要增强自护意识，不随意约会网友 要维护网络安全，不破坏网络秩序 要有益身心健康，不沉溺虚拟时空	课堂组织技能：指导性组织 板书技能	观看 PPT 观看图片	
	四、看电影、选途径，保护产权 教师推荐电影《第九区》：美国科幻动作大片《第九区》即将上映！20 多年以前，停在约翰内斯堡半空的外星飞船里跑出了数以百万“营养不良”的外星人，他们是一大批外星流亡者。人类无法满足这些奇怪生物的异常需求，也没法像合法公民那样管理他们，于是人们专门在南非建立一个名为“第九区”的贫民窟用来隔离外星人	演示技能		多媒体图片展示
	发起讨论：你会选择用什么方式看这部电影呢 (1) 我们一起去电影院看吧 (2) 去网上下载枪版就可以了 (3) 还是等正版 DVD 出来吧，听说这部电影很值得收藏呢 (4) 随便在学校门口买个盗版的光盘	提问技能：诱导提问	思考、讨论	
	你会选择哪种做法呢 **生 1**：“我选择买正版 DVD，看过之后还可以收藏，不像去电影院只看一遍。” **生 2**：“我选择 B，在网上可以下载也可以在线观看。我觉得这样不用花钱，而且也可以重复看。” **生 3**：“我选择去电影院看，电影院效果好，而且去电影院大家一起看比较有意思。”		发表观点	
	教师小结：“选择 B 和 D 方法的同学，都成了侵害知识产权行为的帮凶。既然大家还不清楚什么是保护知识产权，那让我们先来查查看。”	课堂组织技能： 指导性组织	认真听讲	
	课堂任务三：勤搜索，答问题 1. 什么是知识产权？包括哪些内容（基础任务）； 2. 保护知识产权，作为中学生，我们能做些什么（提高任务）； 3. 能否概括有关知识产权保护的一句话，加在公约的最后面？（提高任务） 学生利用搜索引擎检索任务三中的问题的答案，并结合自己的理解谈谈我们能做些什么	强化技能	搜索答案	多媒体 PPT 课件

续表 3

课题：网络与道德				训练技能：所有技能
	我们能否再帮《公约》加上一句话呢 要善于网上学习，不浏览不良信息 要诚实友好交流，不侮辱欺诈他人 要增强自护意识，不随意约会网友 要维护网络安全，不破坏网络秩序 要有益身心健康，不沉溺虚拟时空	板书技能	思考、讨论	多媒体 PPT 课件
	师生共同讨论，为公约再补充上一句：要保护知识产权，不支持盗版行为 设计意图：教师用一个电影来引出话题：我们想要看一部电影，能采用的途径有很多，但是哪些是合法的途径呢？从而引发学生的讨论，也可以从大家的各抒己见中看出目前保护知识产权的意志在学生中还是比较薄弱的，因此设计了课堂任务三。课堂任务三分别设置了基础任务和提高任务。基础任务依然是利用搜索引擎进行自主的探索和小组讨论，查清楚有关知识产权的几个概念，只有了解了这几个基本概念之后才能够进行接下去的讨论，完成接下去的提高任务。本环节最后的提高任务把归纳的主动权交给学生，在公约的后面结合知识产权保护的内容加上一句话，以求把整节课的前后两块内容通过一个公约连贯成为一个整体	变化技能：师生交流方式的变化 强化技能	讨论 完成任务	
	五、总结 教师对照板书总结：本节课我们主要学习了《全国青少年网络文明公约》和如何保护知识产权。最后老师想给大家提一些上网的小建议 1. 上网前拟定一个小计划； 2. 对自己上网的时间有个规划； 3. 不要以为在网络中是完全隐身的； 4. 娱乐并不是网络的唯一功能，让网络发挥出更大的作用 最后祝大家：一“网”情深、无“网”不利	结束技能 板书技能	观看 PPT	多媒体 PPT 课件

3. 题目 3：信息技术与我们的生活

可选教学设计如表 13-16 所示。

表 13-16　信息技术与我们的生活教案①

分配时间	教师的教学行为	应用教学技能要素	学生的学习行为	应用教学媒体、板书
8 分钟	一、激趣导入 1. 观看神州七号发射升空，体验使用到的技术；网上下载神州七号发射升空的视频并演示整个升空过程；过程中要突出火箭发射升空原理。 倒计时结束前，导流槽已注满水，以减少火箭火焰对发射架的损害。在倒计时归零后，点火口令发出，	导入技能 演示技能：展示法	观看视频并思考	多媒体播放视频

① 引自：罗拉范文（2011）。

续表

分配时间	教师的教学行为	应用教学技能要素	学生的学习行为	应用教学媒体、板书
	火箭尾喷口喷出的燃料被点燃，火箭缓缓离开发射架火箭起飞后，在控制系统的作用下，火箭将完成程序转弯，由垂直飞行转为向东南方飞行。随着火箭的高度越来越高，可以抛掉已经用完燃料的箭体以减轻重量。四个捆绑式助推火箭最先被抛掉。然后第一级火箭发动关机，失去动力的火箭在惯性作用下继续上升，紧接着第二级火箭开机，火箭重新加速冲向太空。在这期间，火箭飞行轨迹下方的各个测控站都密切监视着火箭的运行轨迹，并与理论轨迹相比对。如有偏离，则将向火箭发出指令，做出姿态修正 当火箭到达入轨点时，飞船与第二级火箭分离。飞船进入轨道。从这以后，发射场系统的工作就结束了，后续的工作交由测控通信系统和地面指挥控制中心来完成			
28 分钟	二、新课 1. 什么是信息技术 学生分组讨论、总结，导出信息技术的含义；分析神七发射升空整个过程中如果应用信息技术的，得出信息技术就是“获取、加工、存储、传递、利用信息的技术” 2. 信息技术的发展（游戏） 请一位同学上来，给他一张纸条写着“你吃饭了吗?”请他先用肢体语言表达，在用语言表达（第一次信息技术革命），在用文字表达（第二次信息技术革命），最后把复印好的纸条信息给所有学生（第三次信息技术革命），请学生分析各种表达方式的利弊，导出信息技术的前 3 次革命；播放多媒体教学课件认识第四次和第五次信息技术革命；最后提出信息技术还将继续发展并导出下一话题——信息技术对我们生活的影响 3. 请学生分组讨论信息技术对我们生活的影响（有利的） 根据学生汇报情况总结出：远程教育、电子商务、远程医疗、交通便捷、虚拟现实技术等	提问技能 板书技能 变化技能：学生活动、安排变化 课堂组织技能 指导性组织 板书技能 强化技能：活动强化	思考问题 认真观看 PPT 参与教师安排的活动 分析、讨论及汇报讨论结果	多媒体板书 多媒体 PPT 课件
5 分钟	三、拓展延伸 调查信息技术对社会的作用	结束技能		

请根据上述教案建议准备对应技能的训练，在训练时也可根据自身特点按照题目要求自行设计教学方案，但需要注意各种技能类型的应用原则和使用技巧。

四、实验报告

情感类型知识微格教学实验报告表如表 13-17 所示。

表 13-17　情感类型知识微格教学实验报告表

<table>
<tr><td>实验目的</td><td colspan="4">1. 掌握对微格教学系统的操作；
2. 掌握各种教学技能在情感类型内容微格教学中的综合应用；
3. 能够设计情感类型内容的微格教案并进行教学实践，通过教学录像进行教学反馈评价，以提高其教学各种技能水平</td></tr>
<tr><td>实验用具</td><td colspan="4"></td></tr>
<tr><td rowspan="4">实验过程</td><td>课题名称</td><td></td><td>授课对象</td><td></td></tr>
<tr><td>实验地点</td><td></td><td>授课总时</td><td></td></tr>
<tr><td>教学目标</td><td colspan="3"></td></tr>
<tr><td colspan="4">【此处可以粘贴微格教案】</td></tr>
<tr><td>实验结论</td><td colspan="4"></td></tr>
</table>

五、技能评价

情感类型知识微格教学整体评价表如表 13-18 所示。

表 13-18　情感类型知识微格教学整体评价表

所在系：________　　班级________　　姓名：________

项目	导入	讲解	提问	演示	语言	组织	强化	结束	板书	教态	课堂气氛
标准分	5	20	10	10	10	10	10	5	5	10	5
第一次评分											
总分											
微格教学片段评价（2+2 评价方法）：											
第二次评分											
微格教学片段评价（2+2 评价法）：											

日期：第一次____年____月____日

第二次____年____月____日　　指导教师：________

六、技能训练反思

情感类型微格教学反思表如表 13-19 所示。

表 13-19　情感类型微格教学反思表

课后自评	
同组评议	
教师评价 （2+2 评价法）	
问题思考	1. 情感类型课程的特点； 2. 情感类型各种教学技能综合应用原则； 3. 情感类型各种教学技能综合应用的注意问题； 4. 情感类型教学技能综合评价内容的重点

参 考 文 献

白凤鸣，2002. 课堂组织教学的原则和方法 [J]. 教育实践与研究（中学版），7：18－19.

毕丽荣，叶雪梅，2008. 微格教学角色扮演与课堂提问技能的培养 [J]. 龙岩学院学报，(6)：116－119.

陈华辉，2011 [2011－8－11].《我为熊猫“疗伤”》教学案例（一等奖）[EB/OL]. http://www.ictedu.cn/show.aspx?id=1009&cid=27.

陈科名，2011 [2011－2－4]. 获取网络信息的策略与技巧（教学设计）（首届中小学优秀教案）[EB/OL]. http://www.docin.com/p－110724587.html.

陈雷，2011 [2011－3－20].《小老师做课件——几何复习》说课稿 [EB/OL]. http://www.nrcce.com/nrcce_bbs/viewthread.php?tid=5103.

晨曦，2011 [2011－6－5]. 信息技术课教学案例 [EB/OL]. http://liuliyun7337.blog.163.com/blog/static/55711142200811352413951.

澄江镇小学校，2011 [2011－06－01]. 重庆市中小学教师学科基本功“三课”达标考核评价量表 [EB/OL]. http://www.bbcjxx.com/jiaoxue/ShowArticle.asp?ArticleID=2358.

初中数学教学网，2011a [2011－5－5]. 讲解技能的几个构成要素的介绍 [EB/OL]. http://202.109.208.240/database/B1009/ziyuAnku/mAteriAl/jiaoxuejn/jn3.html.

初中数学教学网，2011b [2011－4－4]. 结束技能的主要类型 [EB/OL]. http://202.109.208.240/database/B1009/ziyuAnku/mAteriAl/jiaoxuejn/jn52.html.

丛琳，2011 [2011－7－11]. 和键盘握握手（一等奖）[EB/OL]. http://www.ictedu.cn/show.aspx?id=1011&cid=27.

邓艺，2011a [2011－6－8].（参考教案）第五课截取屏幕上的画面 [EB/OL]. http://www.scjks.net/itjc/bksl/sishang/200610/1656.html.

邓艺，2011b [2011－6－8].（参考教案）创作郊游连环画 [EB/OL]. http://www.scjks.net/itjc/bksl/sanxia/200607/1197.html.

狄苏滨，2011 [2011－4－14]. 快速建立秩序册 [EB/OL]. http://train.teacherclub.com.cn/dts/publichomework/publichomework! public_homework_show.action?id=7541761.

度静，2009. 基于信息技术的教研“说课”[J]. 科技信息，30：609－610.

芳草地，2011 [2011－6－1]. 教学技能讲义：结课的技能、原则、方法 [EB/OL]. http://www.edudown.net/teacher/jiaoyan/yanjiu/200804/20369.html.

傅佩明，2011 [2011－9－7]. 微格教学教案（10 分钟）[EB/OL]. http://wenku.baidu.com/view/b5870bda6f1aff00bed51e93.html.

韩海荣，陈建军，2007. 浅谈课堂教学中的变化技能 [J]. 教学与管理 (6)：123－124.

何劲，2011 [2011－6－8].（参考教案）第一课信息与信息社会 [EB/OL]. http://www.scjks.net/itjc/bksl/qishang/200607/1198.html.

侯艳忠，2011 [2011－6－12]. 信息技术教案《图形变化真奇妙》[EB/OL]. http://www.jiaoan.net/jiaoan/html/2006613212215－1.html.

黄宇星，2008. 信息技术微格教学 [M]. 厦门：厦门大学出版社.

贾春英，2018[2018－08－20]. 高一信息技术教学设计案例——《信息交流的方式》教学设计 [EB/OL]. https://1s1k.eduyun.cn/portal/redesign/index/index.jsp?t=2&sdResIdCaseId=8aee80bc64444aaf016445db09f905cd&sessionKey=gAALonaCtG4NspA5lIyS.

教育部全国中小学教师继续教育网，2011 [2011−6−10]. 如何提升教学组织管理 [EB/OL]. http://fuzhoucz. fujian. teacher. com. cn/GuoPeiAdmin/HomeWork/ShowStudentHomework. aspx? HomeWorkStudentID = 29709&cfName =2011060529709.

老成芬，2011 [2011−4−15]. 《认识垃圾邮件》教学设计 [EB/OL]. http://www. diyifanwen. com/jiaoan/xinxijishujiaoxuesheji/0812270648425282034. html.

李艺，李冬梅，2003. 信息技术教学方法：继承与创新 [M]. 北京：高等教育出版社.

李艺，2010. 书写智慧共同成长——全国信息技术课堂教学案例大赛优秀作品与点评 [M]. 北京：北京师范大学出版社.

李勇，2011 [2011−4−1]. 网站赏析 [EB/OL]. http://www. gysdyzx. com/Article/ShowArticle. asp? ArticleID =4722.

梁鹏，2011 [2011−3−9]. （参考教案）第五课“小老鼠”画图 [EB/OL]. http://www. scjks. net/itjc/bksl/sanshang/200607/1171. html.

林青，2011 [2011−2−16]. 信息与信息技术（二等奖）[EB/OL]. http://www. ictedu. cn/show. aspx? id=1137&cid=110.

聆竹 89，2011 [2011−3−30]. 提问技能的微格教学教案设计 [EB/OL]. http://wenku. baidu. com/view/9aefc2acdd3383c4bb4cd28a. html.

刘东宇，2011 [2011−7−11]. （参考教案）第七课 windows 窗口变变变 [EB/OL]. http://www. scjks. net/itjc/bksl/sanshang/200607/1173. html.

刘黄玲子，2011 [2011−6−3]. “第 6 课认识键盘”教学设计 [EB/OL]. http://www. pep. com. cn/xxjs/jszj/xxjx/xxjx/xxal/201008/t20100827 _ 780323. html.

罗拉范文，2011 [2011−06−15]. 六年级下册信息技术《信息技术与我们的生活》教案 [EB/OL]. http://www. luola. cn/JiaoAn/liunianjixiacexinxijishu-xinxijishuyuwomendeshenghuo-jiaoan. html.

罗先巧，2011 [2011−4−5]. 高一信息技术教学设计案例——网站和网页 [EB/OL]. http://blog. cersp. com/UploadFiles/2007−10/1031212263. doc.

蒙绪烽，2011 [2011−4−10]. 认识 Internet——说课稿 [EB/OL]. http://res. hersp. com/content/13103. aspx.

培训堂—中国教师研修网，2011 [2011−4−14]. 《快速建立秩序册》说课稿 [EB/OL]. http://train. teacherclub. corn. cn/dts/publichomework! public-homework-show. actionz? id=7541761.

彭玉明，2011 [2011−4−15]. 梦回童年——Photoshop 色彩调整 [EB/OL]. http://www. ictedu. cn/show. aspx? id=906&cid=112.

七票，2011 [2011−4−2]. 微格教学教案（教/重教）[EB/OL]. http://wenku. baidu. com/view/34e27b0d6c85ec3a87c2c5d1. html.

裘大彭，任平，2011 [2011−4−4]. 微格教学技能讲座（六）课堂教学中的结束技能 [EB/OL]. http://wenku. baidu. com/view/f08e470f52ea551810a68794. html.

人教网，2011 [2011−6−3]. 一、什么是课堂管理 [EB/OL]. http://www. pep. com. cn/xgjy/xlyj/xlshuku/xlsk1/etfz/201008/t20100827 _ 814280. html.

上海市闵行区莘庄镇小学，2011 [2011−06−20]. 评课前的准备及注意事项 [EB/OL]. http://xzxx. mhedu. sh. cn/eis/jckg/show. asp? id=101.

沈河教育网，2011 [2011−4−12]. 全国信息技术与学科整合优质课评比说课稿 [EB/OL]. http://www. shedu. com. cn/news _ show1. do? id=2864.

沈鑫，2011 [2011−1−8]. 导入智慧导出精彩 [EB/OL]. http://www. zjhysyxx. com/dy/100/show. asp? id =2579.

孙振茹，2011 [2011−6−3]. 无声胜有声——浅谈体态语在小学英语教学中的应用 [EB/OL]. http://www. ttjtjw. com/ttpx/ShowArticle. asp? ArticleID=993.

王芳，2011 [2011−6−9]. 教学组织管理技能 [EB/OL]. http://ywtd. zhyww. cn/gb/teacher/2002−04/05/content _ 3096. html.

无情飞雪88，2011［2011－4－3］. 认识计算机说课稿［EB/OL］. http://wenku. baidu. com/view/6f3fcf20192e45361066f51e. html.

潇湘婉儿，2011［2011－4－2］. 板书技能［EB/OL］. http://wenku. baidu. com/view/0b1ca623bcd126fff7050b91. html.

小宝七七，2011［2011－4－16］. 教学设计［EB/OL］. http://baike. baidu. com/view/333105. html＃sub333105.

小放，2011［2011－6－8］. 课堂教学活动的组织与管理技能［EB/OL］. http://www. haokanbu. com/story/283122/.

小谢，2011［2011－3－24］. 微格教学教案（10分钟）［EB/OL］. http://wenku. baidu. com/view/437c56dd5022aaea998f0fc8. html.

谢添添，2018［2018－06－24］. 高一信息技术教学设计案例——《走进信息世界》教学设计［EB/OL］. https://1s1k. eduyun. cn/portal/redesign/index/index. jsp? t＝2&sdResIdCaseId＝8aee808b63f6b1cf0163f6d6353800eb&sessionKey＝4XzpxCq2l5SLF8V4RLpQ.

徐世贵，2000. 怎样听课评课［M］. 沈阳：辽宁民族出版社.

妍妍爱笨笨，2011［2011－6－6］. 信息技术——计算器一课评稿［EB/OL］. http://hi. baidu. com/%E5%FB%E5%FB%B0%AE%B1%BF%B1%BF/blog/item/acc9a401565462d5267fb5dd. html.

佚名，2011a［2011－4－3］.《认识计算机》说课稿［EB/OL］. http://wenku. baidu. com/view/6f3fcf20192e45361066f5le. html.

佚名，2011b［2011－6－24］. 网络与道德信息技术教案［EB/OL］. http://bmcz. pjedu. net/Article/ShowArticle. asp? ArticleID＝62.

语文教学法教研室，广西师范大学，2011［2011－6－1］.《微格教学》教案［EB/OL］. http://www. cllc. gxnu. edu. cn/bks/Html/? 204. html.

月中情蚕，2011［2011－4－16］. 教案［EB/OL］. http://baike. baidu. com/view/46007. htm＃sub46007.

找教案，2011［2011－05－26］. 初中信息技术评课稿［EB/OL］. http://www. zhaojiaoan. com/soft/sort0751/sort0754/down－33239. html.

赵东海，王秀荣，2010. 教师如何听课评课［J］. 教书育人，29：37.

赵王河畔咏春，2011［2011－4－2］. 浅谈教师眼神在课堂教学中的运用［EB/OL］. http://hi. baidu. com/%D5%D4%CD%F5%BA%D3%C5%CF%D3%BD%B4%BA/blog/item/2d9f650d95dc68c23ac763f7. html.

赵中原，2011［2011－1－3］. 教师要善于用眼神与学生沟通［EB/OL］. http://www. thn21. com/heart/nian/6245. html.

肇庆学院教育技术与计算机中心应用技术师范学院，2011［2011－6－1］. 课堂组织技能——管理之技［EB/OL］. http://etcc. zqu. edu. cn/content. asp? messid＝175.

郑思嘉，2011［2011－9－20］. 微格教学教案（15分钟）［EB/OL］. http://images. cersp. com/images/resblog/20081205/upload__2c7679b1__11e04b843ac__6413__00000025. doc.

中国教师站，2011［2011－4－14］.《快速建立秩序册》说课稿［EB/OL］. http://www. cn-teacher. com/sp/xx/200709/227255. html.

朱健，2011［2011－3－13］.《认识键盘》教学设计［EB/OL］. http://wenku. baidu. com/view/a34f71030740be1e650e9a55. html.

朱淑云，2011［2011－1－16］. 信息及其特征（二等奖）［EB/OL］. http://www. ictedu. cn/show. aspx? id＝1138&cid＝110.

Bird，2011［2011－6－4］. 文件与文件夹的基本操作［EB/OL］. http://www. dssch. com/Article/Class96/Class14/Class38/Class44/2007－06－04/5929. html.

Ccc62383232，2011［2011－8－4］. 教学媒介是什么？［EB/OL］. http://zhidao. baidu. com/question/159705416. html.

Haohao19841008，2011［2011－4－12］. 演示法［EB/OL］. http://baike. baidu. com/view/183346. html.

LED，2011［2011－4－4］. 变化、结束技能——表格信息的加工与表达——2805221［EB/OL］. http://blog. sina. com. cn/s/blog _ 685e9c4d0100iyhs. html.

LMS，2011a [2011-7-14]. 微格教学教案1 [EB/OL]. http://blog. 163. com/lms819@126/blog/static/273825502008542358456/.

LMS，2011b [2011-1-13]. Photoshop 图层的基本概念与操作 [EB/OL]. http://www. docin. com/p-178239219. html.

Maybe9004，2011 [2011-6-1]. 结束技能微格教案《图像信息的采集与加工》之结束技能的微格教案 [EB/OL]. http://wenku. baidu. com/view/0a3c1364f5335a8102d22010. html.

Ow1115，2011 [2011-5-10]. 计算机硬件优秀教案 [EB/OL]. http://wenku. baidu. com/view/895d9ae59b89680203d825c3. html.

Q8mhbh1hvw，2011 [2011-03-01]. 计算机网络信息安全（教案)(1课时）[EB/OL]. http://wenku. baidu. com/view/89b6f1efaeaad1f346933f63. html.

Quange，2011 [2011-05-13]. 信息技术评课稿（2008-2009下学期）[EB/OL]. http://www. docin. com/p-221331238. html.

Viedomh，2011 [2011-4-1]. 课堂教学结束技能例说 [EB/OL]. http://wenku. baidu. com/view/a0b9f16fb84ae45c3b358cab. html.

Wd3127037，2011 [2011-8-3]. 获取网络信息的策略与技巧[EB/OL]. http://wenku. baidu. com/view/8d2f76e9172ded630b1cb6ee. html.

Xyjs. org，2011 [2011-4-15]. 《网页动态效果》说课稿[EB/OL]. http://www. xyjs. org/jiaoxueshuoke/2009-10-23/488. html.

Zhanstins1003218，2011 [2011-1-13]. 微格教学教案（14分钟）[EB/OL]. http://www. doc88. com/p-91877907956. html.